第三章　ＡＶ女優の仕事

第四章　面接と語り

第五章　単体AV女優から企画AV女優へ

「AV女優」の社会学　なぜ彼女たちは饒舌に自らを語るのか　増補新版

凡例

・本文に登場する情報提供者および団体名でアルファベットにて表記してあるものは、すべて仮名である。なお、同じアルファベットで表記された人物や団体は同一の人物や団体を示している。また、情報提供者の発言の中に登場する固有名は適宜○○や△△などと表記した。

・本文に引用した論文については（執筆者名［初出年］）と典拠を記した。また巻末には参考文献一覧を付記した。

増補新版のための序文

『「AV女優」の社会学　なぜ彼女たちは饒舌に自らを語るのか』を出版したのは今から一〇年前、二〇一三年七月だが、本論の多くは二〇〇九年に社会情報学の大学院で書き上げた修士論文「動機を語る動機」を基にしている。私が現場に居合わせたり、執筆のために実際にAV女優やAV監督に話を聞いたりした時期はさらに遡り、二〇〇四年から二〇〇八年頃ということになる。本書にも登場する、最初にAV事務所を紹介してくれたスカウト・マンと知り合ったのは、今からちょうど二〇年前だ。

二〇年間で、あるいはこの本を出版した後の一〇年間で、AV業界も、それをとりまくこの国の社会もずいぶん様相が変わった。二〇〇四年時点ではVHSとDVDが混在していたAVコンテンツだが、その時代が遠い昔に思えるほどその後は完全にデジタル化し、オンラインでの視聴やダウンロードが主たる流通となり、無料で見られるサンプル動画や個人による動画投稿も文字通り氾濫している。現役AV女優のアイドル・ユニットやモデル活動が広く認知されたことも手伝って、職業として二〇年前とは比べ物にならないほど安全で身近なイメージがついた。結果的に、強力な肩書や秀でた容姿でない限り、AV女優になることを決めてもなかなか高条件の出演契約がとれない、AVだけで食べていけるのはごく一部、というようなことも頻繁に言われて久しい。

最も大きな変化はAVコンテンツやAV女優の姿、彼女たちの言葉がAVコンテンツの視聴者層以外の目に触れることが爆発的に増えたことかもしれない。有名AV女優のSNSには地上波でよく見かけるタレント以上のフォロワーがいるし、ファンはAVコンテンツの主要視聴者である成人男性に限らない。AV女優出身のタレントだけではなく、現役AV女優の仕事をつづけながら、タレントやモデルから文筆業まで活躍の場を広げる者も少なくない。業界に向けられた批判に個別に同調したり反論したりすることも容易にできるようになり、指先一つで不当な扱いを告発することも可能になった。

業界の中から外の世界、外のメディアにアクセスすることが簡単になったことは、同時に外の世界から業界の中に目を向けることも容易になったことを意味する。AVコンテンツのある種の〝異様さ〟に、あるいは業界内でのみ通用するとされていたような慣習に向けられる批判的な眼差しも今や一部のジャーナリストや法律家に限らず、広く一般的なものになりつつある。AV業界はもはや聖域ではない。社会の常識や世界的に広がる人権意識が適用され得る。

そして業界をとりまく社会のほうはというと、疫病禍を経て経済状況はいよいよ逼迫し、貧困問題が正面から議論されるようになった。格差や分断といった社会の語り口も流行し、パンデミックによる経済不況で風俗で働く可愛い女性が増えるといった主旨の有名人の深夜ラジオ内での発言が支援団体などから酷く批判されるというようなことも起きた。女性の権利や差別的扱いを訴える声も一〇年前と比べて飛躍的に活発になった。フェミニズム関連の書籍は本屋でも目立つコーナーで注目され、良くも悪くもネットでは人権やジェンダー差別、LGBTQなどの問題を切り口とした失言叩きや広告炎上が毎日のように見受けられる。疫病禍では、水商売や風俗などの仕事が国の支援対象から外されることが問題視され、AV女優と国会議員が意見交換するというような、一昔前ではフィクションのような光景も、別に驚くべきことではなくなった。

そのような時代の変化のなかで、二〇年近く前から資料を集めだし、一〇年前に刊行した本書を改めて出版することの意義があるとしたらどのようなことだろうか。本文で取り上げられる業界の慣習やAV女優の日常業務の一部はすでに時代の要請を受け、あるいは業界内の自浄努力によって変わっていることもある。AV女優は何も取材者を通さずとも、世間に語りかける術を持っている。すでにある一時期の、しかもAVメーカーと単体契約を結ぶ形で活動するAV女優らを主な対象とした本書の内容は、一部の当事者や世代からすれば実態と異なる印象をもたらすかもしれない。その点に関して、これが今現在の業界の全貌を解説する書ではないこと、これからAV業界で働こうと考える人にその心得を説くものではないことは強調しておきたい。

ただ私は、現役のAV女優がたとえばSNSなどで男女や年齢を問わずファンを獲得するのを、あるいはAV新法と呼ばれる法律の制定において積極的に意見や情報を発信するのを、あるいは親までも公認であると公表するのを見るとき、その誇り高き美しい姿に世間が納得し、憧れ、安心するのを見るとき、かつて私がこの論文を書きはじめたときにもっていたのと似たような感覚を持つことがある。誇り高き彼女たちがなぜそのようであるのか、彼女たちがなぜ饒舌に自らを語るのか。むしろその感覚は年々強くなっていると言ってよいかもしれない。その限りにおいて、饒舌なＡＶ女優に焦点をあてたこの研究には意義があるように思う。

また、性の商品化の議論についても、たとえば私が大学院生だった頃に比べて現在、ある一定のスタンスや距離の取り方などが世間一般に共有されているとは到底思えない。むしろ個人の発信を容易にするメディアの登場によって、ある者は偽悪的なまでに商品性を自覚し、ある者は女性が商品化される場面があることさえ否定する、その差異がより一層目立って見受けられるようになった。そのような両極端な態度の間に無数の女性たちの誇りや傷がグラデーションのように広がる。生きているだけで商品となり得る身体を抱えて、それについてどれくらい嘆き、どれくらい諦め、どれくらい戦い、どれくらい楽しむかは千差万別である。千差万別である以上、常に揺れて常に悩み、迷う。その意味で、性の商品化の現場に根差した議論が無用となることはあるまい。

私自身にもいろいろと変化があった。大学院生として論文を執筆し、会社員時代に本書を出版した。それをきっかけに、フリーの文筆業となり、書きたいものもかつての自分の議論について思うことも変化してきた。あえて公表を避けていた自分自身の経験について語らざるを得ない場もあった。今から読み返せば稚拙で青臭い表現も目立つけれど、今一度、自分の原点である問い、「なぜ彼女たちは饒舌に自らを語るのか」に立ち戻ることは、個人的にも意味のあることだと信じたい。

第一章

饒舌なAV女優

1　はじめに

２５７８。ＪＲ渋谷駅南口、歩道橋を斜めに渡って路地を進んだ先の雑居ビルの四階。十数人の女子高生が鏡の前に並び、マジックミラー越しにいる誰だかわからない男性に精一杯の笑顔をつくる。胸につけた番号がその場での彼女たちの名前だ。２５７８、２５７８。客がいることを知らせるランプが消えると立て膝で微笑んでいた彼女たちはゲームや漫画の続きに目を戻しながら、暗記している自分の番号が呼ばれるのを待つ。店員が廊下からカーテン越しに番号を叫ぶ。部屋を出て数分後、戻ってきた女子の胸の番号バッチの裏には折り畳んだ伝票が挟まれている。学校が終わってから、門限に間に合うようにそのビルを出るまでの数時間に、何枚の伝票を手にできるかはちょっとしたゲームだ。彼女たちに求められるのは、先ほどの大部屋とは別の個室に入り、マジックミラーを隔てた客の前で下着を脱ぐことで、ミラーの下にある穴から下着を向こうに渡し終われば、店員から伝票を受け取り、大部屋に戻る。客の入りが少ない日は、ゲームや漫画や彼氏の悪口を楽しむ、それはそれで貴重なたまり場になる。ちなみにバッチには「P8、B9、L7、S20、D10」と各々が自分で書いた商品名と値段が番号の下に連なっている。それぞれ「パンツ八〇〇〇円、ブラ九〇〇〇円、ルーズソックス七五〇〇円、尿二万円、唾液一万円」の意味だ。

平日の夕方になると渋谷のCDショップの三階以上の陳列棚の間には、買う予定もないDVDやCDを指でなぞりながらゆっくり歩く制服の女子が集まる。見知らぬ男性と彼に選ばれた女子は、連れ立って男性用のトイレに忍び込む。個室に入った男性は便器に向かい自分の手を使って射精する。女子高生に求められるのは男性の性器をただ見ていることで、冗談まじりに自分の下着をちらっと見せればサービスの良い売り手になる。一万円か五〇〇〇円の札を受け取り、男と時間をずらしてトイレから出た後は友人との待ち合わせや家族との夕食に向かってもいいし、目当てのCDを今度は早歩きで探してレジに並んでもいい。

新宿の外れにある飲食店に時折姿を見せる女子高生たちは、大抵は無料の飲食やカラオケを楽しんで夜は自宅に帰っていった。店で会計するのはサラリーマン風の男性たちで、彼女たちに求められるのはその見ず知らずの男性たちとあまり無愛想にせずに話したりリクエストの歌を歌ったりすることだ。そして、時に手でもつなげば人気者になる。

私の育った時代の私の育った街は、日常的にこうした光景を内包する街だった。誰からも奪わず、誰からも傷つけられず、同じクラスの男子がファストフード店や引越屋での一ヶ月のパートタイムで手にする金額を一日で手に入れられる仕掛けがいたるところに転がっていた。エリート高校の日常からも、家族の輪からも、大学や企業に続く道からも逸脱せずに、「性の商品化」の現場に加担できる仕組みが整っていた。

私たちが自らの性を商品化するにあたり、「する理由」は特別求められてこなかった。強いていえば「しない理由がないこと」であろうか。下着を売るところまで、男の性器を見るところまで、男の性器に触るところまで、と線の引き方は人それぞれにあり、それ以上をしない理由があるからその線が存在する。

私は一九九九年に女子高生になったが、すでに東電ＯＬのような引き裂かれるほどの必死さとは程遠く、性の商品化の現場を通ってきた。

私たちの立っている場所から飛躍や墜落を必要としない手が届くところに性の商品化の現場はあり、より過激な現場もまた、そこから地続きのところに存在する。この街で、女子高生として女子大生としてＯＬとして、私はそのような感覚を捨てきれずに生活してきた。地続きのものでありながら線の引き方によっては軽蔑される、羨望される、賞賛される仕組みについて、不思議に思う気持ちを捨てきれずにいた。デートと援助交際、結婚と売春が、曖昧に、そして完全に異質である事態を当たり前に思いながら、説明する知識も技術も持たなかった。

性の商品化を問題視する議論の多くが、強制／自由意志であるというところに異様なまでに執着することに私は懐疑的だ。彼ら／彼女らが語る「売春（あるいは売春婦）」につきまとう不幸や悲惨は、この街の女子としての私たちの日常とは別のところにある気がしていた。それは何かについて重要な指摘や枠組みを提供しているはずなのに、私たちについて語ってはいないような気がした。私は、彼ら／彼女らの語る売春婦を空想上に仕立ててその枠組みの中で遊ぶよりも、この地続きの先を見たい。私たちが慎重にしろ無防備にしろ線を引きながらつきあってきた自らの商品性と、私たちを内包する街について知りたいと思った。

労働者であり、商品でもあり

私が女性の商品性を問題視することの一番の理由は、この街で女性が働く際に考慮しなければいけないいくつかの問題をそこに見出すからである。私と同じような街で育った女性が、自らの商品的価値を一度も意識しないで過ごすことはほとんど不可能だ。しかし、それをモラルと呼ぶのか生理的嫌悪と呼ぶのか理性や常識と呼ぶのかは別として、地続きに広がる性の商品化のどこかで線を引くことを、そしてそれをなるべく控えめに引くことを、私たちは直接的に、もしくは間接的に求められてきた。さほどあからさまでないにせよ、少なくともそうして引いた線が控えめで慎重な方向に寄れば、清楚であるとか、貞淑であるとか、あるいは「お堅い」と言われ、逆に緩慢で大胆な方に寄れば、淫乱や遊び好きと捉えられる。

パンツを九〇〇〇円で売り飛ばす女子高生を例にとれば、彼女たちの友人でありそのような仕掛けの存在を知っていながら彼女たちの行為に混ざらない女子高生が多くいる。ある女子は「マジックミラー越しに顔を見られるのでなければ売ってもいい」と言う。その女子の線引きは下着を売ることよりは緩慢な方向に、下着を売っている自分の顔を客に見られることよりは控えめな場所にある。下着を売ることよりも控えめに線をひく女子もいる。そして渋谷で下着を売っていた彼女たち自身も、その多くが学校や家庭のなかでは、その仕掛けに携わっている自分を隠す。自らの線引きをなるべくなら控えめに寄せて見せようというのだ。

女子高生のような記号的価値を失った後でも、私たちの商品としての悩みは続く。「あなたがキレイだから、うっかり融資の約束をしてしまいました」という文句を、多くの場合、女性は賞賛であると感じるであろう。では、「あなたが融資の約束にこぎつけたのはあなたがキレイだからよ」であったら、どうだろうか。コンテクストによってはあるいは前出の文句と同じように賞賛だと受け止められるかもしれない。また別の場合においては、自分の長年の経験による交渉術や相手のニーズに対する徹底的な分析というような業績が、不当な評価を受けている、と感じられることもあるだろう。それは、女性が自らの身体の持つ資本主義的な意味での価値について、現在においても未だ立場をはっきりさせていないことを端的に示すものであり、「あなたが融資を受けられなかったのは、あなたがキレイじゃなかったからよ」という文句が、時には、蔑みとなり、また別の時には励ましの（しかし随分失礼な）台詞になるということにもそれはあてはまる。

例えば、風俗店で性的なサービスとして売られるものと、カメラの前でガリガリの脚をむき出しにしているときに売られるものと、先述のようにビジネス・パートナーに対してにっこりと微笑む際に売られるものとでは、売られるものに対する意味づけも、買うことに伴う意味も異質なものではある。しかし、媒体となっているのは全て女性の肉体であるという点では一致しており、ひいては、どの場面に居合わせる彼女たちも、自らの肉体を、資本主義的な目的遂行のために投資しうる立場にある。さらに問題を複雑化するのは、そこで支払われるのが、賃労働に対するものと同じ対価（つまりお金）であるということで、結局のところ金銭が何に対して支払われたのか、私たちは今のところ、その額の程度や支払う相手の目つき／口調から感じ取るしかないのだ。

これらのことは何も目新しい話題ではなく、誌面を彩る、むき出しにされた胸や脚に嫌悪感をあらわす論者が弾劾しようとしていたものも、おそらく同じ状況に由来する。しかし、一度そのような議論の遡上にのせられると、ポスター撮影の際に胸むき出しの水着姿でカメラの前に立った女性と、そのポスターが貼られたオフィスで男性社員と机を並べて事務をこなす女性が、同じ肉体と付き合っていることはあまり想定されない。それを考慮しないこと自体が、ある種の女性にとっての潜在的に商品である自己とのバランスのとり方になっている場合もあるかもしれない。

いずれにせよ、労働者（と自分やまわりに認められて）として賃金を受け取る女性が、時に困難を余儀なくされ、時に男性優位社会のイデオロギーにおいて過小評価や差別にさらされることがあるにせよ、表向きには奨励されていることに比べて、性を商品化する女性は、時に男性たちに愛されながらも、表向きは女性自身もしくは社会から隠蔽され、貶められ、禁止される対象でもあった。商品としての自己を利用していると認めることは、極めて例外的な場合を除いて、事実上タブーと受け止められる。下着を売り飛ばした女子高生がルイ・ヴィトンのバッグで大学に通い、男好きのする綺麗な化粧で入社試験をパスして有名企業の総合職として出世していく。そのように女性としての労働と身体の商品的価値が、複雑にからみあった光景を日常的に見てきた私たちにとっては、それをきれいに峻別するのは難しいにも関わらず。

微妙な立場

しかしながら、タブーではあっても断罪されているかどうかは微妙である。セックスワークという言葉で売春婦たちに労働者としての権利を与える、その議論に私たちがあまり救われない気がするのはそのせいだ。前述したように私たちは「しない理由」を語ることはできても「する理由」が求められることはほとんどないのだ。

私は下着を売ってはいけないという社会的圧力を弾劾する気はない。その圧力の多くは私たちがなんとなく獲得する感覚のルールである。なんとなく気持ち悪い。その感覚はこの街で私たちが正式に逸脱者のレッテルを貼られないための強力な武器なのだ。性を商品化することはなんとなく気分が悪い。その感覚が強ければ強いほど、性の商品化に対する許容の線引きは控えめになる。控えめに寄った線は、性の商品化なんてしていない、という素振りを可能にする。そしてそれを社会は奨励するのだ。明文化して禁止されていないものについて、「なぜいけないの？」と聞く子供も正常だが、それについて納得する言葉で答えられない大人たちもことこのことに関してはまったく正常なのだ。

商品化の現場

私は本書で「名誉回復が不可能である」ほど、緩慢で大胆な線の引きかたをする女性たちに焦点をあてる。名誉回復が不可能であると私が言うのは、彼女たちが「性の商品化などしていないわ」という態度がとれない状況におかれるからだ。そして彼女たちは性を商品化する経験について、「自由意志であろうとなかろうと」非道徳的だと断罪されたり、「たとえ自由意志と本人が考えていても」それは社会的に構成された意識なのであって実は何がしかの強制の結果なのである、と説明されたりする奇妙な存在である。

この二つの留保は、彼女たちを空想上から現実の地上に降ろすもの、つまり彼女たちが属する場の細部に目を向けることを阻んできた。労働の実際がどうであるにせよ、非道徳的であったり大きな力学の結果であったりするのであれば、現実は意味を持たないからだ。つまり、そういった態度は一見合理的に見えて、結局、性の商品化とはどんな風に経験されるものなのか、といった問いに答えることができない。ならば逆説的に、「道徳的であろうとなかろうと」性を商品化し続ける彼女たちが、「（実は）何かしらの強制の結果だったとしても」自由意志を語ることにこそ目を向けるべきではないだろうか。

多くの控えめな女性が日常的に経験してしまっているであろう性と労働が絡み合う生活。彼女たちが経験する性と労働が絡み合う日常。前者はその性の部分が労働に覆われ、後者は労働が性に隠れている。私はそのどちらもが、誰にも正確に把握されていない気がしてならないのだ。

本書の最もシンプルな主題は、「性の商品化」を問題視する議論が、多くの場合「商品化された（る）性」についてのみ語り、性の商品化の過程、性が商品化される現場について関心を寄せてこなかったことを懐疑的に振り返り、私たちのあまりに身近にある性の商品化の現場をしっかりと見つめることだ。何気なくつきあっている商品性のある身体をタブーに反して極限まで商品化していくとはどういう経験なのだろうか、許容の線引きを過激な方向にずらし続けていくことは私たちをどこへ連れて行くのだろうか。

性の商品化を否定する立場も、性の商品化を否定できない立場も、これまで「自由意志であること」という一つのマジック・ワードを軸に議論を進めてきたきらいがある。自由意志でない売春、つまり強制売春については議論がわかりやすいからだろう。今の時代にあからさまな強制売春や人身売買を熱をもって奨励したり擁護する立場は表舞台ではあまり見られない。しかし、ひとたび自由意志という前提がつくと、議論は急にあちらこちらに迷い込む。では彼らが議論の前提とする「自由意志」は性の商品化の現場でいかに紡ぎだされているのか。

現場にきめ細かい眼差しを向けることで、この「自由意志」という言葉を解体することも私にとって大きな課題だ。なぜなら、手を伸ばせば「する理由」なく性の商品化に行き当たれるこの街にあっても、一度議論の遡上にのせられれば、私たちはその「自由意志」という言葉から自由になれてはいないのだから。

2　なぜAV女優にひかれるのか

先に、「名誉回復が不可能なほど」と書いたとき、私の念頭にはAV女優があった。男性に性的なサービスを施し、さらにその様子をあらゆる媒体に載せて不特定多数の男性に性的な興奮を提供する。共演者への性的サービスに対して、性欲を喚起させるような服を着てカメラを向けられることに対して、またそれらを録画されコンテンツ化されることに対して、彼女たちは対価を受け取る。彼女たちはパッケージ化され、商品化された性の生産現場に深く携わっている存在である。

AV女優はしばしば、いわゆる「エロ業界」でトップに君臨すると言われる。最盛期に比べて少なくなっているとは言え、「稼ぐ」金額が多く、全国区に顔や身体を発信する力を持ち、多くの場合顔が可愛い。特に有名ともなればタレントのような待遇を受け、ごく稀ではあるがタレントに転身する者もいる。彼女たちはきらきらとした存在である。

私には、彼女たちの「性の商品化」の現場も私から地続きの場所にある、というこの街で育った女としての直感があった。渋谷や新宿の街を歩けばAV女優にスカウトされ、キャバクラ嬢からの転身者も多く、差し迫った経済的事情とまでは言えない背景で「AV女優になる」者も多い。

それだけでなく、私には彼女たちが特別な逸脱を経験しようとしていないように思える。彼女たちは私たちが迫られる「性の商品化」の、地続きの長い軸の中で寛大に線を引く代表的存在に私には見えるのだ。

ただ、地続きではあったとしても、私たちの多くが日常的にしている「性の商品化」をタブーとしてふれないような態度をとるには、彼女たちの姿はあまりに露骨に見える。パンツを九〇〇〇円で売る女性が「古着を売っているだけ」と話すような言い訳がたたない存在のように見える。そしてパンツを売った女子高生やキャバクラで働く女子大生が、自分に求められる日常(親やカギカッコ付きの世間)から離脱する必要なくその性を商品化し、それを内包した日常とそこから続く将来をそのまま続けられる可能性が高いのに対して、AV女優のそれは極めて壊れやすい。辛うじて日常や将来を守ることができたとしても、AV女優である/であったという事実は、その後も彼女たちの日常やステイタスを脅かす。少なくとも援交少女であったとか、ブルセラ女子高生であったとか、あるいはキャバ嬢であったという事実とは比べ物にならないほど、その日常への脅威は大きいのだ。

確かに私たちの性の商品化と地続きのところにいるように見えながら、言い訳不可能なほど露骨な姿にみえるAV女優という存在に、私は複雑で説明のしようがなく、翻訳も到底できない私たちの街の奇妙な構造を重ねてみたいと思った。彼女たちを説明することで私たちについてわずかでも説明できるような期待があった。

自由意志を語るということ

私がAV女優に興味を持った理由のひとつが、彼女たちの語らされる機会の多さにある。全国区で顔をさらけ出し、裸の肉体をむき出しにして、名前を持ってAVに出演する者は常に自らの性を商品化する理由を問いかけられ、動機を語ることを余儀なくされてきた。「AV女優になったわけ[1]」、「何故、セックスをするという職業を選んだのだろうか?[2]」、「女たちはなぜAVに走るのか[3]」、「なぜAV女優になったか[4]」、「告白「私がAV女優に転職した理由[5]」」。そしてそれらの問いを向けられたときAV女優たちは、質問を予期していたかのように饒舌に自分について語り出す。

その饒舌を世間は歓迎し、楽しむ。楽しみながら、安心するのだ。彼女たちは「好きでやっている」のだ、と。あるいは「ひどい環境で生まれたのだから仕方ない」のだ、と。そして「私たちとは違う」のだ、と。地続きにある彼女たちの居場所と私たちの居場所を断絶することで、やはり自分らは性の商品化をしていない(と装えるのだ)と確信することができる。私にはそのように感じられてならない。そして彼女たちが以上のような問いかけに応えて動機について語るとき世間は、「自由意志で性を商品化する女性」の存在を確信するのだ。

しかし考えてみれば、日常生活を送る上で我々は、それほど自分の立場に対する動機を確信しているだろうか。なぜ今これをしているのか、と問われて即座に語れるような、明快な答えなど持ち合わせているだろうか。私自身もアルバイトを含め、いろいろな職業を経験したが、どれを選択した理由もとるに足らない、つまらないもので、きちんと語ることは難しい。そう考えるとAV女優たちが、どうしてAV女優になったのか、ということそれ自体よりも、彼女たちが、どうしてそれを語っているのか、ということに興味が湧いた。

あるいはそれは人気商売であるが故の戦略的な行為なのかもしれない。もしくはルーティーン化された質問に惰性で答えているのかもしれない。そういった側面は大いにあるだろう。しかし、彼女たちの「語り」には、人気取りやその場しのぎで片付けられない、蓄積された何かがあるような気がしていた。語ることは彼女たちにとって、どんな意味があるのか。

問いかけ、安心する世間と、語る彼女たち。それらは相互に参照され、依存しあう関係にある。そして、その一方、世間における性の商品化の位置づけやジェンダー意識の分析が活発に行われてきた現状に対して、もう一方、答える彼女たちには「へえ、面白い」とか「馬鹿げている」といった興味以上の積極的な眼差しが向けられてこなかった。問いかける世間がどうつくられるのか、という説明は、答える彼女たちがどうつくられるのか、という説明を付随して初めて、意味のあるものになるのではないか。

AV女優などという商売は、ともすれば、街が仕掛ける地続きの先の罠にうまくハマる女性だと片付けてしまうこともできる。無知なまま思慮もないままブルセラの延長でカメラの前で性的な姿を露呈し、気づけばその事実で社会から引きはがされる者とすれば、社会の黒い部分を象徴した存在としてそのまま放置できる。あるいは、メディア上に現れる「語る」AV女優をそのまま信じ、好きでやっているのだからなんでも良いのだと許容しながら無視することも可能だ。

ただ私には、彼女たちはそのようなただの被害者にすぎない存在にも、好き勝手に何でもしている普通とは別次元の存在にも見えなかった。明るい笑顔を振りまきながら、好き勝手にやっているのだな、という世間の目を許しながら、語り続ける彼女たちはもっと複雑で、またもっと私たちのいる場所から近い場所にいるように見えてならないのだ。

そのような漠然とした問題意識の中で、彼女たちの労働の現場に目を向けると、「自由意志で働く女性として動機を語る」こと自体が、彼女たちの労働の一部となっている単純な事実に気づく。そしてその動機は、確かに「AV女優になること」について語られたものではあっても、必ずしも性を売ることや売春することについて語られてはいないことにも気がつくのである。

何におカネが払われるのか

性の商品化、と言われるとなんとなくわかったような気にはなるものの、商品として対価が払われていると思われているものは実際のところ何であるのか、私にはよくわからない。「性の商品化」と括られる労働の現場の複雑性には目を向ける必要があると思う。私の立場は、労働に対して支払われる対価と、身体の商品的価値について支払われる対価は区別可能なものではなく、むしろ自らの商品的価値との距離のとり方やその扱い方すらも、現代女性の労働を構成する要素なのであるというものだ。つまり、膝上二〇センチのスカートで給仕する喫茶店の店員が、スラックスで給仕する喫茶店の店員よりも、より高い対価を受け取っているとするならば、そのうちのいくぶんかが、給仕の仕事に対するもの（原理的にはそれがスラックスの店員の給与と一致する）で、残りいくぶんかが脚の商品としての値段である、という単純なものではなく、膝上二〇センチのスカートを穿きある種の人々に白い目で見られることに対する覚悟、短いスカートから下着が見えないように給仕する技術、スカートからのぞく脚の手入れ、接客態度、給仕のスピード、間違えないでレジを打つテクニック、短いスカートを穿いた女性に客が求めるような表情や仕草の鍛錬、といった、労働に含まれる無数のアジェンダ（そしてそれがスラックスを穿いた場合よりも高い給与に耐えうる）に対する、より複雑なものだと考える。そしてそれらのアジェンダすべてが彼女の労働の要素であり、そのいくつかの要素が、彼女の身体が潜在的に持つ商品的価値をどう扱うか、という問題に拘わっている。

そういった意味でAV女優の労働を構成する要素は多岐にわたっており、アジェンダをこなしていくことで彼女らは収入を得る。彼女たちの受け取っている対価が、彼女たちの商品性（若い女性の裸の肉体の商品的価値）に対して支払われているだけでも、撮影の際に要求される肉体労働に対して払われているだけでもなく、無数の構成要素の総体である労働（AV女優の業務）に対して支払われるものであり、その要素のいくつかに、彼女たちが自らの肉体の商品的価値に対していかような立場をとるか、といった問題が、複雑にからまっているのではないか。また、アジェンダのうちいくつかが彼女たちにとってとても魅力的であったり、逆にいくつかが苦痛であったりするのであれば、その細かい分解は興味深い作業になるような気もした。

本書の射程

本書の中で私はAV女優の労働のアジェンダを詳細に見つめなおし、性の商品化の現場で真に商品化されている「何か」を解体していくことで、その構成要素の一角として「自由意志であること、動機を語ること」の意味を位置づける。「AV女優になること」と「自由意志であること」が前提としてでも結果としてでもなく、過程として分離不可能であることの証明は、おそらく掲げてきた問題群に対して、一定の知見を提供するであろう。

本書はAV女優がなぜAV女優になったのか、という問いに答えることを主眼とはしない。それはあるいは出生に関係があるかもしれないし、彼女たちの趣味や志向に依拠するものであるかもしれない。友人の誘いにのったのがきっかけの場合もあれば、たまたま声をかけてきた関係者の話に、なにかしらの面白みを感じたのかもしれない。いずれにせよ誰かが何かの職業に就く際の理由など様々で、そこに法則性や傾向を見いだすことにはそれほどの意味を感じない。実際、私が出会った多くのAV女優は、多様な、ありふれた動機で職についていた。

加えて、彼女たちの自由意志を疑うことを目的に据えてもいない。メディア上に浮かび上がる動機をもった主体性が実は社会的に構成されたものであり、本人や世間にどう見えていようとも彼女たちは大きな社会の強制力によって働かされているのだというために、彼女たちのその語りを解体するつもりはない。私が、彼女たちを明確な動機をもっている存在たらしめている動機語りを、彼女たちの労働のアジェンダのなかに位置づけることによって解体し、無害化したいと考えるのは、自由意志である／自由意志でない、とこの街の女性の商品化について語ることの不毛さを指摘するためだからだ。

本書の多くの部分は、その、世間を安心させるAV女優の動機語りについて扱う。それがどのような契機でなりたっているのか、動機などなく入っていけそうな場所にいながら流暢な語りはどのように獲得されているのか。労働の要素を逐一解体し、先の問いに答える過程は、彼女たちにとって性の商品化とはどのような経験なのか、についても答えるものとなるだろう。金銭を介しての性的行為、性の商品化が彼女たちにとっては、自分の経験そのものではなく、自らの経験する業務の一角に組み込まれたものだと気づくからである。彼女たちは自分たちのことを「売春婦」とおどけて言う。行為自体はそれに準ずるものであると嘲笑的に自覚しながら、「性の商品化」自体は忘却する日常を、彼女たちが送っているからである。

しかし、戦略的に動機を語る業務の所在を明らかにすることも、彼女たちにとって性の商品化が（おそらく性の商品化や売春を問題視する議論が考えているほど）中心的な関心事ではないことを指摘することも、私の射程の全てではない。最も重要と思われるのは、繰り返される動機語りが、いつしか戦略性を離れて彼女たちの勤労倫理にすり替わっていくことであるからだ。

本書を書き進めるにあたって、そのような「世間の興味」を逆手にとった戦略的語り口が、いつしか彼女たち自身に向けて発せられるようになっていく様を目の当たりにした。業務として、AV女優になる動機について彼女たちは饒舌に語る。その動機は、業務から派生して独立し、実際の彼女たちの動機として意味を持つようになる。彼女たちは一度目は業務の一環として、二度目は彼女たち自身のものとして動機を再び獲得する。そしてその動機は、実際に「彼女たちがAV女優になった動機」とは無関係であれ多少ひもづいたものであれ意味のないものだったかもしれないが、二度目の獲得によって彼女たちの働くよりどころ、「AV女優であり続ける動機」として機能しだすのだ。

本書にとって大きな発見がそこにある。私たちと地続きの場所にいるようにみえる彼女たちは、確かに地続きと言えるような平坦な道のりでAV女優にたどり着いている。ただし、業務上求められる「仕事をする理由」について語り続けていくうちに、彼女たち自身がそれを希求しだす。そしてますます饒舌になったAV女優たちを、好奇心旺盛な「世間」は再び歓迎する。私にはそのループこそが、性の商品化をしながらそれを無視したり軽視したり、何かしらの方法でこの街の論理に順応する女性たちと、街から「私とは関係ない」と一蹴される「性を商品化する」女性たちとを隔絶するものに見える。そして名誉回復不可能な彼女たちを、名誉回復不可能なまま放置する悪意なき世間の視点を描き出すことも、私にとって重要な作業であると考える。

3　ＡＶ女優の生きる世界との出会い

参与観察とその制約

私は本書に必要な資料・情報の収集のため、二〇〇四年から断続的にＡＶ業界でＡＶ女優たちの生活や仕事の現場に実際に行って参加し、話を聞いたり見たりする「参与観察」をおこなった。よって本書で使用する資料の多くは、実際に筆者がおこなった参与観察に基づいて作成したものである。

ＡＶ業界での参与観察では、様々な制約と条件が存在した。それはコンテンツの制作現場に立ち会うことによって付随してしまう公開できる情報の制限から、性的行為というある意味では非常にデリケートな行為を業務の一環とする立場のＡＶ女優に話を聞くためにおこる、言葉の濁しや観察上の条件などまで多様である。私はそういった制約がこの本の議論に致命的な影響があるとは思っていない。ただし、そのような条件のもとで書いた文章であることは、言い訳としてでなくとも、記しておく必要があると思う。本書で発言を引用させてもらった人物の詳細についても、開示する情報が極めて限定的であることも申し添えておきたい。

フィールドワークについて

私とＡＶ女優との出会いは、風俗店やストリップ、ＡＶ女優といったいわゆる女性向け「高収入アルバイト」の紹介を生業とするスカウト・マンたちの協力によって得られた。具体的には、横浜駅周辺を中心に、フリーでスカウト業をおこなっていたスカウト・マンと出会えたことが大きい。

私は東京都港区にある私立高校を卒業した後、神奈川県の大学の学生として横浜・桜木町で生活していた。当時JR横浜駅周辺はスカウト行為への規制が確立しておらず、駅西口やルミネ前など各所にスカウト・マンやキャバクラの店員がたむろしていた。大学二～三年生の私は友人らとキャバクラの体験入店などを繰り返しており、日常的に駅周辺を徘徊していた。都内で高校時代を送った私にとって、横浜というのは狭く、内輪笑いの街で、その分深く関わるのは刺激的だった。

横浜に引っ越してそのような生活を数ヶ月続ければ、スカウト・マンの多くは顔見知りになり、うち何人かはキャバクラの閉店後などにカラオケや飲み屋で落ち合う程度には親しくなった。私が親しくしていたのは主にはキャバクラのスカウト・マンで、彼らの多くは店内のボーイも兼ねていた。キャバクラやデリヘルなど当時盛り上がっていた世界は彼らとのつきあいの中から簡単にアクセスするようになった。そしてあるとき、私は別の世界への興味から、特に深い意味はなく、知り合いのスカウト・マンの一人に、AV事務所を紹介してもらった。

紹介してもらったBプロダクション（仮名）は規模としては中堅クラスのプロダクションであった。社長を始め、女性マネージャーと男性マネージャーの協力で、特別な予備知識、事前リサーチや確固とした問題意識もないままに、私のAV業界での本格的な参与観察がスタートした。その後、AV業界の中をうろうろとしながら、AV女優や監督などと交流をもっていった。プロダクションの事務所に通い、時に泊まりこみながら、潜在写真の撮影などが事務所内で行われる際には雑用をこなしつつ立ち会う、事務所に寝泊りしているAV女優たちと話す、といったことを通じてAV女優の仕事の流れを学ぼうとした。同プロダクションに当時所属していた単体AV女優（後で説明する）は一一人だが、約一年間で全員と一回以上話す機会に恵まれた。

AVの撮影現場では、メイクさんや監督、AD、メーカーのプロデューサーと話すこともあった。その頃には、私は彼女たちの自分について語らされる機会の多さや、そのような機会を除いてすら饒舌な様子に対する興味を募らせていた。単に仕事の流れだけをみても、私の知る研究書が扱うセックスワーカーや売春婦らが彼女たちのことではないような気もしていた。奇妙な言い方だが、彼女たちは私の想像以上に一般的な意味での現代女性であり、同時に私の想像を超えて特殊な労働者であった。

またプロダクション経由ではなく、あるAV女優の紹介で、SM作品やスカトロ作品に出演するAV女優と交流をもつ機会もあった。特にSM作品に出演するAV女優との出会いは貴重であった。それは単に彼女たちの仕事現場が他のAV作品に比べて過酷に見えるだけでなく、また彼女たちの多くが長期間AV女優として活動を続けているからというだけでもない。多くの場合、彼女たちも仕事への入り口は一般的なAV作品であった。彼女たちとの出会いは、そこからどのような過酷な現場にも耐えられる精神や肉体を作り上げるための仕掛けの存在に、なんとなく気づかせてくれた。SMやスカトロといったジャンルは、AV女優がたどり着きやすい、一つの到達点であるからだ。

二〇〇七年頃からは現場での参与観察はほぼ行わず、AV女優や監督、スカウト・マン、メイクさんらそれまでにコネクションをつくった様々なインフォーマント（情報提供者）と個人的なアポイントメントを取り、補足的な情報収集をした。

断続的ではあるが一定度長期にわたる参与観察の中で、AV女優との会話は、撮影現場、プロダクション事務所、移動車内、その他打ち上げの居酒屋や帰り道に寄ったカフェなどでが中心的であった。ただし長時間における会話も含めてほぼ全て録音はしていない。私はAV女優のインタビューは個人的には好きだが、同時にインタビューには疑いももっている。インタビュー自体を問う私の研究の性質上、インタビューらしいインタビューをするのには抵抗があったし、そもそもAV女優の声は業界の人間にとって重要な商品であるというのが主たる理由である。発言など引用の際には、私が現場で手書きしたメモを使用した。「インタビューを受ける」ことが重要な業務の一つでもあるAV女優という仕事を鑑みて、車内や現場での端的な会話のメモに比重を置いた。以上を、あらかじめお断りしておく。

本書では、本人が特別希望しなかった場合でも全てのインフォーマントは名前をふせている。明らかな本人同定の要素となり得る情報（公表生年月日等）は伏せ、また出演内容などで本人の同定が容易となってしまうものに関しては、本文の内容に支障のない範囲で非公開とした。

ＡＶ女優との会話の中に頻出する性的な表現は、基本的にありのままを本文中に記した。ただし、強くプライバシーが関係するものに関しては、引用での記述を控えた。

本書の意義と限界

以上のような経緯で私はＡＶ女優について見聞きする機会を得た。本書では、その経験をもとに、ＡＶ女優の日常と業務について紹介しながら、この街の女性が多く経験する、性の商品化と労働のからみあう日常をひもといていこうと試みる。先に述べたように、その作業のとっかかりとして私は、饒舌なＡＶ女優の謎をひもといてみようと思う。彼女たちがなぜ語っているか、何について語っているか、本書の前半はその問いについて答えることを目的とする。

売春や性の商品化についての言説の歴史は長く、非常に情熱的に語られてきたテーマのひとつである。特に売春防止法が制定され（一九五六年）、赤線のない社会が定着した後は、乱暴に言ってしまえば身体を売ることをどう否定／肯定できるか、に多くの関心がよせられてきた。ＡＶ女優の動機を語る姿がそうであるように、強制売春や人身取引ではなさそうな性の商品化が多くの人の記憶の中でにわかに現実味をおびているのは明らかだ。議論の多くは、自由意志による売春をどう問題視するかについて、もしくは自由意志による労働＝セックスワークをどう守るかについて重要な示唆をしてきた。

私は都内の一介の女子高生として女子大生としてOLとして、アカデミズムの世界で、あるいは世界のここではないどこかの国では重要と思われるそれらの議論が、必ずしも私たちについて語っているのではないとも思っていた。そこに描かれる性の商品化は私たちの身体の商品化について語っていないような気がすることもあった。

私の感じる不満のひとつは、多くの議論が「性の商品化」の現場の「魅力」に無自覚であることだ。例えばAV女優を先にきらきらした存在と言ったが、そのきらきらした部分に積極的に目を向ける人はとても少なく感じる。あるいは、多少配慮したとしても、「うまい話に乗せられて」、「ギャラに目がくらんで」といった単なる高額な収入についてだったり、「セックス大好きでこの仕事につきました」といったAV女優のインタビューをうのみにしたような想像だったりして、とても単純な動機の一角にしてしまうことが極めて多いのだ。

性の商品化は私たちの手をぐいとひっぱるのではなく、そこにあるだけで何故かずるずると引き込む力を持っている。私はそのように感じてきたし、例えば風俗やキャバクラのナンバーワンや売れっ子AV女優への複雑な羨望の気持ちを持ったことがある人は多いと思う。それは会社のセクハラ規定におびえた男たちからは得られない、女として他人の評価をあからさまにぶつけてもらえることの気分の良さであったり、華やかに見える外見だったり、自分の性の値段をあからさまに付けられることの快感だったりするのかもしれない。そのきらきらした部分にこそ今の私たちにとっての性の商品化の何か大切な部分があり、さらに性の商品化に問題があるとすればそれも、そういったきらきらと関係するのではないか。少なくとも社会で女として存在することの複雑さが、一部の性の商品化の現場のきらきらしている部分をつくっていると思っている。

もうひとつ、私が物足りなく感じていたのは、「あなたたちが自由意志でパンツを売ったりAVに出演したりしているつもりでも、それは単に社会的に構成された意識であって、自由意志にみえた強制労働だから否定されるべき」、と語られたところで私たちの日常になんのショックも影響もないという点だ。私たちは意識的にしろ意識的でないにしろ性の商品化の現場に携わる。それは多くの場合、私たちの完全なる自由意志でも、完全なる人身売買でもないだろう。私の気分としてそれを悲観することにも、抵抗することにも何となく違和感がある。日本のAV女優や風俗嬢は企業OLなど一般的な労働者に比べて権利が少なく、差別の対象になることもある反面、愛されて羨望されることもある。それに多くの場合はそれなりの情報を持った上で参加する世界であるから、多少の批判にへこたれない。自由意志という主張自体の否認や、「自由意志」と利害を異にするもう一方の人権（具体的には「他人の迷惑」（赤川［1995］））を説かれても、私たちについて語るときにあまり意味がないと思えるのはそのせいだ。

一方、九三年に翻訳された『セックス・ワーク』（Delacoste and Alexander［1987(＝1993)］）に呼応するかたちで日本人の「セックスワーカー」を始め、彼女たちに近い視点で描く論者も多く登場した。桃河モモコや浅野千恵はその中心を牽引したし、『風俗嬢意識調査』（要友紀子・水島希［2005］）や『売る売らないはワタシが決める』（松沢呉一、スタジオ・ポット編［2000］）は日本の性風俗従事者の貴重な声を明るみに出した。このほかジャーナリストらによる、売春をセックスワークと呼び直して労働者として正当な扱いを与えるというのは、売春について善悪の判断から一歩離れた現実的な議論だ。

『セックス・ワーク』が編まれた一九八七年（日本語訳は一九九三年）、あるいは『〈性の自己決定〉原論』が編まれた一九九八年、そういったインパクトある文献の発表を起点に、声が小さかった（聞くに及ばないものとされていた？）人たちの発言の場が増えたり、議論の幅が広がったりすることは歓迎されてしかるべきだ。性の商品化がいかに人々の関心を引きつけ、ある種の人にとってどうしても許せないと思われてきたことにも感心させられる。ほぼすべての論者が、セクシャルな身体を持つ個人として語らなければならない難しさも痛感する（ソープランドに行った過去は気恥ずかしく持ちつつ売春を否定する立場も、「あなたは女を買ったことがないのか」と弾劾する立場も気持ちはわかる）。

私は性の商品化の多くの現場に携わってきた当事者である点でそういった議論と、似たような語り部ではある。ただし本書においては、セックスワーク論とは一定の距離をもって議論をすめるつもりだ。理由はただ単に、私にとって興味のあるAV女優たちの日常は、それらの議論が前提とする環境とかけ離れていたからだ。

言うまでもないが、私は強制売春を否定する論理にひとかけらの異存もない。この街に生きる女性として性の商品化の一役を買うことは、自然に組み込まれ、逃れられないものだという感覚を持っているから、ＡＶ女優が完全なる自由意志（そんなものがあるのかどうかは別として）ではありえない、という考えにも同意する。たとえ自由意志と呼ばれる状況にあっても、副流煙のような迷惑を本気で感じている女性もいるのであれば、それはそれで真摯に向き合う必要があると思う。

ただ、議論に破綻を感じなかったとしても、ＡＶ女優のように日本的でとても現代的だと私が感じる性の商品化の現場は、労働者としての正当な権利を希求することが、大きな欲望ではない気がするのだ。私は本書を通じて、売春婦の労働者としての権利の主張をあまりおこなっていない。誤解をおそれずに言えば世界中のセックスワーカーにとっての絶え間ない悩みを共有することよりは、私は、私や私の身の回りに特別に起きていることに興味がある。そういった意味では私の議論自体は普遍性に欠ける印象があるだろうと思うし、それは本書の限界として甘んじて受け止めようと思う。私はほぼすべてのページを性の商品化のごろごろ転がった東京で、その中で最も光り輝いて見えたＡＶ女優について書こうと思っている。性風俗関連の職業の人すべてについて語る知識も体力も持っていないため、特に労働内容の詳細については、これがごく一部の限られた女性の立場であることは強調しておきたい。

学者たちが多様な論理で一見否定するのが難しそうな対象の問題点を模索し、それを現役のセックスワーカーを含む性の商品化の現場を知る者たちが、現場の現実を武器に否定の論理を無効化する対立軸は、今後も続くかもしれない。ただ私はどちらかと言えば、話の内容よりも彼ら

／彼女らが誇り高く語っている現実の中にこそ、今の私たちが生きる性と商品化の現場の秘密を見たいと思う欲望がある。当事者の語る現実については外部から茶々を入れるのは極めて難しい。ただし、AV女優たちの世界を少なからず見てきた私には、セックスワーカーと名乗る人たちの主張には、語弊を恐れずに言えばあやしさを感じる。むしろ彼ら／彼女らが誇り高く語るまでになる経緯こそが、私が本文で指摘したいところなのだ。

一部の象徴的な社会現象をきっかけに性について語る立ち位置は今の東京についても何も目新しい話題ではなく、例えば宮台真司『制服少女たちの選択』などの議論には多くの影響を受けた。彼が主に眼差しを向けた女子高生に近いところに私はいたが、その姿から「性の自己決定原論」とうたってしまえるほどには、私は楽観的ではなかった。けれども、「制服少女」たちをエイリアンとして囲ってしまう大人たちよりも、私を頼もしく描いてくれたそれらの論文は心強いものではあった。私は性的な女の身体を持つ者の立場で本書を綴る。そしてブルセラ少女よりももっと深刻に性の商品性と向き合わねばならないAV女優たちの労働の現場を通じて、性が商品化される過程では何が起こるのかを私なりに見つけたい。私は今でも、女の身体をもって東京で生きていくためには、性の商品性と向き合わなければならない場面はいつでも起こりうるし、そこを生き抜かなければ幸福が訪れないと感じている。

第二章

性の商品化とセックスワークとAV女優と

彼女たちをめぐる言説史

1　議論の出発

AV女優についてすべての話を始める前に、彼女たちのような存在について、これまでどのような議論がされてきたかを簡単に整理しておきたい。性と労働について、あるいは商品としての女性の身体について、どんな言葉が語られてきたのか、何が中心的な関心だったのか、何が語られてこなかったのか。この作業は私がどのような背景で議論を始めるのか、その位置づけを示しておくという意味もあるし、私がこの本で語りきれない部分について紹介することにもなる。

男性と似たような意味で労働者であると同時に、男性より顕著な意味で商品でもある女性は当然、多くの学問的な見地からの検証を誘ってきた。女性と性の商品化については九〇年代以降の比較的最近のものに限っても活発に議論されてきたことはすでに述べた。その言説は、多方面に広がり、また非常に厚みもある資料群となっている。私は多くの論文に刺激を受けてきたが、果たして女とセックスと労働をめぐる「中心的話題」は近年どういったものであったのだろうか。

一九九二年刊行の『フェミニズムの主張』（江原［1992］）の冒頭には、示唆に富んだ二本の論文が並べられている。「排除されるからこそはじめて、売春は邪悪なものだったことになる」と指摘する橋爪大三郎（橋爪［1992］（橋爪［1981］を短縮、再録したもの））と、「「よりよい」性の商品化を」という結論へ導かれる瀬地山角（瀬地山［1992］）の議論だ。それら二つが共通して持つ前提は、流布している売春、性の商品化を批判する言説が、それを強制する制度やその一部が内包する性差別などを問題にしており、売春それ自体、もしくは「性の商品化」一般を否定の対象にはできていない、といった認識にある。よって、管理売春や強制売春でない売春（自由意志売春）において、「商品」に自らの身体なりサービスなりを提供する主体の自由意志の存在が、ある程度自明のものとなっている状態において、「売春＝悪」を論証する、もしくは「性の商品化」一般を否定しうる論拠はないのではないか、と示唆するのである。

この二つの論文に呼応して紡がれた「性の商品化――フェミニズムの主張2」（江原［1995］）では「自由意志である、といった主張自体の否認」と「「自由意志」と利害を異にするもう一方の人権（具体的には「他人の迷惑」（赤川［1995］））を提示する」という二つの方向性のもと、多くの学術的な立場からの議論が掲載された。さらに田崎英明編『売る身体／買う身体――セックスワーク論の射程』、宮台真司らによる『〈性の自己決定〉原論』が九八年に世に放たれた。私たちの多くの記憶に残る性の商品化の議論が出揃ったのがこの頃だ。

「プロスティテュートはセックスワークである」という文句を掲げ、売春をセックスワークと言い換えて、労働者としての権利を主張する「セックスワーク」の概念についても日本では九〇年代以降によく目にするようになった。セックスワーカーを称する当事者たちの主張を軸に展開され始めたそれらの議論は、現状の売春や性の商品化に一般的な世間の目を向けさせた。日本での当事者たちの議論は、松沢呉一編『売る売らないはワタシが決める』(二〇〇〇年)に象徴的にまとめられているが、多くが「性の商品化」についての当事者以外の学術的な議論へのある程度の批判的な態度を持って、現場の事情を代弁してきた。

宮台真司による九〇年代の女子高生へのフィールドワークや、セックスワーカーたちによる著作は、学問の域を超えて世間的な関心を奪ったことは確かだ。その後も社会学周辺の論者たちや一部ジャーナリストらの手によって、世相を表した売春関係の現場のレポートは多く出版されている。例えば二〇〇五年には『風俗嬢意識調査』、二〇〇七年にはタイ人女性へのフィールドワークをおこなった青山薫『セックスワーカーとは誰か』が登場した。

ただ、私たちが実際に生きる二重性がうまく言語化されていないような気分もまた常にある。今の東京に生きることを前提にごく簡単にその理由を列挙すると、①現実に即した研究や取材が極端な例に偏っていること、②概念的な議論が多いこと、③嫌悪感や懲罰感情が根底にある場合が多いこと、④当事者の議論がその嫌悪感への反発に基づいていること、が思いつく。

自らの労働者としての側面を強調する女性にも商品的価値はあり、商品としての自分を過剰に打ち出す女性にも生身の労働があるのには違いない。自らの身体と性の商品的価値を漠然と把握しながらもそれを隠蔽して労働者としての自分を全うすることも、商品として自分の身体や性を捉えながらも労働者であるという認識を曖昧なままにすることも、現代社会で女性としてはたらく際の、一つのバランスのとり方だ。多くの場合はその両方の使い分けを繰り返しながら器用に社会を泳いでいく。どちらを纏っているときもどことなく息苦しさや気まずさを感じ、社会の冷たい視線にさらされ、誰かと衝突する。ただ、その状況を楽しめるくらいには、私たちは逞しい。

逞しければ逞しいほど、自分にも世間にも学術界にも、深く考える隙を与えない。私はその逞しさをこそ言語化していくことが必要だと思うのだ。性の商品化を言葉の上で吟味したフェミニズムも、権利を主張するセックスワーク論も、特に私たちにとってはあまり現実味がないのはそのせいではないだろうか。

私は本書の中でセックスワークという言葉はあまり使用しない。AV女優は労働の現場でセックスをするものの、日本やアジアでアイドル的な人気を持つ彼女たちに、「様々な抑圧によって「労働者としての権利」を認められないことに対する権利の要求」というそもそもの主張がどことなく似つかわしくない気がするからだ。彼女たちは東京で、諸悪の根源として差別の対象になることはそもそもあまりない。それ故に、よほど特殊な事件があった場合を除けば、内部から救済を求める声があがることもほとんどない。かといって彼女たちの行動は、例えば企業のOLなどいわゆる「昼間の仕事」とはまた違った複雑さを持っていることも事実だ。親や親戚、友人らに堂々と自分の職業を紹介できるAV女優は少ない。特別な逸脱なくその世界に入り込んでいき、撮影現場ではアイドル並みの扱いを受けながら、社会にはちやほやされたり軽蔑されたりする、諸外国の議論にあまり登場しない存在だ。

むしろ、日本で「セックスワーク」に該当するような概念が何故産出されえなかったのかということに、本来的な問いは向かうべきではないのか。私の知る東京に集まってくる女の子たちの性の商品化は、強制的な売春であることや自由意志で選択される売春であることを考えさせもしない、とてもスピーディーで華やかな世界の出来事だ。とても日本的でとても現代的な性の商品化の、その逞しさを、私は眼差していきたい。そのために議論の前提となるこれまでの代表的な研究を駆け足で紹介していこう。

2　売春のどこが悪い？——性の商品化とフェミニズム

二つの論文を起点に

売春のどこが悪いか、については先に述べた橋爪論文と瀬地山論文に呼応して各方面から厚みのある主張がなされてきた。二つの論文への決定的な批判は、それが「現象と本質の二元論」（金塚［1997］）を前提としている、といったものであろう。そのような批判は、近代資本制システムの中で労働力商品が誕生したことによってはじめて、商品化された労働（賃労働）と商品化されない労働（無償労働）の区別が成立し、同時に、両者の共通の本質としての「労働そのもの」

という観念が成立した、という労働の問題とパラレルに性の商品化を捉え、「「商品である性」は（中略）「商品でない・本来の性」に先立ち、その条件をなしている」（加藤［1995］）とする。つまり、橋爪が問題にするような（「売春にまつわる悲惨」ではない）「売春そのもの」（橋爪［1992］）や、瀬地山が批判の根拠がないとする「性の商品化自体」（瀬地山［1992］）は、本来「商品としての性」に対する否定の意識として生み出された性があたかも永遠普遍の「性そのもの」として存在するかのような前提をもっているというのである。しかし、悪い売買春が拡大再生産されているという現状は実際にあるのであって、そのような性差別の現状と商品経済の論理がア・プリオリに別物であるという二元論は論拠として有効でない、と強調する。

そのような批判の主張は理解しやすいものである。現状に対する問題意識が「性そのもの」については語っていない、といった先の二論文の主張の一部は確かに、ある本質主義的な概念を導入することで議論を現実から乖離させる危険性を持つからである。ただ、それらの批判が一定の信憑性をもっていることで、橋爪らの期待した議論の積み重ねがなかなか登場し得なかったようにも思う。

瀬地山の「性の商品化に対する透徹した否定は、（中略）性に関してかなり限定的な規範を前提にしない限りなしえない」（瀬地山［1992］）という主張は、「「商品化された性」―「商品化されない性」という第一の対立軸と、「乱交」―「一夫一妻制」という第二の対立軸」（加藤［1997］）を混同している、という批判を呼んだ。確かに瀬地山の議論の中には、「商品化された性」に対する「商品化されない性」内部の、抑制的↔非抑制的な性に関する配慮はなく、あたかも「商品化されない性」が例外なくそのまま「性＝愛」（瀬地山［1992］）を前提としているかのような誤解を招きかねない。つまり、商品化されない、そして「愛」のない性の存在がこぼれ落ちているように見える。しかし、批判者自身が留保をつけているように、「瀬地山の議論は結果的には当たってい」（加藤［1992］）たのである。そしてその当たっていること事態が、「性の商品化」論議に対して瀬地山論文の持っていた本来的な批評性なのだ。

先に述べたように、瀬地山の議論の前提は、「多くのフェミニストの反対しようとしたものは、実は性が商品になるということ一般ではなくて、特定の形で商品になる、あるいは実際の商品が特定のメッセージを持っているという事態だったの」（瀬地山［1992］）ではないか、といったものである。それは、九〇年前後のフェミニズムからの「性の商品化」批判が、「性の商品化」という言葉を論拠として「「性の商品化」だから悪いといった議論がなされがち」（江原［1992］）だったことに対して疑問を投げかける。その時点で瀬地山は、フェミニストらの「性の商品化」と「悪い性の商品化」の混同を一点で指摘している。

彼の論文の本来の含意は、ある特定の支配的なメッセージが商品としての性に刷り込まれていることや、性差別的な表現を含む商品があること、女性にとって不快なかたちで性が商品化されることなど、個別具体的な問題に即して議論すべきだ、という提案だった。「性の商品化」を性規範を論拠として批判しようとすることで、個別の事例に対しての抵抗力たりえなかった従来のフェミニズムに対して非常に示唆的な指摘である。セックスワークの個別の事例や運動に連なる議論がその後、徐々に登場するための転換期でもあった。

一方、「売春が悪である、という素朴な倫理的感情には、根拠がない」（橋爪［1992］）という橋爪の問題提起と、そこに論理的に付随する、強制でない売春を否定することの困難さに関する指摘は、「自由意志による売春は禁止できない」という便宜的な前提を強調してしまったが故に、結果的に「「好きでやっているんだから、よい」とはいえない」（永田［1997］）といった観点からの物議を醸し出した。一見すると管理売春以外の売春は、論理的に否定できない、とも捉えられる橋爪の主張は、各方面の論者を感情的に怒らせているようなきらいがあり、逆にそのおかげで、「自由意志」に課されるべき制約に関する反論は九〇年代にほぼ出揃った。「他人の迷惑」（赤川［1995］）や「公共の福祉」（紙谷［1995］）などはその一例だ。

ただし橋爪の懐疑は、そもそも公娼論が「「売春をおこなう女性」を非難」（江原［1992］）の対象にしてきたことに対するものであり、それが慎重な検証なくして信じ込んでいた「売春行為＝悪」という評価の根拠を問うものであった。そのことによって〈性〉空間の奇妙な曲率が、売春を「悪しきもの」として照準してしまっていることの検証を可能にする。「売春――性の商品化――にマイナス価値が集中する」ことを論理的に実証しながら、「売春がまず邪悪なものとしてあ」るとしていた言説の組み立てを解体するのである。

何よりも重要だと思える指摘はそのマイナス価値の集中する売春、性の商品化の空間に職業として従事する女性の、「勤労の倫理」（橋爪［1992］）が見出しがたいという点なのだ。つまり、売春にマイナス・イメージが付随することによって、売春女性は常に「〝転落〟実感」（橋爪［1992］）に苦しめられる。ここで「自由意志」とはむしろ、「売春＝悪」の言説を無効にする売春の免罪符ではなく、「性モラルにさからって、あえて売春を選んでいることになる」ために、「モラルに反して性を商品化している（と信じさせられている）アノミー」（橋爪［1992］）を裏づける、売春婦を差別する側の詭弁として位置づけられているのである。つまり橋爪は、「自由意志」による売春及び性の商品化を、悪と立証できないが故に受容されるべき実態として捉えているわけではなく、その是非を超えて、「自由意志」によってさらに促進される、売春する女性の逸脱実感を問題視しているのである。

それは私がフィールドワーク中に出会ったＡＶ女優たちの仕事を考える際に重要な視点だ。私はこの本のなかでしつこく彼女たちの労働の現場のヒエラルキーや勤労倫理について述べていく。彼女たちは時に過剰に見えるほどＡＶ業界特有の勤労倫理をもって仕事をしようとする。それは橋爪が指摘したような倫理の見出し難さと少なからず関係していると思える。

性の商品化とは何か

いずれにせよ両論文の収録された『フェミニズムの主張』以来、一方では個別具体の「悲惨」についての報告がセックスワーカー当事者やジャーナリストらによって報告され、一方では社会学、倫理学、経済学など多様な立場から性の商品化への主張が連なった。

導かれるかたちで登場した「性の商品化」にまつわる論考は、それ以前のフェミニズム運動を担っていた活動家らの主張に対して、より「冷静な議論」と説明される。少なくともそれらが「性の商品化」を論拠として「性の商品化だから悪い」といった論理ではなく、「性の商品化は——これこれ——だから悪い」といった論理の組み立てをおこなってきたからだ。そして、そのような論考は常に、「性の商品化とは何か」といった問いにまず直面する。各論者はその問いに対して、「性の商品化」がいかなる事態であるのかその定義を施すことから議論を始める。そして、その「性の商品化とは何か」を中心的な論点として発表された論考も存在する。

その中でも、「性が商品であるような社会とは何なのか」（加藤［1995］）という問いに対して、近代資本制の成立に際して「〈労働〉と〈性〉とは、（中略）実質的で内的な連関によって結ばれており、両者は相伴って、同時に成立し」（加藤［1995］）たのだ、と解説する加藤秀一の議論は、今の東京の性の商品化を見つめる上で留意しておきたい指摘だ。同等の問いに、ジェンダー、セックス、ロマンチック・ラブといった指標をそれぞれ挿入することによって、「性に関連づけて商品に価値を創造する方法」（神山［1999］）を現代社会の実際の商品の解説を通して分類する神山進もまた、「性差別」というだけでない、「性の商品化」を根拠づける社会システムを理解する上で非常に示唆的であろう。さらに、他者との関係性に焦点を絞って、「性の商品化」を、「単にそこに性＝aがあるというのではなく、Aを性的な対象＝人として認識してしまう」（立岩

［1995］）事態だという指摘も、性を、他の資本主義社会における様々な商品から差別化し、その特殊性を認識する（よって「性の商品化」という枠組みでの議論の必要性を認識する）上で有効だ。

フェミニズム周辺のそれらの議論は大きく二つの主流な方向性にも分けられる。一方が、「「自由意志」と利害を異にするもう一方の人権を尊重する」立場、もう一方が「自由意志である、といった主張自体を疑い、そこに存在する社会の力学を見出す」立場である。「道徳派フェミニズム」か「リベラル・フェミニズム」か（別所［1999］）と言い換えることもできる。それらは両者とも、冒頭で述べた「自由意志の性の商品化をどう問題視できるのか」というテーゼを土台にしたアンチ議論と位置づけられる。

二つの潮流はともに、「自由意志」による性の商品化それ自体の中へ入り込むというよりは、それがもたらす被害、もしくは、それをもたらす社会構造を分析したものであった。

「自由意志」はすべてを免罪化するものではありえないし、それによってもたらされる効果に対しての責任から解放されえない。また、「商品化された性表現や性的な行為が、それを享受する人々以外の人々に広く不快を感受させている」（永田［1995］）ことや、「男性に従属しながら、男性側の一方的な性的満足の対象として描かれている伝統的な女性像」が、「現代社会に生きる人々の意識や行動に多大の影響を及ぼしている」（福富［1991］）ことも、あるいは、正しい。そのような状況が実際に、青少年問題や職場環境をめぐる裁判などで問われ続けている。しかし、それが具体的な状況に対する価値のせめぎ合いの現場を離れて、議論の俎上へ載せられると、論拠としては脆弱である。

「自由意志」は「すべての基本的人権と等しく、「公共の福祉」の制約を受ける」（紙谷［1995］）のはもっともだが、かといって代替的な価値として挿入される「性道徳」（永田［1995］）や「基本的な感覚・倫理」（立岩［1995］）にも同じことが言える。「どちらの価値を優先するのか」（江原［1995］）という問いは残る。また、ある商品、またはある事例を媒介して、それによって被害を被る被害者と、それを生産する加害者、もしくは売買する当事者という二分法が曖昧である。それは往々にして、「〈性の商品化〉の被害者＝女」、「〈性の商品化〉をする加害者＝男」といった図式を採用するため、「自由意志」とそれに「対立する価値」といった先の対立軸はここでは保持されない。「自由意志に基づく性の商品化の被害者である女」の対立項が、「自由意志で売春なり自らの性を商品化する女」ではなく、「それを生産、消費する男」となっているのである。「性の商品化による被害者」↕「「性の商品化」の当事者である加害者」の対立軸でそれを見る時、「自由意志で売春する女」は「性の商品化」の生産過程にあるという意味で「加害者」に分類され、「被害者としての女」↕「加害者としての男」の対立軸で見る時は「被害者」に分類される。そしてそのどちらにも、隠れたかたちで「ゆるやかに」分類されるのである。二分法は、このような複雑な立場に存在しうる主体を分断する。

ＡＶ女優の現場を見るとその二分法にのっとることは難しい。おそらくＡＶ女優に代表されるような商品としての女性と価値を相反する例えば公共の福祉や性道徳は否定しがたい。ＡＶ女優の性を歓迎する男性と、AV出演を望む女性たちとの関係はそれではゆるやかな共犯関係となるのだろうか。では実際にAV女優と性行為をするAV男優との関係は何であるのか。AV女優にギャランティを直接渡すプロダクションや、場を用意するメーカーも存在する。「自由意志」と括られる彼女たちの性の商品化は高度に複雑化されていて、多くの場合は誰に対して性を売っているのかもよくわからない状況に置かれている。

「自由意志」とせめぎ合いうる「他の価値」の可能性は存在するだろうと私も思う。ただ「自由意志に基づいた性の商品化によっておこりうる外部被害」に対してその当事者を断罪する枠組みは、議論の対象である「自由意志の性の商品化」については語らない。「他の価値」と「自由意志」の角逐を議論するにも、現場の複雑さに目を向けることは一定程度有効であるように思える。

「被害者」のイメージ

その自明性がいかなるかたちで立証されようとも、「自由意志」による売春は常に、「「実は何らかの強制の結果なのである」（国連売春問題報告書）というレトリック」（赤川［1995］）から自由にならない。「貧困」や「無知」といった意志決定の外的条件を、完全にない、と論証することも反証することも不可能だからだ。しかし、労働一般として考えれば職業選択のごく基本的な前提として、「完全な自由ではない」ことを考慮に入れ、売春であっても「他の職業と同程度の自由な選択でありうる」（田崎［1997］）というのは、多くの論者が無理なく納得するところである。ではなぜそれでも売春から、「性的奴隷制」（川畑［1995］）の概念は払拭されないのか。

その疑問に対して吉澤夏子の議論（吉澤［1998］）は重要な示唆を与える。彼女が最も疑問視するのは、女性を常に「男社会」の犠牲者・被害者とみなすフェミニズムの視点とその基本的な立場（「個人的なことは政治的である」）が、「いくら自分で選択したと抗弁しても、それは男社会の価値観を見事に内面化したためにそう思わせられて」（吉澤［1998］）いるのだ、と規定することである。その点では、ポルノに出演する女性の選択に関して、男性に支配されている女性には自ら基本的な選択をする能力がないとみなすべき、として女性の合意を強制によるものとみなすような言説を、女性が自立し、自らのことを決定するといったフェミニズム的価値を尊重する立場から批判する紙谷雅子の論考（紙谷［1995］）にも似たような問題意識が共有されている。特に吉澤の論考は「女＝被害者」のイメージに、より懐疑的である。性的搾取という権力関係が日常のプライベートな領域に忍び込み、それを規定していることは、今なお肯定されるべき事実であり、その意味で「個人的なことは政治的である」というテーゼの有効性は、当然の前提として全面的に受け入れた上で吉澤は、そのテーゼだけでは説明できない現代社会の困難を理解するべく、その一面的な見方に疑問を投げかけるのだ。

「〈性の商品化〉と一般に言われるような意味での商品化をたとえおこなってはいないとしても、女性の身体や身体イメージがすでに商品となっていること自体が、女性たちの間に自らの身体を商品として捕らえる意識を生み出している」（浅野［1995］）、または「本人の意志にかかわらずまたは意志に反して「娼婦性」が商品化される」（川畑［1995］）という視点は、「売る／売らない」という意志を枠組みとして取り入れることを拒絶する。代替的に、「性を売る側」と「買う側」という「ジェンダーの非対称性」（江原［1995］）を主要な対立軸として問題視する。多くの場合、その主張の大きな了解事項は、「「性の商品化」が「女性の性」に偏っていることは「女性差別」の反映である」ことだ。この社会のあらゆる事象が「女性差別」を反映している、ということに対する不満の主張と、「性の商品化」の被害者として女性を統括するその議論は、問題意識をマクロにする。商品化している女性、商品化していない女性、商品化されることに居心地の悪い思いをしている女性、商品化を疑問視する女性（論者ら自身も含めて）をひとまずまとめて、「男のドミナントカルチャー」（川畑［1995］）において性的暴力や性的搾取に従属させられており、その状態から抜け出せなくさせられている存在として捉えるそのマクロな視点は、性の商品化の社会的な立ち位置を捉えることを補助するものである。

ただし肥大化したそのような「被害者」グループとしての女性像が、ひとたび現実的に適用、救済する対象を選ぼうとすると、その論議の焦点は結局象徴的な存在として語りやすい主体の被害にのみ向けられる。具体的には、潜在的商品としての女性の身体の帰結としての「摂食障害」（浅野［1995］）や、法的無能力の根拠を見出し易い無垢な存在としての「女子中高生」（井口［1996］）、限られた選択肢しか持たないと見なされる「移民労働者」（田崎［1997］）が、象徴的な問題として論じられるのだ。その後の日本でのセックスワークの議論が比較的極端な事例を取り上げることもここに関係する。

個人的なものの領域

「自由意志であるかどうかに関わらず」、「商品化するかどうかに関わらず」という二つの留保に見られるような区分の取り去り方は私たちの街に存在する普通の性の商品化については態度を保留しているようにも見える。「性の商品化」がおこる社会の被害者として大きな区分で規定されながら、「性の商品化」の加担者でもあるそのような存在を、取り去られた区分を取り戻して語ることは私の持つひとつの態度だ。それらの主体を中心的に見るとき、先の議論と相反するかたちで、それらが「選択において自由であったこと」（吉澤［1998］）と、商品化していることは共に、極めて重要な自己規定となりうる。そしてそれは、「性の商品化」のすべてを差別として糾弾しようとする文脈で、政治的なものの中に組み込まれてしまう「個人的なものの領域」（吉澤［1998］）に留意することによってのみ、可視化する。

「アダルト・ビデオは女性蔑視だとかいうけど、現場では、その女の子の（中略）輝く瞬間みたいなものが映像である」（岡留［1989］）という「性の商品化」に携わるものの内実を、「個人的なものの領域」に留意した視点から分析することが、反証されることのない、常に「正しい」議論が織り成すパラドクスを乗り越える上で必要ではないだろうか。「美しくありたいし、主体的でもありたい」のに、「「美しくあること」への志向性自体が、性差別構造を強化することにつながる、という状態を生きる」(吉澤［1998］)ことを強いられるのが、ジェンダーの関係性の生み出す「女であること」の困難であるとするなら、「主体的に性を商品化する」女性の立場は、少なくとも一点において、全体的な問題を内在化する存在であるからである。

3 「セックスワーク」とは何だったのか

権利のための運動

売春を犯罪として取り締まることの廃止を主張し、労働として再認識させようという動きを、米国において先導的におこなってきたのが権利団体COYOTEの改革運動だ。伝統的な売春婦観に新しい売春婦のイメージを代替させようとする際に基礎とする命題を、「罪としてのセックスから労働としてのセックスへ」を著したヴァレリー・ジェネスは以下の三つに分類する。①「売春は労働であり、売春に対する社会の基本的スタンスを犯罪という支配的な概念から労働という支配的概念に取りかえるべきだ」、②「売春婦として働いている女性のほとんどは、売春がたいていは違法となる社会においてさえ、選んでそうしている」、③「売春とは労働だから、人々はそれを選ぶ権利を持つべきであり、また合法的なサービス業における労働のように、尊重され、保護されるべきだ」(Jenness［1990(=2000)］)。

売春を労働とみなすという考え方が、COYOTEの立場の最も中核的な部分をなすもので、労働としての売春のイメージのために、（売春婦は自分のからだを売っているのではなく）「実際には、売春婦は彼女の時間と技術に対して報酬を支払われているので」ある、と主張する。そして、それゆえに性的サービスを売る権利は、「女性が弁護士として働く法律事務所で頭脳を売る権利があるのと同様に、また、芸術家として働いて博物館に対して創造的な労働を売ったり、モデルとして働いて写真家に自分の像を売ったり、バレリーナとして働いてからだを売ったりするのと同様に」（Jenness［1990（＝2002）］によるドロレス・フレンチの文面の引用）、女性に備わっているのであるものとし、売春に関する法的な取締りに異議を申し立てるのである。

そのように法的取締りに対する異を唱え、売春を非犯罪化するレトリックがなぜ登場したのか、何のためのレトリックであるのか。COYOTEは何故あえて、「たいていの売春は自発的なものだ」という主張をせねばならなかったのか。『セックス・ワーク』の共同編纂者であり、COYOTEの中核メンバーでもあるアレクサンダーは、『セックス・ワーク』の序章において、「売春婦たちの犠牲者としての部分にもっとも強い印象を受けた」（Delacoste and Alexander［1987（＝1993）］）と述べており、売春の非処罰化の明確な必要性を、売春婦の現実に求めているのである。

『セックス・ワーク』は三部構成で書かれた本で、第一部には、主に売春に関わったことがある者のエッセイが、第二部には、売春をめぐる関連問題に関する包括的な論文が四編収められており、第三部では、売春に関する各国の運動や団体の主張と紹介がまとめられている。末尾には世界憲章と一九八六年に開催された第二回世界娼婦会議の声明草案が掲載され、日本語翻訳版ではさらに、出版元であるパンドラによる序文と、角田由紀子による解説が付録として収められている。

デラコステが冒頭に、「すべての性労働者は犠牲者であるというレッテルを貼る人たちに対しては、あまり信頼をもてなかったが、働く女性自身のものであれば、どんな考えにでも耳を傾けるつもりだった」（Delacoste and Alexander［1987（＝1993）］）と、多少言葉を濁すかたちで導入するように、第一部のエッセイのほとんどが、売春婦の被害の報告である。いくつかに分類すると、最も多いのが、警察による差別や横暴、次が社会的レッテルによる苦しみ、である。

援助交際でも出会い系売春でもデリヘル嬢でも日本的なセックスワーカーのマスイメージをなんとなく想像する一部の人にとっては、第一部におさめられている売春婦の姿が、あまりに従来の売春婦のイメージを踏襲していることは、衝撃的だと思う。少なくともアレクサンダーらが想定している売春婦の現状は、性的奴隷・被害者・犠牲者という伝統的な言説が想定していたものと、あまり変わらない。そこに浮かび上がる売春にまつわる悲惨を想起した上で、売春の非処罰化を訴える先の論文を再読すると、法律を変えることは、売春婦のイメージを変え、売春婦になるための権利を確保するためにされるのではなく、文字通り、悲惨な現状からまず彼女らを救い出すためにおこなわれるべきだという主張が明確だ。レッテルを貼られることが悲惨な現状なのではなく、売春を犯罪とみなし、売春婦に「淫売」のレッテルを貼ることで、悲惨な現状が再生産されている、というのが、おそらくエッセイ群の主たる主張であるからだ。

様々な立場の中で一致して主張される売春の非処罰化は、同書の中では、売春の是非とまったく分離され、区別されたところで必要性を説かれている。アレクサンダーの論文の中で冒頭に示される「フェミニストとして私たちは、女性のセクシュアリティが利益のために利用されることに嫌悪感を覚える」(Delacoste and Alexander［1987(=1993)］)という主張と、売春の非処罰化を求める結論は、同書に一貫して共存するものなのである。「売春は悪であり、同時に合法化され守られるべきだ」というその主張は一見矛盾するかのように見えるが、むしろその、論理的に矛盾するかに見える「売春の是非」と「売春の非処罰化」を区別することが、フェミニズムの難問としての売春を、フェミニズムの立場のまま考える視座を提供したのだろうと考えられる。それは無論、売春自体の廃絶も含みうる。だからこそ「売春が存在するのは、少なくともある程度は、ほとんどの社会で女性が従属的な立場にいるためである」としながら、「あなたや私がどう考えようと、女性には、売春婦として働くか働かないか、またどんな条件で働くかを決断する権利がある」(Delacoste and Alexander［1987(=1993)］)と指摘することが可能なのだ。

角田が日本語版に寄せる解説で、「この本に書かれたことだけでは、彼女たちの主張が十分には伝わらない」「権利派の主張の中には売春廃止に反対というものも見受けられるが、法律による禁止に反対なのか、そもそも売春行為そのものがなくなることに反対なのか、あまり明白ではない」と指摘している。極端な言い方をすれば、同書は売春の是非について、その態度を保留しているのである。

日本のセックスワーク論

日本のセックスワーク論というとアレクサンダーらの議論とやや様相が変わってくるのはおそらく性産業の現状に関するイメージが関係する。日本の性産業に関わる女性らの多くが、犯罪者として断罪され、迫害をうけている状況になく、どちらかと言うと法の隙間をぬった性産業に合法的にコミットしている状況であるからだ。非犯罪化・非処罰化の、緊急な必要性を前提とせずにセックスワークの主張を捉えれば、それは売春を存続させたり、売春婦にイメージ的な尊厳を与えるためのレトリックであるかのように考えられがちである。

『セックス・ワーク』と並んで、現在日本でセックスワーク、セックスワーカーといった言葉を利用する際に参照される文献に、二〇〇〇年に翻訳されたシャノン・ベルによる『セックスワーカーのカーニバル』(Bell［1995(=2000)］)がある。「セックスワーク、セックスワーカー――売春婦及び売春夫――たちの政治的パワーと知識を認め奨励する」同書の、売春婦を「ただセックスとうまく付き合いのできる人たち」と呼ぶ態度はあるいは、より日本における「セックスワーク」論と相容れる立場であるかもしれない。売春肯定の印象が強い同書の原題は *Whore Carnival* である。登場する売春婦らは確かに売春において自己肯定し得ている者がほとんどである。しかし彼女ら(彼ら)が、社会的には whore という烙印を押されていること、そのことによって不都合を被っていることに対する同書の持つ批評性がそのタイトルにある。

『セックス・ワーク』が、売春の非処罰化と売春の是非論を区別したように、ベルもセックスワーカーの労働を擁護・奨励することと、売春婦烙印の現存する社会への批評を区別している。いずれにせよ、セックスワークに関する論考は、はじめに想定する売春婦らの（困難な／悲惨な）現状ありきで語られるため、別の文脈に挿入されるとまた独自の発展をするものである。

困難の中、権利を求めて連帯するセックスワーカーの主張の日本での受け取られかたについて浅野千恵は鋭くこう指摘する。日本で現在「セックスワーク」論に賛同し、担い手となっている一部の論者たちが、「『自己決定のもとに、自分の体を自由に売れる性的に解放された女性』というイメージを勝手に期待し、また、そういったイメージを埋蔵している」。「選択による売春だから労働と見なされるようになり、労働と見なされるようになったから人権が問題になってきたのではなく、人権を問題化するために労働と見なすよう要求した」（浅野［1998］）。

ただし、「自由意志からの売春＝セックスワーク」という捉え方を払拭し、先に述べたような「セックスワーク」本来の意味（非合法であるが故の困難に向かって非処罰化を求めて連帯する）を取り戻した上で、売春をセックスワークと言い換える必要があるという一部の主張には私は懐疑的だ。

もともと日本には「セックスワーカー」は存在しなかった。現在では、少数ではあるが、「現役セックスワーカー」「元セックスワーカー」と自称する語り手たちが存在する。彼女たちは、「売春＝暴力」と図式化されることから派生する困難を、「セックスワーク」概念の枠組みを用いて乗り越えようとするといった意味で、本来的な意味に近い「セックスワーク」論の担い手だ。彼女たちが彼女たちの文脈で権利要求する際に、その主張は矛盾を孕むものではないし、売春の言いかえとしての「セックスワーク」概念が必要である、というのももっともな意見ではある。「セックスワーク」概念が輸入されたことによって、「たまたま語りえた」彼女たちの証言は貴重であるに違いないが、しかし同時にそれはごく一部の「賛同者」でしかないとも言える。

それらの議論は、具体的な要求や現実に即した問題意識を持ち合わせるが、その具体的な要求を必要とする当事者がとても限定的なため、極度にミクロ化していく。どちらの議論も、実際に私たちが生きる性の商品化に関しては、全く語らないか、ごく一部しか語らないのである。

労働として認めるのか

「セックスワーク」という概念が、「セックスワーカーの労働者としての権利の主張」であるというおおまかな認識が、日本の「セックスワーク」論者に共有されているらしいということは先に述べたが、そうであるならば当然、それらの議論は「売春は労働として認めるべきか」というスタートラインに立たされることとなる。そこでまず行われるのが、「性的奴隷制」の概念を取り払って、「売春は労働である」とせざるを得ない、とする道具立てである。それは主に、資本主義のシステムをめぐる文脈にそって、「売春も賃金を媒介とした社会関係の中で、外部から強制されたものであるという点で、一般の労働と同じ」(渡辺［1997］)であるという論理でなされる。

以上のような論理は、「セックスワーク」をめぐる議論の中で完全に覆されることはなく、売春を労働として認めるべきではない、といった主張も、一旦はその「売春が労働で有りうる」ということを認めた上で、それに伴う問題を指摘していくことになる。人権の保護にのみ関して言えば、「売春は労働である」と認める必要性は必ずしもないのではないか、という疑問も無論多く存在し、それでも認めるべきだとする主張は、「実際の権利の要求者」たちが担うところが大きい。現場を離れた議論では「性的な欲望が子産みのための行為に限定されない人間の場合、このはみ出した部分を受け持つのが市場における性産業であり、そこで働くセックスワーカーたちである」（小倉［1997］）という説明の内部では、「売春＝労働」は必要というより必然として認識される。そうでなければ、男性を媒介とした市場と家族の二つの領域を説明できないからである。このような「資本主義的一夫多妻制」の枠組みを用いた「セックスワーク」の概念は、違いが「場」のみに限定されるのならば、「「妻」もセックスワークの一形態である」（菅野［1997］）という極端な論理に繋がる。

注意すべき点は、そのような、究極的には「生殖用の女と快楽用の女という、男の側の区別を越えた存在としての女の存在」を作り出すために「プロスティテュートと妻の分割それ自体を、脱構築すること」（田崎［1997］）を目的の一つとしたような、「セックスワーク」の概念とその定義に関する疑問は「セックスワーク」自体（とあえてここでは書くが、具体的には性産業）についてもはや語っていないことである。それは「セックスワークはワークである」という問題提起の可能性についての検討であり、そこに何かしら「セックスワーカー」の実態は想定されていない。

現場の論者たち

一方「セックスワーカー」やその支援者を自称する者らによる声明や、その論考に寄り添って補完するかたちで形成される論考は多くの場合、抽象的な議論を一蹴し、「買売春が存在するという現実、そして売買春が一晩で消え去ることなどありえないという現実」(鈴木［1998］)を受け止めた上での議論の必要性を説く。よって、売買春の定義や是非論を離れ、「セックスワーク」の定義や概念は所与のものとして、その概念を利用してある要求をする、もしくはそれを利用することの必要性、有効性について語る。

彼ら／彼女らの要求の矛先には、大きくまとめて、売春の「非犯罪化・非処罰化」と、売春婦(セックスワーカー)の「脱被害者化・脱犠牲者化」があるが、そのような要求がなされる背後にある主張には、やや偏りがある。「私たちは、暴力に甘んじる弱者として同情されるか、その暴力に加担する、フェミニズムへの裏切り者として非難される」(桃河［1997］)という現役セックスワーカーの声明は、現代日本で売春女性が置かれた立ち位置のアンビバレンスを鋭く指摘している。彼女たちが、「弱者」(犠牲者)として「裏切り者」(加害者)として暗に差別ないし抑圧されていたことには異議はない。しかし一方で、彼女たちが議論において不可視の存在である場合もまた多い。非処罰化や脱被害者化の要求が実際になされたり、それによって救済を求められたりするのは、日本で性産業に従事する女性のうちの、ある特定の立場（そして論理的には彼女らのみが、日本のセックスワーカーということになる）に限定される。

日本で「セックスワーク」を実際に語るのは、ごく一部の、特殊なケースにおける権利要求の際か、もしくは、自分を「セックスワーカー」として規定している女性による「性労働＝セックスワーク」とすることへの要望と、それを支える論考である。著しく人権を奪われている対象者、例えば、第三諸国から出稼ぎにきて日本の性産業に従事している外国人女性が不当な搾取を受けているような場合に、「彼女らはセックスワーカーであり、労働者としての基本的な権利を奪われるべきでない」といった主張の弁明の道具となる。「国際移動を利用して自分や家族の生活を改善しようと自律的に闘っている女性たち」（渡辺［1997］）なのであるから、「先進諸国フェミニストが啓蒙してあげてはじめて主体となれる、そんな存在」、すなわち「受動的な犠牲者」（田崎［1997］）として救済するのではなく、労働者としてセックスワーカーのまま、権利を守られるべきである、と主張する。稼ぎを得る手段を奪われないまま、「タコ部屋みたいなところに閉じ込められて、四六時中見張られて、外出の自由もままならない」（田崎［1997］）ような権利を踏みにじられた状態から解放されるために「セックスワーク」概念を必要とするのである。青山薫のタイ人女性についてのフィールドワークはその土台の上に立って、しかし「強制されたものであり選択されたものであった」という売春の現実的な側面について詳しく考察を加えた著作である。ただし、それらが「タイ人女性」（青山［2005］）（渡辺［1997］）、「下館事件」（「下館事件」タイ三女性を支える会［1997］）、「池袋事件」（佐藤［1999］）などを、限定して例示するのには、東京の日本人女性にとってはやや寂しいものがある。

そういった議論とは別に自分らをセックスワーカーと規定する者たちが、もっと積極的な意味でセックスワークの承認を求める議論もある。留意すべきは、彼女らが、「性産業をセックスワークと呼び、労働として認めるべきだ」と主張するのは、「「道徳的でないから」「強制されたものだから」「性差別・性暴力だから」」といった理由で「売春を労働としては認めない立場が一方に存在する」（浅野［1998］）からである、という点である。「売春を労働として認めない」といった主張は、「売春は労働か？」といったメタレベルの議論の中でなされる。その議論は「セックスワーク」概念の提唱（輸入）によって起こった。倒置的に考えると、「セックスワーク」に関するメタレベルの論争があるからこそ、その主張はなされたのであって、「売春を労働と認めさせるためにセックスワーカーを名のる女性」、というのは、「セックスワーク」概念の輸入とそれによっておこったメタレベルの議論が作り出したものということになる。だから彼女らの要求が本当は何を求めているのか分かりにくい。売春を労働と認めさせることによって要求されるのは、「犯罪者扱い」（鈴木［2005］）をされないこと（非犯罪化）と、「その人が働く以上は安全に働くことの出来る権利」（桃河［1998］）であり、つまり「犯罪者として後ろめたい思いをせずに、安全に働きたいと権利主張できるようになる」ことである。それは、『セックス・ワーク』の冒頭に収められていたような報告を前提としているようだが、具体的な事例のないそういった主張はどことなく空洞的だ。

現役セックスワーカーたちの証言は貴重だ。セックスワーク論が活性化したことで、風俗嬢をはじめ売春女性の現実が、「まともな議論の俎上に」載せられることは多くなった。ただし、議論の俎上にのせられると彼女たちは自分らの現状や生きてきた性の商品化を一旦離れて売春否定よりの学者たちに反論する。それは「犯罪者扱いされて安全に働けない」と主張している性産業の女性がいると仮定した発言でしかなく、そうした存在がいないことには成立しない。メタレベルの議論に対する反論として存在するために、実際の日本の性産業の状況と、仮定される状況がずれているので、発言自体が目的化されているようにも見えるのだ。

自由意志を否定しない理由

私は本書の中で「自由意志↕強制」の区別を無効化することを目的としていない。AV女優たちの意志や選択はそれとして受け止めた上で、それを取り巻く状況について寄り添って考えたいと思う。それは決して、現代日本において、「全くの強制売春と全くの自由売春は、まれであり、その間に、無数のグラデーションで存在する売春が、現在の売春の姿である」(養父[2001])といった主張を否定するためではない。「自由意志の売春」を奨励したいわけでも別にない。以下のような事情に、一定の真理があることを信じるからである。

姉さんは、姉さんの切り裂かれた自尊心と奪われた選択権を回復するために闘ったのです。選択権が奪われることによって、女の心、女の自尊心、人格が奪われたのである。核心は「選択権」にある。とすれば、売春をめぐる性と人格は、切り離しは可能なのではないか。

（千本［1997］斜字部分は千本による落合恵子『氷の女』の引用）

「自由意志」という言葉が、性産業に従事する女性の側にとって極めて重要な自己規定の契機になっていることがある。いずれにせよ、「自由意志」と「強制」の区別は、彼女たち自身がすべきであるというのが、私の基本的な立場であり、その意味で、自由意志だと思っているのも実は何らかの強制の結果である、といったレトリックとは根本的に立場を異にする。自由意志で働こうと決めて働く者と、強制的に連れてこられて逃げたいのに逃げられないと考えている者の人権は、どちらも同様に、しかし全く別の理由に基づき、全く別の方法によって守られるべきである。

しかし本来ならば、「自由意志」であることが重要なアイデンティティの契機でなければならない状況に、根本的な問題意識は向かうべきだ。「自由意志」かどうか問われ続ける性産業従事者の状況に対しての疑問に、現時点で見つけられる回答は以下のようなものである。

人がある職業についた場合に、自由意志であるか強制であるかが、セックスワーカーたち

に対するほど頻繁に問われたり問いつめられたりすることはない。（浅野［1998］）

セックスワーカーはその仕事を選んだ理由を説明するよう、常に要求される。また、自分自身の意思で選択したことなのかどうかを明らかにするよう、しばしば強制される。つまり、「売春婦」になった女性は「売春婦」になった理由を説明するよう求められ、自発的に「売春婦」になったという理由でもって、その後に起こることのすべての責任をおわされてきたのである。（浅野［1998］）

私たちがこの仕事をしている理由は様々である。選択した結果である場合もあるし、選択の余地がなかった場合もある。そもそもある人がある仕事に就く理由など、どんな仕事であれそんな単純なものではないだろう。（桃河［1997］）

性産業に従事する際には「自由意志」かどうかはっきり決められなければならない状況は確かにある。しかし、性産業で働く女性にとって、「自由意志」が、外から言わされている、といった側面以外の機能も果たしているのではないかとも思う。そこにこそ、「性の商品化」論と「セックスワーク」論の狭間で、語られない存在であり続けた、性の商品化をしながら東京に集まってくる女性の抱える問題はあるのではないか。

それは、ゆるやかに非難されながら黙認される、というアンビバレントな立場におかれた彼女たちに焦点を当てていく以外に、示されようのない問題である。その立場に焦点をあてる、ということは、「性の商品化」における「他人の迷惑」の対立項でありながら語られなかった「自由意志」の内実を問うことであり、奇しくもそれは、橋爪論文の中で指摘されながら、「性の商品化」論争に持ち越されることの少なかった、売春婦の「勤労の倫理」(橋爪［1992］)を問うことでもある。「セックスワーク」が、主張を担うものとしては限定的に語られ、売春のカジュアルな言い回しとしては一般的に定着しつつある今日、今一度その問いに立ち返ることは私たち日本女性にとっては重要なことだ。

それは、「性を売買してはいけない」という感覚的にこんなにも根強いものが、常に脆弱な議論であり続けたことをも説明しうる。何故なら、性産業が現存し、継続している事実の裏には、性産業に従事する女性が絶えず存在し続けている事態があるからである。そして彼女たちがとてもゆるやかに「昼間の世界」から続いた地面に存在している事実があるからである。

欲望の形成により「性の商品化」が成立する契機を説明した意味で、小倉(小倉［1997］)が消費者の観点から分析を試みたことは有意義であるが、成立するだけではなく、存在し、し続けることを説明するには、「モラルに反して性を商品化している」「〝転落〟実感」(橋爪［1997］)を強要されながらも彼女らが存続していることを焦点化する必要がある。つまり、小倉が指摘する、マルクスが想定したような意味での「買うことに伴う「意味」」は、それに対応する、「売ることに伴う「意味」と共に語られなければならない。「売ることに伴う「意味」」とは、「性の商品化」が「自らの性を商品化するもの」にとってどのような意味を持つのか、と言い換えることもできる。そして、それは宮台真司が詳細に記した女子高生という特権的な立場を逃れたあとの私たちの性の商品化の物語だ。

4　AV女優やその周辺についての記録

メディアの中のAV女優

ここまでアカデミズムの世界での議論をかけ足で見てきたが、私がこの本で注目しようとしているAV女優たちについて語っている言説は必ずしもそれらにとどまらない。むしろアカデミズムを離れたところに、彼女たちについて語る場は多く存在してきた。

私はAV女優を「自らの性を商品化する理由を常に問いかけられてきた」存在である、と書いた。彼女たちの議論を始めるには、学術的な見地からの分析だけでなく彼女たちに詳しく取材してきたジャーナリストやライターたちの報告を紹介しておくべきだ。彼女たちが実際にそういった商品化の理由、AV女優になる動機を問いかけられ、語っている姿があるとともに、彼女たちの生活や仕事を記した貴重な文献も多くある。

最近では中村淳彦の『職業としてのAV女優』が彼女たちの属する業界について現状や歴史を

詳しく報告している。お金の流れや求人の現状などについて詳細に取材されており、ＡＶ女優についての冷静な資料としてとても貴重だ。

ただし、多くの「ＡＶ女優」の名を冠した文献は、文章としての面白さとは別に、同書のような資料とはまた違った様相を帯びている。ＡＶ女優たちはその動機自体が商品的価値をもつほどに、世間的に愛され、興味をもたれ、奇異の目で見られてきた。『ＡＶ女優になったわけ――裸の仕事を選択した美女12名の赤裸々ドキュメント』といったコンテンツが発売されるような事態は、やはりある意味で特殊だ。カメラの前で裸になる仕事は、何か特別な理由があって初めて選択されうるものだという前提が当然そこにある。

さらに、彼女たちがメディアを通して名前（ほとんどの場合が本名ではないが）と顔を一般視聴者に向けて発信する存在であり、知名度や人気をあげることが重要な要素であることも、そういったコンテンツの存在に拍車をかけるものであろう。インタビュー記事や取材本などがコンテンツとして興味深いものであれば、結果的に彼女たちの名前は視聴者の記憶に残り、ＡＶ女優としての成功に結びつくかもしれない。

つまり、インタビュー集などの存在は、マイクを向ける側、さらにそれを視聴する側の興味や欲求に応えているだけでなく、ＡＶ女優の側からも有効に利用しうるものである。そういった意味では、「宮大工になった理由」「ＳＰになった理由」と比べた際には、コンテンツとしての価値と意味にも違いが生まれるだろう。

そうであれば、AV女優になったわけ、について答えながら、AV女優は戦略的に自らを売り込み、視聴者の興味を引こうと努力していると考えられる。ただし、問題をさらに複雑化するのは、そういったインタビュー記事には、AV女優の名前すら明示せず、顔にもモザイクを入れたものもまた混在している事実だ。きらびやかなメイクを施したグラビアの横に掲載されているインタビューとはまた異質であり、AV女優のインタビューと簡単に一括りに語ってしまうのは危険であろう。

名前や顔写真が大きく印刷されたインタビュー記事でも、名前や顔に先行して動機やバックグラウンドについて尋ねる記事でも、AV女優はその動機や理由についてマイクを向けられ、その答えを語っている。記事やコンテンツの質によって、答えの質や語るAV女優の意識は異なるかもしれない。

AV女優のインタビュー市場は活発で、その掲載媒体も幅広い。しかし、それらインタビューのやり取りとそこで想定されているAV女優の姿をざっと整理してみると、それがいくつかのパターンを踏襲しているように見える。そのパターンに沿いながら、AV女優の「語り」が具体的にどのように存在しているのか簡単に外観しておこう。

語りのパターン

パターンと言ってもインタビューの作法や質問事項がパターン化されているという意味ではな

い。むしろそれらはすべてのパターンを通して基本的には一貫しているのだ。簡単な自己紹介、AV女優になったきっかけ、趣味や背景的な情報についての詳しい会話など、なされる質問はどのインタビューであっても似通っている。つまり、パターン分けされるのはAV女優の受け答え部分によってであり、その内容によって、インタビュー自体の色合いやねらいが見えてくることとなる。

ただしそれは、「AV女優」のパターン分けともまた意味合いが違ってくる。可愛らしく純真なAV女優、淫乱なAV女優、暗いAV女優などとAV女優のキャラクターやタイプのパターン分け、ジャンル分けは可能である。それは例えばジャーナリストによるインタビューを編纂した一冊の本の中で、AV女優たちをいくつかのタイプに分けるといった作業だ。もしくは、VTRの中で表出されるAV女優のキャラクターを、ロリ系、痴女系、M女、などと分けていくこともできるであろう。

重要なのはインタビュアーとインタビュイー（AV女優）との間の了解事項としてある、そのインタビューに求められるAV女優像のパターン分けだ。ある一冊の本はそこに登場するAV女優がいかなるタイプの者であったとしても、すべて一つの想定パターンに寄り添ったインタビューとなっているはずで、それが、質問ではなくAV女優の「語り」の中に見出せる、と言えばいいだろう。逆に言えば、同じAV女優であっても、インタビューのパターンによっては表出される部分というのが大幅に変わってくることとなる。

パターンは以下のようなものだ。

第一に、AV女優の「普通のおんなのこ」としての側面を前面に打ち出したインタビュー群がある。とりたてて切実な理由があるわけでもなく、とりたてて数奇な運命を持って生まれたわけでもなく、普通の女の子として生活していた女性が、ある日、些細なきっかけでAV女優となる。当然インタビュー内容は、趣味や特技、学生時代の性格、などといった何気ない内容にページが割かれ、VTRで淫乱な姿を見せる彼女たちが、ここでは直接的に性に繋がらないことを饒舌に語ることとなる。

第二のパターンは、スキャンダラス性の強い内容のインタビューである。そこでは、視聴者の驚きを想定したようなスキャンダラスな内容、通常あまり聞かないようなAV女優たちの経験や性癖、衝撃的な生い立ちなどが赤裸々に綴られる。AV女優の、変わった体験や人と違った部分に焦点をあて、そこからAV出演に対する必然性に繋がっていくというのが、このパターンの基本的なプロットである。

最後に、VTRに登場するAV女優像を基本的にそのまま踏襲している第三のパターンがある。淫乱であったり、明るく可愛らしい姿が表出され、内容もVTR同様、視聴者の性的な興奮に訴えかけるような言葉が頻出する。

第一のパターン――普通の〝おんなのこ〟

九〇年代前半に、『ビデオ・ザ・ワールド』、『AVいだてん情報』というAV専門誌に掲載されていた永沢光雄によるAV女優のインタビューは、九六年に単行本化(1)、九九年には文庫化(2)された。同書の内容を、「切実な社会問題が文字どおりごろごろ転がっている(3)」ものとした評価は、インタビューの細部を汲み取っているようで、その本質的な全体像には無頓着である。

確かに、インタビューに答えるAV女優の発言の中には、ドメスティック・バイオレンスや、貧困、差別、近親相姦などという「切実な社会問題」を映し出しているものがある。しかし、同書全体を通して描かれているのは、あるいはAV女優ではなかったかもしれない普通の女の子としてのAV女優の姿である。

それは何も、描かれる彼女たちがすべて平均的な過程で特徴のない人生を送ってきたという意味ではない。つらい過去であれ興味深い経験や趣味であれ、詳細に記されながら、それがAV出演に直接的に関係している論調ではないということだ。収録されている四二人のAV女優それぞれのインタビューの内容は様々で、幼少時代の思い出や好きな芸能人、男性経験など会話が流れるままに、饒舌に語られる。そして、その詳細な自分についての話とは断絶されたところで、AV女優になったきっかけがさらりと書かれてほとんどのインタビューは終わっている。また、最近はまっていること、近況報告などについて詳しい会話がなされ、AV女優になった理由などにはふれずに終了しているインタビューも存在する。

単行本に収録された大月隆寛によるインタビューの中で、永沢は事後的に「うれしくなる話ってあるじゃないですか。僕はそういうのが聴きたいんですよ」「ずっとこの仕事やってて、ほんとにみんなどの子もしゃべりたいこと持ってんだな、と思いますよ」と語っており、AV専門誌という媒体上、対象をたまたまAV女優としているのであって、インタビューの興味がAV女優という「特異な存在」に迫ることでないことを匂わしている。現に同書のインタビューではAVについての具体的な話よりも、彼女たちの女性としての人生や日常に多くのページが割かれている。

永沢によるインタビューに限らず、特に有名AV女優にフィーチャーしたインタビューやAV視聴者を読者に想定した雑誌などのインタビューは、そういった傾向が強い。例えば、没後出版された林由美香の特集単行本『女優　林由美香』(4)の中に収録されている一九九四年のインタビューでは、三〇ページ以上に及ぶ収録部分の中で、AV出演のきっかけに関する会話は一ページにも満たず、「友達が事務所の社長の友達で、その紹介みたいな感じで、やってみない？　って」というさりげないくだりを除いては、学生時代の部活動や初恋について詳細に語られている。グラビア誌やAV情報誌に、アイドル的な存在の単体AV女優のグラビアと共に掲載されるインタビューも、基本的にはこういったかたちを踏襲している場合が多い。

それらAV女優の「普通のおんなのこ」っぷりを立脚点として、AV女優への転身をカジュアル化したものとして論じる批評が存在する。AV女優の「普通さ」に焦点をあて、「とてつもなく淫らに、放恣なポーズをとるAVギャルたちは、案外あっけらかんとしているんだろう。じめじめとした特別な事情など潜んでいそうにない。フツーの女の子がもつフツーの悩みを抱えている。フツーだからこそ、過激なAVに出てしまう……そんな時代のねじれ」(5)を指摘する。そして「一日休んでも支障をきたさないOL生活より、自分が撮影現場に来なければすべてが滞ってしまうAV女優の方が充実感」(6)がある、といったカジュアルな理由で気軽にAV出演を決めるOLたちを、時代の象徴として描き出す。

そういった論調は、おそらく、AV女優のインタビューに表出する「素顔」的な側面、例えばOLと同じような家庭に生まれ育ったAV女優の語り内容に端を発しているのであろう。しかし、当のインタビューが掲載されるようなグラビア誌やAV専門誌では当然ながら、そういった同時代批評は目的とされていない。

グラビア誌やAV専門誌の永沢調インタビュー、つまり特技は料理であるとか、水泳部に所属していたことなどを詳細に話すインタビューは、そういった会話の中からAV女優の個性やキャラクター、VTRの中ではふれることのない素顔を引き出すといった、芸能人やスポーツ選手の素顔に迫るドキュメントと同じような文法を持っている。そして、近親相姦の経験や、家庭内の問題などといった比較的スキャンダラスな内容も、水泳部に所属していたことなどと同列に経験として語られ、そこにAV出演の必然性を求めるような姿勢はない。

ただし、永沢の「ほんとにみんなどの子もしゃべりたいこと持ってんだな」という言葉どおり、

ＡＶ女優は何かしら語るトピックをあたかも用意していたかのように、詳細に興味深く自分について語っている。それがあるＡＶ女優の場合は初恋相手との失恋であったり、あるＡＶ女優の場合は父親の家庭内暴力であったりするわけだ。そして、誰にでも答えられるようなありふれた質問の中で巧みに自分のキャラクターを打ち出し、インタビューの見出しとなるような個性を確立させていく。そういったＡＶ女優の「語り」の作法がどのインタビューの中にも見られることは間違いない。

つまり、こういったインタビューでは、ＶＴＲでみだらに振舞うＡＶ女優の素顔を垣間見せたい、というインタビュアーの欲求が、いかなるスキャンダラスな内容も特にＡＶ女優の特異性として還元せず、女性が語るある人生として見せている、といった印象が強い。そして、そのインタビューの文法を理解した上で、ＡＶ女優が淡々と饒舌に経験や趣味を語り、結果的にその中からＡＶ女優のキャラクターが浮かび上がることになるのだ。

第二のパターン――中村淳彦のインタビュー

第二のパターンは、ある点で第一のパターンと正反対の特徴を持っている。それは、前項で普通の女性の人生として片付けられていたＡＶ女優たちの経験を、スキャンダラス性を強調し、さらにそれをＡＶ出演に繋がる契機として位置づける姿勢にある。そして、おそらくその姿勢は、前項で紹介したようなＡＶ女優の素顔をフィーチャーするインタビューにおいて、ＡＶ女優の

「語り」が興味深く面白いことから生まれたパターンであると理解できる。

現に、『AV女優』でAV女優らの「普通の」話を延々と書き綴った永沢光雄自身が、後に出版された『AV女優2　おんなのこ』では、徐々によりAV女優の数奇な体験や辛い過去を大々的に扱い、一作目でも随所に描かれていたややスキャンダラスなAV女優の人生をより強烈なものとして描く方向に路線変更していく。無論、二作目もまた九六年から九九年の『ビデオ・ザ・ワールド』に掲載されたインタビューの集積であって、その掲載媒体から、AV出演のきっかけの現状と社会問題を繋ぐような論調は皆無だが、内容の過激さ、インタビュー見出しのスキャンダラス性は顕著に増している。

永沢のインタビューの変遷自体は、一通り様々なタイプの「普通のおんなのこ」であるAV女優のインタビューを継続的に続けていく上で、インタビュアー側もAV女優の側にも、記事としての新しさを成立させるためにはある程度個性を強めなくてはならないという意識が働いたのだと片付けられる程度のものであるが、その後AV女優のジャーナリスティックなインタビューは、そういった経験のスキャンダラス性を強調することが文法化していくことになる。

そして、AV女優の過去や経験が一定程度ドラマティックであることをAV出演の背景的な理由として位置づけた最も象徴的なインタビューが中村淳彦による三冊のインタビュー本(7)であろう。中村は実際『名前のない女たち』の冒頭に、「何故、セックスするという職業を選んだのだろうか？」と同書の対峙する問いと姿勢を明らかにしている。そしてすべてのAV女優一人一人について、象徴的な経験や過去が一つ以上記述されており、それらが、冒頭の問い、「何故、セックスするという職業を選んだのだろうか？」に対する答えとなっていくプロットである。ただし、ホームレス経験や対人恐怖症、ドメスティック・バイオレンスなどというあからさまなスキャンダルがすべてのAV女優に共有されているわけではない。一般的な家庭に育った女性であっても、「動機」と捉えられるような出来事を何かしら引きだし、その経験を徹底的に焦点化する、というのが中村インタビューの文法である。

永沢によるインタビューに登場するAV女優は、デビュー後それほど時間が経過していなかったり、出演本数がそれほど多くない単体AV女優が多く、中村によるインタビューでは、例外的に登場する単体AV女優を除いて、企画AV女優に焦点があてられている。その違いはあるが、基本的にインタビュアーからはじめになされる質問に大差はなく、あくまでAV女優によって語られる内容がより顕著に過激となっている。そして、初期永沢のインタビューではそれ以前の会話内容にかかわらず「プロの男優さんと一回セックスしてみたかった」、「新宿を歩いててスカウトされて」と、些細なきっかけとして独立していたAV女優になった「動機」が、それ自体でインタビュー全体の内容を形作るような語り口に変わっていく。

AV女優の動機それ自体を商品とするような作品の多くはこのパターンの踏襲が多い。二〇〇六年に発売された『AV女優になったわけ』では、登場するAV女優がそれぞれ、時に何気ない、時にスキャンダラスなエピソードを披露し、それらが彼女たちがAV女優となったきっかけとしてはっきり位置づけられている。そこには、前項のパターンでも感じられたＡＶ女優の「語り」の作法を引き継ぎながら、それを「動機」という一つのテーマのもとに集約させるＡＶ女優の語りが存在する。

無論それ以前に、ＡＶ女優の動機が価値を持たなかったわけではない。一九九四年出版の『別冊宝島』(8)には、「何が彼女をそうさせたか」という特集が組まれ、四人のＡＶ女優のインタビューが掲載されている。しかし、そこでは基本的に「何が彼女をそうさせたか」は曖昧なままよくわからない、といったストーリーで、ＡＶ女優の些細な悩みや趣味などが、初期永沢形式で描かれているにすぎない。スキャンダラスな動機が当たり前のように商品化されているのは、やはり中村の著作以降顕著であるようだ。

「動機」と一言で言っても、すべてのＡＶ女優が同じような流れでストーリーを披露するわけではない。わかりやすく分類してしまうと、「辛い経験払拭や、貧困脱出のため」というネガティブなストーリーと、「性癖や興味から、そうしないではいられなくて」というポジティブなストーリーのどちらかに則ったパターンが多い。どちらにせよ、一つ以上のエピソードのある背景が動機となり、ＡＶに何かを求めてやってくる、というかたち自体は共通している。よってネガティブないしポジティブな動機がエピソード形式で綴られ、幸福になるためには、最終的にＡＶ女優になれてよかったというオチをつけるのが一般的な例だ。例えば家庭問題や不倫から生活に我慢ができなくなり「ＡＶの世界へ足を踏み入れることとなった」主婦のエッセイ(9)や、「女性が我慢できない時代になった」と謳う記事(10)は、その両者の典型例である。

こういった文章は近年ＡＶ女優に限らず、家出少女や売春主婦、出会いカフェ売春など対象を多様化させながら存在する。社会性の濃淡はそれぞれだが、私たち女性がそれら書籍を読むと、興味深いと思う反面どことなくオカズっぽい胡散臭さを感じるのも事実だ。売春女性の言葉を聞きたいという世間的な欲求とそこにドラマ性を求める事実がそういった本の需要を後押ししているように思う。

第三のパターン――パッケージの中のＡＶ女優

ＶＴＲの中にもＡＶ女優のインタビューは必ずと言っていいほど収録されている。特に単体ＡＶ女優のドキュメント・タッチの作品では、随所で何度もインタビュー・シーンが挿入され、スリーサイズや趣味といった自己紹介から、日ごろの性体験、ＡＶ女優になった理由まで様々な質問に答えるＡＶ女優が映し出される。性的な興奮を目的とした雑誌などにはＶＴＲのインタビューをほぼ踏襲したような内容のインタビューが掲載されたことが多い。

ＶＴＲ型のインタビューの特徴は、質問内容自体がそれほど他のパターンと大差ないものであっても、披露されるＡＶ女優の語りが、視聴者の性的興奮を高めるようなエピソード、内容に特化していることにある。よって、前記の二つのパターンと異なり、過去の経験や趣味、最近はまっていること、などと同じような質問内容に、ＡＶ女優は性的な表現や内容を組み込んで語るのである。

ＡＶ女優の職業上の特性も関係して、これまで紹介してきた二つのパターンのインタビューにも性的なエピソードや性的表現は頻出する。しかしそれらは、エロさの演出というよりも、自分について語るために必然的に使われるものである。そして必然性以上のそういった表現が含まれることは少なく、趣味や経験についても特に性に依ることなく語られることが多い。しかし、ＶＴＲ型インタビューでは、最近の出来事、などという何気ない質問であっても、必然性なく性的なものが選出され、語られる。結果、インタビューの内容自体、コミカルになる場合も多い（「わたしをフッて去っていった彼にソックリの男優Ｋ。フェラしてるうちに思い出しちゃって、思わず噛みついちゃった」[11]）。

また、パターン2では、ＡＶ女優になった動機の一つの系統として性癖などがあがることがあるが、ＶＴＲ型インタビューでは、基本的にＡＶ女優になったきっかけは、すべて性的な理由で語られる。「わたしの場合、うちの人に飽きちゃったの。ＡＶだったら堂々と浮気できるじゃない」[12]、「私は根っからのマゾヒストであり、それを生業としている」[13]といったように、ＡＶ出演のきっかけが他のパターンでどう語られようと、このパターンでは必ず性的な理由に求められ、明確に動機として語られている。

こういったインタビューでＡＶ女優は、たとえ語っている内容がややショッキングなものであっても、明るくコミカルに語る、というのが一般的だ。そして、もうひとつ語られる内容で特徴的なものは、ＡＶ女優の裏側、とでも言えるようなぶっちゃけたトークである。「男優のＳ・Ｔ、あそび人は嫌い」、「もちろんプライベートは中出しよ、ピルも飲んでるし大丈夫(14)」。日常の性体験からＡＶ撮影時のエピソードまでを赤裸々に明るく語り、ＡＶ出演のきっかけを聞かれれば性癖や性的願望など、性的な興味に答えるような内容の動機が用意されている。こういったパターンで浮かび上がるＡＶ女優は、ＶＴＲ内同様淫乱で性的に開放的であり、同時にＡＶ女優の仕事を明るく楽しんでいる、といった像であることがほとんどだ。ＶＴＲの視聴者を始め、最も一般的なＡＶ女優像からほぼはずれない姿ではあるが、これもまた一つＡＶ女優のインタビューの大きなパターンである。

常にあるストーリー

各インタビューで、想定されているＡＶ女優はそれぞれ様々ではある。パターン１で立ち現れる「普通のおんなのこ」としてのＡＶ女優像と、パターン３の淫乱なＡＶ女優の姿は表裏的であるし、パターン２では、はっきりとした動機を持ってＡＶに何かを求めるというまた違うＡＶ女優の側面が垣間見える。

ただし、共通しているのは、その折々のインタビューの文法にあった方法でＡＶ女優たちが饒舌に語っている事実である。「普通のおんなのこ」的な側面が強調されるようなインタビューであっても、やはり彼女たちにはそれなりの「語り」の作法があることはすでに述べた。何かしらのトピックについてエピソードや思いを語り、ＡＶ女優としての個性やキャラクターを巧みに打ち出していく行為は、「普通のおんなのこ」が日常的にできることではないであろう。

ＡＶ女優からそういったエピソードや自分のストーリーが豊富に引き出される事実は、パターン２で動機の商品化が確立される理由ともなっている。分類分けしてしまえば、金銭的理由、性的な理由、家庭の事情などそれほどバラエティ豊かなものではないが、それぞれが興味深いエピソードを伴って、赤裸々に語られるため、すべてがコンテンツとしての面白みを保持しているのだ。

「普通のおんなのこ」としての素顔を披露しながら自分のキャラクターを確立していく「語り」の作法であれ、動機として提供する興味深いエピソードであれ、何の変哲もない質問へ応答される性的な表現であれ、いったいＡＶ女優たちはどういった契機でそれらを獲得するのであろうか。そして獲得されたその語りは、なぜ「自らの意志でいきいきと」仕事をするＡＶ女優を創出するのか。

饒舌さの生まれる場所

次章以降、私はＡＶ女優の業務や象徴的な経験を通して、いきいきと語るＡＶ女優が成立する契機について探っていく。まず答えなくてはいけない問いが、インタビューで場合に応じて使い分けられるようないくつかのパターンの「語り」をＡＶ女優はいつ、どこで獲得しているのか、という問題である。趣味や経験について質問をなされて、コンテンツとして面白みを保ちながら自分のキャラクターのアピールまでしてしまうような技術は、われわれの日常生活で必ずしも培われるものではないと思われるからだ。

さらに、何かしらの契機で「語り」の作法を獲得したAV女優にとって、それでは「動機」について語ることはどういった意味があるのかについても考えなくてはならない。その「動機」が、メディアに表出するAV女優の「自由意志」や「いきいきとした姿」を支えていると考えられるからである。われわれは動機について常に自覚的に生活しているわけではない。ある種の自己分析の機会とその割り出しの必要性があってはじめて動機について考える。AV女優にとってそういった機会や必要性はどこにあるのか、彼女らの経験を通して考察していく。

彼女たちが「語り」を通じて、「AVへの明確な意志を持ち、自分についていきいきと語る」姿としてメディアに表出されるのは、どうしてだろうか。そのAV女優像が形成される過程をまずは彼女たちの細かな業務から、一つひとつ紐解いてみることとしよう。

第三章

ＡＶ女優の仕事

1　どうしてAV女優の日常から語りはじめるか

AV女優の仕事と聞いてどんな様子を想像するだろうか。豪華なホテルの一室でのAV男優とのわいせつな行為？　タレントのようにメイクされてカメラの前でにっこり笑うイメージ？　どれもが実際のAV女優の仕事に間違いないだろうが、当然彼女たちの仕事はそれだけではない。どのような世界でどのような者たちとふれあい、どんな生活を送ってどんな業務をこなしているのか。本丸である彼女たちの動機語りの現場に入り込む前に、ここではそういった業務の基本情報を紹介したい。

AV女優と一言でいっても、活動形態、出演頻度、ギャランティ、年齢など、様々な点で多岐にわたっている。それらを包括して論じることには若干の無理が生じる。ここではいわゆる「単体AV女優」と呼ばれる活動形態のAV女優を中心に話を進めることにする。メーカーとの間で三本、六本などと複数出演の契約を結び、その間他のメーカーの作品には出演しない、というのが彼女たち「単体」の主たる特徴だ。それは当然ＡＶ女優と名のつく人たちのうちごく一部である。ＡＶ女優の仕事や生活を紹介するにあたって単体ＡＶ女優を焦点化するのは、私が最も象徴的な存在だと思っているからで、人数的に多数派であるわけではないし、時代的な限定も加えれば、すべてのＡＶ女優にあてはまるものでないことは了承してもらいたい。

またＡＶ産業と言っても、制作、流通、販売や上映と、いくつかに分類されるが、この本のなかに登場するのは基本的に制作に携わる人たちである。制作のみを焦点化すると言っても、そこではいくつかのアクターや組織がからまりあって存在する。本章ではそれぞれの役割を紹介したうえで、ＡＶ女優を中心として彼らがどういった位置に存在するのか、関係性を考察した。続いてそういったいくつかの組織が形作る業界の中で、ＡＶ女優が実際にどういった生活を送り、どういった業務をこなしているのかを解説した。デビューから引退までというおおまかな流れのなかで、ＶＴＲの撮影や営業活動などといった業務内容を、場面ごとに分類して紹介する。

生身のＡＶ女優の仕事を追いかけてみるうちに、私の大きな関心のひとつは、「性の商品化」、「身体を売ること」の中毒的な部分を見つけ出すことになっていった。身体を売ることは中毒性があるのではないか。私が女子高生として女子大生としておぼろげな性の商品化に携わっているなかで、はっきりと言葉にはできないけれどもなんとなく感じていたことだ。

それはＡＶ撮影の現場に足を運ぶたびに私のなかで言語化された疑問となっていった。ＡＶ出演する女の子たちの動機は、個人的でありふれたものである。高額な収入がそのひとつであることはほとんどの場合に真実で、だからその中毒性のひとつに「短い時間でたくさん稼げる」ことがある。ただ時が過ぎるにつれコストパフォーマンスは落ちていく。それでも彼女たちが狂ったように性を売り続けるのはなぜか。

ＡＶ女優の業務、と一言で言っても、それが制度化されている業務である場合もあれば、慣習的な文化である場合もある。彼女たちがさほど意識せず当たり前のようにこなしている作業も、それが実際、どこの権力からも強制されていない場合もある。その「制度と文化」の両方から規定された業務が、彼女たちの「性の商品化」への意識にどんなふうに「効いて」くるのか。それは私が考えていた中毒的なものとどう関係しているのか。この章でみていくような細かい業務や生活の流れは、その議論への布石である。

意外に思われるかもしれないが、河合隼雄の「売春は魂が傷つく」といった考えに、私は少なからず同意するのだ。私は医者ではないので、感情や愛情が伴わない性的な行為が脳や身体や精神に及ぼす科学的な影響はまったくわからない。しかし、いま具体的に身体を売っている女の子たちは、おそらく必ずどこかで嘘をつかなくてはならない。誰かに隠しごとをしなくてはならない。そうでなければ社会から爪弾きにされるかもしれないし、誰かを深く傷つけるかもしれない。私たちは自分が組み込まれている愛らしい世界を壊さないように、嘘をつく。けれどだからこそどこかで破綻する怖さ、世界が壊れてしまう不安を抱え続ける運命にある。魂が傷つくという表現は大袈裟であっても、とても心が疲れる。

私にとって「セックスワーク」の一連の議論は、そういった、身体を売る女たちのストレスを少しでも和らげようという運動だった。おそらく、身体を売ることそれ自体ではなく「それにまつわる悲惨」を明るみにだし、解決していくその作業は多くの「セックスワーカー」たちの心と身体を救ったであろう。

それでもなお、私は自分の議論を「セックスワーク」の枠組みから距離をとってすすめたい。AV女優の仕事を明らかにすることで、なにかその業界の悲惨を暴くことも、搾取の現場を糾弾することもしていないのはそういう理由だ。

なにも今のAV業界や風俗店などに搾取の現実がないと楽観的になるつもりはない。うまくやっているつもりでも暴力に合う女の子はたくさんいるだろうし、そういった悲劇はセックスワークの議論が成熟していくことで救済されていくことを心から祈っている。ただ、値段のつくものに人が群がる、それを別になんとも思わないというのが、私が感じ取ったAV女優たちの気分である。多くの場合、現役のAV女優の関心や問題は、彼女に群がる業界の男たちへの憎しみにはない。現状を糾弾することが主たる関心事ではないのなら、私はそちらの「気分」のほうを記録したいと思った。

この章は彼女たちの仕事の悲劇的な事件についてではなく、日常の構造の記録である。

2　ＡＶ産業の構造

いくつかの組織とプレーヤー

ＡＶ女優がＡＶ女優としての業務を始め、活動を続けていく中で、関係する組織やかかわっていく人間は数種類いる。言い換えれば、ＡＶ女優が出演するコンテンツの制作において、一つの大きな組織が全業務を請け負っているのではなく、いくつかの組織がそれぞれの役割を担い、制作業務を分担しているのである。本節では、ＡＶ女優について語る前に彼女たちが業務をこなす上で関係する人間と、その人間が所属する組織を三つに分類して紹介する。

まず、ＡＶ女優が最も密に、活動開始から引退まで接触し続けるのが、プロダクションとそこに所属するマネージャーである。ほぼすべてのＡＶ女優はまずプロダクションに所属して活動するため、ＡＶ女優になることを決めた彼女たちが最初に対面する組織がプロダクションだ。

続いて、メーカーとそこに所属するプロデューサー。彼らは作品を企画し、特定のＡＶ女優をキャスティングすることで、ＡＶ女優は初めて作品に出演できる。つまり、ＡＶ女優が作品に出演する際におおきな権限をもった人たちである。彼らは作品の構想や企画、プロデュースから販売までを請け負うが、ＡＶ女優が実務上、彼らと接点を持つ場面は限られている。実際の撮影や営業活動を手がけるのは別の人である場合が多いからだ。では、メーカーとＡＶ女優はまったく面会しないのかというとそうではない。

最後は、ＡＶ女優が出演するＶＴＲ作品を実際に撮影する制作会社と、その指揮をとる制作会社に所属する監督だ。彼ら／彼女らはＡＶ女優の最も主たる業務、ＶＴＲ撮影に直接かかわる存在であり、継続的ではない代わりに、撮影中には時間的にもかなりの長時間をともに過ごす。ＡＶ女優が作品に出演する際には、最も密な関係を持ち、実際に撮影の全過程に立ち会うのが彼らだ。

実際に、ＡＶ女優の活動を一通り概観すると、先に挙げた人間以外にも、接点を持つ者は存在する。例えばサイン会など営業活動に出向けば、それを運営するＤＶＤショップのスタッフと活動を共にするし、グラビアやパッケージ撮影でカメラをとるのは多くの場合フリーのカメラマンである。また、ＶＴＲ撮影の際には、制作会社の監督とＡＤ以外にも、メイク担当者が同行する場合がほとんどだ。しかしここではまず、ＡＶ女優が活動するにあたって必ず接点を持つ人たちに焦点を絞り、その業務と関係性を明らかにしていきたい。また私は便宜的に例えば監督やマネージャーを彼らと表記するが、それらが女性である場合もあることは追記しておこう。

プロダクションとマネージャー

ほぼすべてのＡＶ女優は、プロダクションに所属している。稀にフリーのＡＶ女優というのが存在するが、彼女らについても多くが、長期にわたってプロダクションに所属して活動し、その後なんらかの理由によって独立した者であるため、プロダクションに所属した経験は持っていることとなる。それではそのプロダクションとは一体どんな組織なのか。

簡単にまとめれば、プロダクションはAV女優のマネージメント業務を担当する組織である。一般的に俳優や歌手、モデルなどが所属する芸能プロダクションと同じようなものだと考えて間違いない。社員は、大きいところでも一〇人以下程度で、まれにウェブサイトの運営など特殊な業務を受け持つ者も所属している場合があるが、多くの場合、社員のほぼすべてがマネージャー業務につく。実際に代表（社長）をはじめとするすべての社員が、マネージメント業務を受け持ちながら、プロダクションの経営にも携わる、というのが一般的なケースだ。

多くのプロダクションが都内に事務所を構え、そこでAV女優の面接や宣材写真の撮影から、社員同士の打ち合わせなどをおこなう。所属AV女優に地方在住の者がいれば、撮影前日など事務所に宿泊する場合も多いため、比較的広い事務所を構えるプロダクションが多い。Wプロダクションの場合は、東京都心部にマンションの一、二階部分を使用したオフィスを構えており、3LDKのそのオフィスには、随時三人程度のマネージャー、プロダクション代表、ウェブサイト運営担当の社員一名と、事務所で暫定的に寝泊りしているAV女優一、二名がいた。

女性をAV女優として活動開始させ、そのAV女優について責任の一切を負うのがプロダクションの任務である。よってAV女優になろうとする女性はまずプロダクションに面接に出向き、年齢確認など必要な情報を提示することで活動を開始する。万が一その女性のそういった情報（年齢や本籍など）が虚偽であった場合、撮影した作品の販売停止などに伴う責任はプロダクションが負うことが多いようだ。

所属ＡＶ女優とマネージャーとは、かなりの日数、業務を共にする関係にある。現場に慣れたＡＶ女優の場合など、撮影すべてにマネージャーが同行するわけではないようだが、少なくともすべてのＡＶ女優のメーカーでの面接、ＶＴＲやパッケージ撮影の集合場所、グラビア撮影やサイン会などのプロモーション活動に同行し、新人ＡＶ女優などの場合は、ＶＴＲやパッケージの撮影中も終日同行するのがマネージャーの仕事だ。

ただし、ＡＶ女優の業務の性質上、撮影では裸体や性的な行為などを披露するため、撮影に同行しても、別室で待機し、そういった生身の現場は見ない、といったことが慣習となっていることも多い。メーカーでの面接などで裸体写真を撮影する場合でも、撮影が始まると同時に別室や廊下に移動し、そういった場面を見るのは必要最低限の人間（カメラを回す人間など）におさえるのが常識的であるようだ。

現場への同行のほかに、ギャランティの受け渡しも、プロダクションとマネージャーの仕事である。ＡＶ女優がＶＴＲに出演した際のギャランティはまず、メーカーからプロダクションに振り込まれる。そこからプロダクションは、マネージメント代としてプロダクションの取り分を差し引き、さらに源泉徴収一〇パーセントを差し引いた額がＡＶ女優に受け渡される。例えばＷプロダクションの場合は、プロダクションとＡＶ女優の取り分は折半となっており、メーカーから二〇〇万円振り込まれるＡＶ女優の場合、一〇〇万円がプロダクションの取り分として差し引かれ、そこから一〇パーセント差し引いた九〇万円がＡＶ女優自身に渡される額となる。

プロダクションとＡＶ女優の取り分についてはプロダクションによって方針が異なり、メーカーから振り込まれた額からまず最初にスカウト料などといった名目で一定の金額を差し引き、折半した残りから源泉徴収分を差し引いてＡＶ女優の取り分としているプロダクションも多い。例えば同じように二〇〇万円の出演料をとるＡＶ女優であれば、例えばそこから一〇パーセントを引いた上で折半、その後源泉徴収を差し引かれるため、その際の取り分は八一万円となる。Ｗプロダクションはメーカーなどからは、比較的ＡＶ女優に対して待遇の良いプロダクションと話されていた。ちなみに、ＡＶ女優自身はそういった説明を受けない場合も多く、そのため基本的には源泉徴収前のギャランティがそのＡＶ女優のギャランティとして会話がなされるため、以下本書でも、ＡＶ女優のギャランティが一〇〇万円、と言った場合には、プロダクションの取り分を差し引いた後のＡＶ女優の取り分を指すこととする。よってＷプロダクション所属のギャランティ一二〇万円の単体ＡＶ女優、といった場合には、メーカーからの出演料からプロダクションの取り分などを差し引いた額と考えてもらえばよい。

接点を持つ人間や組織の中で、ＡＶ女優が個人的に連絡をとることができるのは、友人になった場合など例外を除いて、プロダクションとマネージャーに限られている。よって、引退の相談、方向性や出演作数の変更の相談や、個人的な転居（上京など）、借金の相談などを受けるのは、担当マネージャーやプロダクションの社長だ。結果的に、長く活動しているＡＶ女優とプロダクションのマネージャーは、かなりプライベートまで踏み込んだ会話をする仲で、気心知れた関係となっている場合が少なくない。

担当マネージャーと言っても、ＡＶ女優一名につき、決まったマネージャーがついているわけではなく、数人のマネージャーがすべてのＡＶ女優のマネージメントを分担して担当しており、基本的に担当となる一名が他のＡＶ女優の現場同行などで多忙の場合、別のマネージャーと現場や面接に向かう、といったこともしばしばある。各撮影の仕事ごとにマネージャーがふりわけられるといった認識で良いだろう。また、活動途中で担当マネージャーが退社したり、代わりの新人マネージャーが入社することもあり、基本的にプロダクションに所属するＡＶ女優はそのプロダクションのマネージャー全員と面識があるため、その中で特に仲のいい者にプライベートや仕事の相談をする、といったことが慣習になっている。

転居や結婚といったプライベートな相談もプロダクションはかなり友好的に受けており、上京して都内にマンションなどを借りる場合、プロダクション名義としているＡＶ女優も多い。また、引退の相談も、気心知れたマネージャーらに対しては、比較的気兼ねなくすることができるようで、メーカーで撮影予定が決定しているＡＶ女優も、プロダクションを通して引退表明できる場合がほとんどである。

撮影中プロダクション事務所に子供を預けて仕事をしていたり、急な出費で暫定的にプロダクションに前借りという名目で借金したりするＡＶ女優も少なからず存在し、ＡＶ女優のプライベート管理は、プロダクションの暗黙上の重要任務となっているようだ。なかには、婚約者をプロダクションマネージャーに紹介して意見を仰いだり、引退後の就職について相談するＡＶ女優もおり、プロダクションはＡＶ女優にとって、プライベートも含めた面倒見役といった雰囲気がある。この点もいわゆる芸能人と所属事務所の関係に似ている。

メーカーとプロデューサー

ＡＶ女優が出演するＶＴＲ作品を企画し、出演するＡＶ女優をキャスティングした上で、制作、販売するのがＡＶメーカーである。ただし、実際の撮影自体は製作会社に委託する場合がほとんどであるため、あくまで作品のプロデュースをするのが役割だ。とは言っても、キャスティングや撮影実行の決定権を持つのはメーカー社員やメーカーに所属するプロデューサーであり、彼らの決定によってＡＶ女優は作品に出演できる。

メーカーはここで紹介する組織の中でも最も形態が多岐にわたっており、大手メーカーで高層ビルにオフィスを構え、有名大学卒の社員が企画・キャスティングをしているところもあれば、都内はずれの雑居ビルにオフィスをかまえ、社員数名でコアな視聴者層に向けた作品を定期的に制作しているところもある。また、特に後者のような小規模なメーカーやＳＭ・スカトロなど少数派向け作品の専門メーカーは製作会社を兼ねているところもあり、その場合、プロデューサーと監督は同一人物である場合もある。

いずれにせよ、メーカーとプロデューサーは、作品を企画し、ＡＶ女優をキャスティングした後、制作会社に制作を依頼するのが、主な業務となる。つまり、作品に出演したいＡＶ女優は、余程の有名ＡＶ女優を除いて、メーカーへおもむき、プロデューサーに対して営業をかけることで初めてキャスティングされる可能性を持つこととなる。プロデューサーとＡＶ女優の接点は、このメーカー面接と呼ばれる営業活動がメインである。

前述したとおりプロダクションとＡＶ女優はかなり踏み込んだ間柄である場合が多い。また、次項で紹介する監督や製作会社の人間もまた、撮影の全貌に携わるといった意味で、ＡＶ女優とは、内実を「ぶっちゃけた」関係である。しかし、メーカーのプロデューサーとＡＶ女優は、メーカー面接を通じて会い、パッケージ撮影など限られた場面でのみ接点を持つ間柄である。加えて、ＡＶ女優の側からすれば、キャスティングの決定権を持つ存在であるため、唯一媚をうる対象であるとも言える。

プロデューサーが現場でどの程度ＡＶ女優と接点を持つかは、個人差によるところも大きい。熱心な若手プロデューサーには、撮影現場に終日密着して監督に作品に関してあれこれ注文をつける者もいれば、撮影依頼を出してから、ＶＴＲが上がってくるまでほぼ口をださない者もいるという。ただ、特殊な撮影内容を含む撮影現場や、新人単体ＡＶ女優の撮影現場には、少なくとも一度は顔を出し、ＡＶ女優とコミュニケーションをとるのが常識的なプロデューサーであるようだ。

面接でAV女優を初見し、条件が合って出演依頼を出した後は、基本的にプロデューサーではなく、現場の監督が主体となって打ち合わせの方法や、撮影日時・場所が決定し、撮影がおこなわれる。次にプロデューサーが関係するのは、パッケージ撮影の現場である。パッケージ(1)とはDVDやVHSのパッケージに印刷されるAV女優の写真のことであるが、商品の要となる部分でもあり、また同時に作品プロモーション用の写真もまとめて撮影することが多いため、VTRの撮影とは別日に、かなりの時間をかけて撮影される場合が多い。その場を設定、運営するのがプロデューサーの役割となっている。

パッケージ撮影が終わってしまえば、AV女優の作品に関する業務はほぼすべて終了し、その後のVTR編集やパッケージデザイン、雑誌などでの作品プロモーションは、プロデューサーをはじめとするメーカー社員がおこなう。新人単体AV女優は、作品プロモーションと自分のAV女優としてのプロモーションを兼ねて地方や都内でサイン会、リリース・イベントなどをおこなう場合があるが、そのセッティングはプロデューサーがおこなうことが多い。ただ、実際に同行するのはマネージャーと現場の担当スタッフ（DVDショップ店員やサイン会会場スタッフ）だ。頻繁に営業面接へ出向く者（主に「企画AV女優」とよばれる活動形態の者）を除けば、一度面接で顔を合わせる以外、AV女優がプロデューサーと会うのはパッケージ撮影現場に立ち会っている時のみ、といった場合がほとんどであった。

つまり、プロデューサーは作品に関して最も強い決定権を持っている存在でありながら、AV

女優との関係は非常に限定的な存在だと言える。AV女優にとっても、現場などで共に仕事をする、といった意識は希薄で、AV作品撮影においては、ある意味で裏方的な存在と考えられる。

制作会社と監督

AV女優が出演する作品を、実際にカメラを手にとり、撮影するのが監督をはじめとする制作会社の人間だ。制作会社の多くが小規模な組織で、所属監督二、三名と、ADが四、五名といった規模が一般的である。一現場に監督が一人、ADが二、三名同行するのが通例であるため、多くの制作会社が一日二現場ほどの撮影を抱えていることとなる。

メーカーで撮影が決まった作品について、作品の企画、出演AV女優をもとに、実際の脚本を書き下ろし、出演AV男優、メイク担当者などのアポイントをとった上で、撮影日時・使用スタジオを設定し、実際にVTRを撮影、そしてそれを編集してメーカー担当者に渡すまでが制作会社の役割である。つまり、DVDやVHSの中身であるVTRの制作に関して一切の業務を請け負っていることとなる。

AV女優が初めて作品を担当する監督と顔を合わせるのは、監督面接と呼ばれる作品の打ち合わせだ。プロダクションの事務所や制作会社事務所、あるいはメーカーの会議室などが使われるが、制作会社は立派な事務所を構えていることはまずないので、多くがプロダクションやメーカーのオフィスでおこなわれることとなる。

メーカーの企画を受け、監督面接の場で作品の基本的な内容やAV女優の希望・タイプについて確認した後、監督は作品の詳しい内容を脚本として作成する。完成するのが撮影当日朝になることもしばしばあるようだが、プロダクションのマネージャーのチェックを受けたり、当日簡単な確認作業にも使用するため、基本的に脚本のない現場はあまりない。作品内容と同時に、撮影スケジュール、順序、シーンごとの出演者なども脚本に組み込まれており、それをもとに、シーンに出演するAV男優の入り時間が決定され、シーンごとのメイクが施され、シーンに必要な小道具・衣装が用意される。撮影スタジオはいくつもの部屋がある場合が多いので、シーンごとの部屋のセッティングや小道具・衣装の用意などが、ADの主な業務となる。

撮影当日は、制作会社の車でスタジオに移動し、マネージャーやプロデューサーが同行しない場合、AV女優の現場での世話（飲食物の確保や体調管理など）も監督ら制作会社に任されることとなる。また、撮影に関して用意すべきものは、ほぼすべて制作会社が用意するため、カメラや照明器具[2]だけでなく、衣装、セックス・トイなどの小道具も、制作会社が用意する。ただし、小さな制作会社による撮影や、特殊な衣装が必要となる場合、スタイリストが別途同行する現場もあれば、AV女優の私物でまかなわれることもあった。

監督はカメラマンを兼ねる場合が多いが、カメラマンが別にいる場合でも、撮影現場で指揮をとるのは監督である。すべてのシーンの撮影に立ち会い、また部屋のセッティングやAV女優の都合（体調不良など）による内容変更、衣装やメイクなどにも決定権を持つ。性的な行為を含むシーンの撮影、とくに「からみ」と呼ばれるベッド・シーンの撮影では、AV女優をリラックスさせるために現場スタッフを最小限におさえることが多く、部屋に立ち会うのは、監督（分かれている場合はカメラマン）とAV男優のみ、といったことも少なくない。

また、経費削減やスケジュールの確保が困難であったという理由から、いくつかのシーンに監督やADがAV男優として出演することも珍しくない。また、SM作品など特殊な作品では、プロの縄師が監督を兼ねており、監督がほぼすべてのシーンに出演する現場というのも存在する。そういった意味で、現場の監督とAV女優は業務上、裸を見せあい、時に性的な行為までおこなう関係である。

VTRの撮影が終わってしまえば、監督は自社へ持ち帰ったVTRを編集し、メーカーに提出して任務を終える。つまり、作品の打ち合わせを除いて、AV女優と監督とは、VTRの撮影当日のみの付き合い、ということとなる。ただ、何度も同じ制作会社の現場を経験していればなおさらだが、AV女優にとって制作会社の人間は、最も共に仕事をしている、と感じる相手でもある。実際、一般的にイメージされるAV女優の仕事（カメラの前で裸になり、性的な行為をするということ）に直接的に携わるのは、制作会社の人間である。

VTRの撮影終了後、打ち上げと称して食事に行く程度のことはあるようだが、基本的に監督とAV女優とは撮影現場のみでの付き合いだ。よって一日〜二日間、密に時間を共有していながら、撮影が終わってしまえば、次にまたその制作会社が担当する作品に出演するまでは、一切接点を持たずに生活する。AV作品の撮影は短期で行われるため、制作会社とAV女優との関係は、撮影中のみが密度の濃い関係であり、あまり深いものにはならないのが通常だ。

AV女優と関係する人たちについてまとめたところで、次からはAV女優の日常について見ていくことにしよう。

3 AV女優の日常

AV女優になる、ということ

AV女優は、プロダクションに所属したその日から、引退を表明する日まで、ずっとAV女優である。ただし、会社員や店のスタッフの様に、例えば週五日、毎日同じ会社へ出勤するわけではない。数ヶ月もの間一切作品に出演せず、営業活動をおこなわないAV女優も存在する。それでも、AVモデル・プロダクションに所属しており、未だ引退すると宣言していないという点で、AV女優であることには違いない。

ただ、プロダクションに所属しているからといって、メーカーからのオファーがなくては、AV女優は作品に出演することはない。わかりやすい例として、初めてプロダクションを訪れ、面接を終え、プロダクションのモデル・リストに登録されたAV女優も、後日メーカーへの営業活動を開始するまで、実質上仕事をすることはあり得ない。彼女たちは、「デビュー前のAV女優」と呼ばれる。もしくは、プロダクションに所属し、ＡＶ女優として活動した後に結婚、出産などを機に、長期にわたって作品への出演を休止していたとしても、引退する、といったはっきりした表明がなければ、彼女らはＡＶ女優であり続けるとも言える（ただ実際には、引退表明なしで事実上引退しているＡＶ女優も多くいるが）。

近年では、所属ＡＶ女優のプロフィールやブログ・作品情報などを集めてウェブサイトを運営するプロダクションが多い。プロダクションに面接に訪れた女性は、宣材写真の撮影が済み次第、ウェブサイトの所属ＡＶ女優の欄に登録される。そして、引退を表明し、最後の出演作の発売日が過ぎると、大抵のプロダクション(3)では、ウェブサイトからそのＡＶ女優の名前は消去される。その時点で、彼女は視聴者や業界から「元ＡＶ女優」と呼ばれるようになり、実質的にも名目上もＡＶ女優ではなくなる。

ただし、ＡＶ女優は出演したコンテンツに関して一切の権利を持っていないのがほとんどであり、多くのメーカーから出演作が販売されているキャリアの長いＡＶ女優や企画ＡＶ女優は、引退し「元ＡＶ女優」となってからでも、出演作が復刻盤、オムニバス盤、未公開映像集などといった名目で発売されることがある。こういったことを避けるのは非常に困難らしく、ＡＶ女優でなくなった場合でも、世間的にはＡＶ女優であるように見えることはしばしば起こりうる。

一般的にはＡＶ女優として一度デビューした女性は、出演コンテンツが存在しうる限り、永遠にＡＶ女優に見え続ける。実際に、女性自身がＡＶ女優としての活動から引退しても、ＡＶ女優時代の名前がDVDショップの棚から消えるのは、もっとずっと先のことだ。これは、生身の身体ではなく、パッケージ化されたコンテンツを通して性を売る彼女たちの特異な点であろう。

しかし少なくとも、AV女優の活動といった点では、プロダクションの登録さえ抹消されてしまえば、その女性は仕事をしなくなることとなる。AV女優時代の名前の女性は実質上この世の中に存在しなくなり、本名（もしくは新しい名前）の彼女が残る。仕事の面ではプロダクションに登録されているかがAV女優のひとつの定義と考えることができる（フリーで活動している場合を除いて）。

前述したとおり、AV女優である（即ちプロダクションに登録されている）と言っても、毎日事務所に出勤し、自分の机に座って何かしらの業務をこなしているわけではない。では、「AV女優であること」にはいったいどのような／どれだけの業務が含まれるのであるだろうか。本節ではその問いに答えるべく、AV女優の主要業務をいくつかの項目にわけて紹介したい。

まず、AV女優と言えば一般的にDVDやVHSの中で性的な行為をしている存在であると理解されるかもしれない。となると、第一作目が発売されるのが彼女たちのAV女優の始まりのように見える。しかし、先述のように「デビュー前のAV女優」にも、それ相応の手続きや作業が存在する。まずはAV女優が初めて作品に出演する（＝デビューする）までの流れをおさらいする。

続いて、DVDなど「本業」と呼ばれるVTRの作品出演と、それを売るためのプロモーション活動であるグラビア撮影やイベントを紹介する。例えばVTR撮影と言った場合には、そこには具体的にどういった作業が含まれるのか、現場に即して解説しようと思う。

最後にふれようと思うのは単体AV女優の契約更新、さらに引退の話題だ。AV女優である彼女たちの業務は、どう継続され、どう終止符が打たれるのか、そういった点の構造についてふれておきたい。

デビューまで

先にプロダクションに所属することでAV女優はAV女優になる、と書いた。ほぼすべてのAV女優が、プロダクションに面接に訪れることでAV女優としての活動が始まる。

AV女優になろうと、プロダクション面接に訪れる女性は、その大半がスカウト・マンからの紹介による。自社でスカウト担当の社員を雇っているプロダクションも存在するが、Wプロダクションの場合は、大手スカウト事務所と契約を結んでおり、スカウト事務所所属のスカウト・マンに街で声をかけられ興味を持ってプロダクションを訪れる、といった女性が多い。稀にプロダクションのホームページのモデル募集を見た、といって自らプロダクションに連絡を取ってくる女性もいるが、スカウト・マンによる紹介に比べると格段に少数派だ。

プロダクション面接の内容については第四章で詳しく説明するが、簡単に言えばプロダクションの事務所を訪れ、どういった活動が可能かといった確認の後、両者が了解した場合にプロフィールを登録する作業をさす。この時点でプロダクションから登録を拒否される女性は、未成年や身分証明不可能な者を除き、あまりいない。面接が終了すると、多くの場合、宣伝材料のための写真（宣材写真）の撮影をおこなう日時を調整する。多くのプロダクションが宣材写真の撮影に力を入れており、プロのカメラマンとメイク担当者によって行われるため、新しく面接に来た女性何人かの都合を合わせて、土日などに四、五人規模でおこなわれることが多い。

この宣材写真撮影が、プロダクションに登録し、AV女優となった者の、初めての仕事ともいえる。AV女優にしてもそういった意識は強いようで、「一番緊張というか、眠れなかったのは宣材撮った前の日。V（VTRのこと）の撮影の時も前の日眠れなかったけど、宣材の前の日は直前までやっぱりやめようか、とか考えてた」（Y）、「宣材とるよって言われて行った日に、はじめてほかの女の子たちも見て、みんなこれからAV女優になるんだ、あたしもだ、とか思って見てた。あたしの場合は単体で、Vの撮影の前にL（週刊グラビア誌）の撮影なんかがあったり、あと単体の契約なかなかとれなくて二ヶ月近く面接まわってたから、もはやVの撮影は緊張っていう感じはなかった」（X）と、当日の印象について記憶しているAV女優も多い。

宣材写真撮影が終わると、撮影した写真をもとにプロダクションはAV女優それぞれについて宣材資料を作成する。その上でAV女優はそれぞれ担当マネージャー同行のもと、メーカーへ面接に向かう。プロダクション面接から宣材写真撮影までが大抵一～二週間、撮影完了から面接開始までが一週間程度だ。メーカー面接については、単体AV女優と企画AV女優それぞれについて大分勝手が異なり、単体AV女優の場合、専属契約を承諾してくれるメーカーが見つかるまでひたすら宣材資料を持ってまわる、ということになり、企画AV女優の場合、いくつかのメーカーを営業でまわって、好条件の撮影が可能なところから、順に出演依頼を受ける、といったこととなる。

単体AV女優としてのデビューを望むAV女優が、何社目かのメーカー面接で単体契約にこぎ着けた後、メーカーなどから、デビュー前にいくつか週刊誌、グラビア誌などでグラビア撮影をおこなうことが義務づけられる場合もある。その場合、契約成立から一、二ヶ月は、VTRの撮影はおこなわず、グラビア撮影のみをおこなうこととなる。何本かのグラビア撮影をこなした後、デビュー作の企画内容が通達され、撮影日時の調整をした上で、実際の撮影となる。そういった義務がない単体AV女優は、単体契約が成立した直後に、日時調整がおこなわれ、実際の撮影の予定が組まれる。

企画AV女優の場合、営業面接に訪れたメーカーから、出演依頼が来た時点でデビューがきまる。いくつかのメーカーから依頼があった場合、通常、最も好条件（ギャランティが高く、内容が易しい）のものから受諾するのが一般的だ。出演依頼は多くの場合、撮影日時や内容を伴って来るため、都合が合えば受諾し、撮影当日に現場へ向かう。単体AV女優、企画AV女優ともに、メーカーからの出演依頼から撮影当日までは短期間である。企画AV女優のYはこうふりかえる。

「この日あいてるって連絡がきて、あいてますよ、って言ったらはいじゃあ来週のこの日デビューの撮影ねって。内容はキャット・ファイトですって言われた。意味分かんなかったけど、とくにこだわりなかったから。で、デビュー作はキャット・ファイトなの。特にデビューってうたってないよ、六人出演だし」。このように決定してから撮影終了までは迅速なスケジュールで進められることが多い。

初のVTR撮影が終わると、AV女優の業務上はすでにデビューしたも同然と言えるが、特に単体AV女優の場合デビュー作の発売日がデビューの日と呼ばれることが多い。よって、六月に初めてのVTRの撮影を終え、以後も毎月一本の撮影をこなしている者でも、初めてのVTRがDVDとして発売されるのが九月であれば、七、八月の期間は「デビューを九月に控えたAV女優」といった呼ばれ方をされる。

VTRとパッケージの撮影

デビューした単体AV女優は契約期間中、月に一本のVTR撮影を必ずこなす。企画AV女優の場合、月の出演ペースは本人の希望に任されるが、兼業（学生など）の場合は月に三本程度、専業の場合は月に五本程度が平均的なペースであるようだ。

メーカーから出演依頼が来て、AV女優が受諾すると撮影が決行される。多くの場合、監督面接と呼ばれる作品内容についての打ち合わせを経て、日程調整の後、集合場所、時間の連絡がプロダクションを通してなされる。撮影に前もって脚本がFAXなどで送られてくる場合もあるが、それでも多くの場合、AV女優が脚本を初めて見ることができるのは早くて前日の夜である。それでは、撮影当日は、どのようなスケジュールで、具体的に何がおこなわれるのか。

VTRの撮影は大抵二日間程度、短いものでは一日ですべておこなわれるため、集合は朝の八時など早めにかけられることが多い。よって遠隔地に自宅があるAV女優は、撮影前日にプロダクションのオフィスや都内のビジネスホテルに入り、集合に備える。一般的な集合場所は新宿駅付近のビル前などで、制作会社が自社の大型車を停めて待機している。集合時間、場所ともに、業界の通例となっているので、何社もの制作会社の車が似通った場所で待機しているのもよく見る光景だ。AV女優と同時に、メイク担当者、照明担当者、AV男優（初めから出番がある場合や遠隔地のスタジオに移動する場合）、スチールカメラマンなど各スタッフが集合し、制作会社の車にて監督、ADらと合流する。

スタジオは、都内にあるものがつかわれる場合もあるが、一軒家すべて使用する撮影や、特殊なシチュエーションでの撮影（バスの中や廃病院など）には、埼玉県や千葉県、都内のはずれなどにあるスタジオが使用されることが多い。移動には基本的にすべて制作会社の車が使用され、移動中の車内では、脚本と香盤表の確認や雑談がなされる。新人AV女優の場合は移動中や撮影現場にもマネージャーが同伴するのが一般的だが、半年以上のキャリアを持つ者や、頻繁に作品に出演する企画AV女優の場合、撮影現場まで同行するのは、監督など現場スタッフのみである。

スタジオなど撮影現場に到着すると、まずメイク・ルームと呼ばれるAV女優の控え室が確保される。小規模なスタジオの場合、控え室も撮影に使用するといったことも起こりうるが、基本的には、一部屋をメイク・ルームとしてメイク担当者が鏡の前にメイク道具を広げ、AV女優は出演シーンの撮影中以外はその部屋で控えていることとなる。そのため、メイク担当者とAV女優は撮影当日かなりの時間を共にすることとなり、メイク担当者が事実上のお世話係（体調管理や飲食物の確保）となっていることが多い。

事前の打ち合わせで、自前のメイクを要求されている場合は別だが、基本的に撮影当日のメイクやヘア・スタイリングはメイク担当者がおこなうため、集合時AV女優は素顔であることが多い。メイク・ルームが確保でき次第、AV女優はシャワーもしくは洗顔の後、メイクを施される。からみと呼ばれるベッド・シーンの前後には必ずシャワーを浴びるのが慣習であり、よって香盤表（出演者の出番や進行を記した表）の順序により、シャワーを浴びるタイミングが決まる。

メイクの時間を使って、現場スタッフは撮影シーンに合わせて部屋・スタジオなどのセッティングをおこなう。通常一本のVTRに対してシーン数は一〇以上あるため、いくつもの部屋やスタジオを使用することが多く、そのたびにこのセッティング作業が迅速に行われることとなる。ドラマ形式のVTRではシーン数はさらに多く、二〇シーン以上に分けて撮影されることもある。

撮影はシーンごとに分けて行われ、一シーンの撮影は短くて二〇分程度（イメージ・シーン[4]など）、長くて一時間半以上（からみ・SMシーンなど）が費やされる。通常一シーンの撮影が終わるとAV女優はメイク・ルームへ戻り、メイク直し、シャワー、着替え、喫煙、[5]軽食などがとれる二〇分程度の休憩となる。ドラマ形式の作品を除いて、AV女優はシーンごとに衣装・髪型などが変わるため、メイク担当者はシーンの撮影が終わるたびに、迅速に次のシーンの衣装・メイクの用意をする。その間にも、スタッフはセッティング作業をおこなっている場合が多く、ADはからみの撮影時間中などわずかな休憩しかとることができないこともしばしばある。

撮影自体はスタッフによって、またVTRのジャンル・シーンによって形態がさまざまであるが、AV男優がカメラをとり（ハメ撮りと呼ばれる）、からみ撮影中の部屋にスタッフは一人もいない、といった場合もあれば、ドラマ・シーンなど、スタッフ全員が部屋内の持ち場についている場合もある。ドラマ・シーンやイメージ・シーンに関しては、脚本も詳細で指示がはっきりと出されることが多いが、性的な行為をともなうシーンは、台詞・行為ともに、おおまかな指示のみで、AV男優／AV女優のアドリブによるものがほとんどである。よって現場に慣れない新人AV女優らの場合、からみシーンでは何度もカットが入り、取り直しとなることもしばしばある。ドラマ形式や、シチュエーションがはっきりとした作品ではなく、ドキュメンタリー・タッチの作品では、脚本に出演者とシチュエーション、おおまかな流れのみしか記載されていないこともあり、その場合、現場に慣れたAV女優は完全なアドリブで、新人AV女優は休憩時間の監督との打ち合わせで、内容が決定していく。特にインタビュー・シーンなどは、本番中に実際にインタビューをおこなっているものが多く、細かく台詞が決まっていることは少ない。あまり饒舌に喋らない新人AV女優の場合などは、撮影中にカメラをとめて、監督と相談の上で再度撮影に挑む。

ＶＴＲ一本に対し、ＡＶ女優が一名のみ出演する作品でも、ＡＶ男優は通常二、三名出演する。香盤表に応じて途中で合流したり、先に帰ったりするのが一般的だ。ＡＶ男優はスタッフの一員である色合いが強く、メイク・ルームなど控え室で控えるのではなく、スタッフとともに撮影現場にいることが多い。ＡＶ女優が何名も出演する現場の場合、控え室には何名ものＡＶ女優が控えていることとなり、通常雑談やゲームで時間がつぶされている。

撮影が一日で終わる場合も二〜三日に及ぶ場合も、撮影当日スケジュールは丸一日目一杯つめられていることが多く、特に新人ＡＶ女優など撮影に時間がかかるＡＶ女優の場合、深夜零時を超える撮影も珍しくない。すべてのシーンの撮影が終わると、スタッフは迅速にスタジオの撤収作業に取り掛かる。ＡＶ女優はシャワーと着替えを済ませ、睡眠をとったりメイク担当者と雑談をしながら撤収作業の終了を待つ。

撤収作業が完全に終わり、車への荷積めが完了すると、スタッフとＡＶ女優が乗車し、帰路につくこととなる。通常、集合場所付近での解散となることが多いが、深夜に及ぶ撮影の後や、ＡＶ女優の自宅やプロダクションの事務所などが比較的近辺にある場合は、それらの場所に送り届けられることもある。帰りの車内では睡眠をとるＡＶ女優も多いが、一日仕事を共にしたスタッフと談笑する姿もよくみられた。二日間以上に及ぶ撮影の場合も、余程の遠隔地や海外での撮影を除いて、一日のスケジュール終了後にいったん解散する。

解散した後、マネージャー同伴のないＡＶ女優はプロダクションやマネージャーの携帯電話に撮影終了の連絡を入れる。ここまでで、AV女優のVTR撮影の仕事が終了、ということになる。ギャランティの振込は通常一ヶ月以上後になることが多いが、その期間にVTRに関してAV女優に業務が与えられることはない。ただし、作品に携わる際に、AV女優がこなさなければならない業務はVTR撮影が完了した時点ではまだ残されている。それがパッケージ撮影だ。

パッケージ撮影は、VTR撮影当日に併せておこなわれる場合もあれば、別の日に改めてスケジュールが組まれる場合もある。メーカーの都合により、VTRに先立っておこなわれる場合も、稀ではあるが存在する。VTR撮影当日におこなわれる場合、その場だけ、VTRカメラマン(監督である場合も多い)のいない、スチールカメラマンだけによる撮影となる。パッケージは製作会社ではなくメーカーのプロデューサーの管轄となっている場合が多く、VTRと同時に撮影される場合でもプロデューサーが同席する場合が多い。

単体AV女優の作品や、パッケージに特に力を入れたメーカーの作品では、パッケージ撮影は、VTRとは別の日にあらためておこなわれる。多くが、都内のスタジオで、半日程度を使い、AV女優はマネージャー同伴の上、現地のスタジオ集合、といった形式が多い。

パッケージ撮影と言っても、作品のプロモーションに使用する写真なども同時に撮影するため、AV女優は少なくとも三回以上の衣装替え、メイク直しを経て、数時間に及ぶ写真撮影が行われる。VTR撮影よりもメイクや衣装替えに時間がかけられ、また、同じポージング、同じ衣装で一時間以上の撮影に耐えなくてはならないため、「Vは別に疲れない。楽しいし。でもパケ撮りがほんとつらくて嫌い」(X)、「確かに、普通に自分で撮った写真より何倍ももられて(きれいに写って、という意味)るんだけど、初めての時はこんなに大変なのか！　たかがパケ一枚のために！　と思った。でもNさん(マネージャー)も、Vの前の日は別に食べても飲んでもいいけど、パケとグラビアの前の日は、あんまり食べずに良く寝て、コンディションつくって、みたいな感じだから、パケは重要なんだなぁ、っていうのはわかったけど」(Z)といった声がよく聞かれる。

VTR撮影・パッケージ撮影ともに終了すれば、一作品に出演する、といった仕事に伴う、AV女優のすべての業務が終了したこととなる。出演作を重ねるAV女優は、この手順で、撮影を繰り返しおこなうのだ。

グラビア撮影とプロモーション活動

AV女優がVTR出演以外におこなう活動の一つに、プロモーション活動がある。プロモーション活動は大きく二つに分類することができる。一つは、作品販売プロモーションのために、メーカーが主体となっておこなう活動、もうひとつが、AV女優自身のプロモーションのため、プロダクションが主体となっておこなう活動だ。

メーカー主体の販売プロモーションとして、代表的なものに、サイン会・握手会がある。基本的には単体AV女優のみに与えられる業務だが、例外的に有名企画AV女優や、何人かのAV女優で同時におこなうイベントもある。秋葉原など、都内でおこなわれることもあるが、通常の単体ＡＶ女優は、地方（広島・福岡・名古屋などの都市）へ一泊程度で出向き、いくつものＤＶＤショップをまわるプロモーション活動を経験する。そういった活動は、同時期に同メーカーからデビューしたＡＶ女優二名一組などでおこなわれることも多い。

メーカー主体のそういった活動では、同行するのは、メーカーのプロモーション担当者とマネージャー、それと現地のスタッフだ。地方での活動の場合、当日朝早くに羽田空港や東京駅で合流し、現地へ向かう。現地では、メーカーのプロモーション担当者の車で、ＤＶＤショップ、レンタルビデオ店などを回り、各店舗とメーカー共催で一、二時間程度のイベントをおこなう。

イベントといっても内実は質素なものがほとんどで、ＤＶＤショップの陳列棚の前に机を並べ、作品を購入する客に、サイン、握手、ツーショット撮影などの特典が与えられる。イベント開始時にＡＶ女優らが一、二分程度のトークを繰り広げ、その後はひたすらサイン・握手をおこなう、というのが一般的な例だ。デビュー直後のＡＶ女優など、名前の知られていないＡＶ女優であっても、イベントには、二〇名程度の観客があつまり、販売促進策としては、明確な効果があるようだ。サイン・握手などが終わると、店内ポップ用のスナップショット撮影や、店内展示用のサインをおこない、次の会場へ向かう。ＡＶ女優は基本的に自前の私服、自前のメイクで登場するため、「サインはいらないんだけど、素顔みたいから」（広島イベントに集まったファンの言葉）参列する、といった視聴者もいる。熱心な視聴者の中には、すべての地方のイベントに出向き、プレゼントや手紙などでコミュニケーションをはかろうとする者もいるが、基本的にファンと個人的な連絡をとることは、プロダクションの方針により禁止されていることも多い。こういったイベントは、メーカーやプロダクションの方針により、AV女優に対するギャランティが発生しない（VTR出演のギャランティに含まれている、と考えられる）ことも少なくないようだが、一般的な例としては、二日間の活動で、五万円程度の報酬が与えられる。

地方でのこういった活動は通常泊まりがけでおこなれるため、共にイベントをおこなったAV女優同士は夜のホテルや食事休憩時に友人関係となる場合もある。「AV女優の友達なんていないから。あたしは家が下北沢だから事務所にも泊まらないし。でもサイン会一緒にやった子の番号くらいは知ってる」（X）、「結局、事務所が一緒でも名前しか知らなくて会ったことない子も多いし、V（VTRのこと）で共演したり、イベントとかで一緒になったり、でちょこちょこ（友達が）できていく感じ」（Z）と、通常他のAV女優との交流機会を持ちにくい単体AV女優にとっては、稀少な交流機会となっていることも多いようだ。

代わって、プロダクションが主体となっておこなうプロモーション活動には、グラビア撮影や雑誌取材、また撮影会といったものがある。グラビア撮影や雑誌取材は、単体AV女優の場合、メーカーからある程度義務づけられていることもあるが、AV女優自身のプロモーションとなるため、プロダクション側も精力的におこなっている場合が多い。

グラビア撮影は、プロダクションが、コネクションを持っている出版社に打診したり、出版社にマネージャーとAV女優が営業に出向き、掲載が決まる。内容は雑誌によって、またAV女優のタイプによって様々であるが、通常半日～一日で、撮影がおこなわれ、スチールカメラマンはVTR撮影やパッケージ撮影と同スタッフが担当することも多いようだ。ギャランティは一般的なグラビアで五万円程度が相場だったようだが、二日間以上に及ぶロケ撮影や、特殊な内容を含む撮影の場合、それ相応に増額される。撮影場所は都内スタジオや近隣の公園などがつかわれることが多い。

雑誌取材は基本的に、活動中のAV女優に出版社の方からオファーがくることが多く、ジャーナリストによるインタビュー、雑誌の企画による私服公開やペット紹介ページの取材、ファンとの交流体験など内容は様々であり、ギャランティはグラビアよりやや低額が相場だ。雑誌取材で大がかりなものは少なく、一般的なAV女優の取材は一、二時間、中には、VTR撮影の現場で空き時間におこなわれることもある。

VTR内容が特殊なAV女優、人気AV女優、しゃべりが面白い、などと評判のAV女優はこういった取材を受けることが多く、反面、高額のギャランティを受け取る単体AV女優であっても、雑誌取材をほとんど受けたことがない、といった者も存在する。また、VTRや専門グラビア誌と異なり、AV作品の主要視聴者でない者の眼にふれる媒体（一般男性誌など）の取材も多く、そういった場合は、同性の友人や両親の目を気にして、取材を断るAV女優も多い。

プロダクション主催のプロモーション活動の中には一般視聴者と交流を持つ機会も存在する。それが、撮影会と呼ばれるイベントだ。撮影会とは、首都圏のスタジオなどを貸切り、お昼頃から夕方まで、ＡＶ女優が着衣・脱衣で被写体となり、一般視聴者がそれをカメラで撮影するイベントをさす。ＡＶ女優は自前やプロダクション所有の衣装を持参し、基本的に自分のペースで被写体となって撮影に臨む。それを、一〇名〜二〇名のファンが囲んで撮影する。ＡＶ女優へのギャランティは、五万円程度といわれる。

特に単体ＡＶ女優の場合、ＶＴＲの撮影は月に一度、パッケージを含めても二、三日のみである。熱心にプロモーション活動をおこなう者の場合、そういった活動での拘束日数が本業（ＶＴＲ出演）を上回ることは珍しくない。また、雑誌取材を頻繁に受けている有名企画ＡＶ女優などの中には、「先月体調くずして一回も脱いでないよ、でもインタビューで月収二〇万くらいかな、毎週受けてたから」（Ｒ）といった状況にあるものもいるようだ。

プロモーション活動は、ＡＶ女優として成功する（多くの仕事を得、知名度をあげる）ための活動として、任意でおこなうものだ。プロダクションやメーカーがＡＶ女優に対して強制することは少ない。ただし、良い条件で仕事を続けたいなら、といった自発性を伺う留保の上で、基本的にはそういった活動は促進され、多少なりともそれを受諾するのがＡＶ女優の慣習的な文化となっているようだった。

契約更新と引退

ここまでの内容から推察できるかもしれないが、ＡＶ女優はプロダクションにかなりの業務を任せており、交渉や契約を交わしたり、営業活動をおこなったりする際に、AV女優が主体的に行動することは少ない。それでは、AV女優は仕事を継続するか、休止するか、といった意志決定をどういったタイミングでどのようにおこない、プロダクションをはじめとする組織はそれをどう受け止めるのか。

まず企画AV女優には、単体AV女優のような長期の出演契約は存在しない。ゆえに、どれだけ仕事をするか（出演ペース）、いつ休みをとるか、といったことは、出演依頼に対する受諾と断りによって自分自身で調整できる。学校の試験や他の予定に合わせて数ヶ月単位で休みをとることも可能で、その際には、プロダクションへ連絡の上、マネージャーがすべての出演依頼を断ることとなる。逆に、出演作数を増やしたい、といった際には、出演依頼をすべて受諾し、増量の必要に応じて、新規メーカーへ面接へ向かうこととなる。引退に関しても企画AV女優の場合は基本的には本人の意志により、撮影予定が特に入っていなければ、引退表明後、プロダクションは登録リストからAV女優名を削除し、それ以後の出演依頼を断るといったシンプルな方法が一般的だ。有名AV女優が引退する場合は、企画AV女優として活動しているものであっても、あらかじめ時期を決定し、メーカーとプロダクションが相談のうえ、引退作、と称した作品への出演でAV女優業を終える、といった例もあるが、稀のようだ。

では、メーカーと契約中の単体AV女優の場合はどうか。基本的に契約途中の引退はタブーとされているが、体調不良や妊娠など、やむをえない場合は、契約本数を残して引退するAV女優も存在する。その際、特にペナルティなどは設けられていないようで、基本的にはプロダクションがメーカーに「謝って」引退させる。単体AV女優であるWは、セル・ビデオ・メーカーと五本の出演契約を結び、二本目の撮影が終了した直後に妊娠が発覚した。しかし、「Kさん（Wプロダクション社長）に話したら、じゃあしょうがないよ、やめなよ、で、元気な赤ちゃん見せてくれって。で、別にあたしはメーカーに謝りにいくこともなく（笑）」（W）スムーズに引退できたという。基本的に、強引な引き止めや、ペナルティ発生が存在した、といった話は業界内では聞かれない。業務の性質上、AV女優に強制的に仕事をさせることは厳格に避けられているようだ。

では、AV女優を継続する、といった意志確認はおこなわれるのかというと、基本的に単体AV女優であっても、継続は自動的に行われる。メーカーとの契約本数をこなしたAV女優は、次にまた新しいメーカーと単体契約を結ぶか、企画AV女優に転身する。そういった手続き、予定は基本的にプロダクションがおこない、決定する。「次のメーカー決まってるから何日に顔見せに行くよって言われて、メーカーに挨拶に行くんだけど、事実上その日は、もう監督面接」（Z）、「契約されたから、これからは月何本か出演できるよ、ってことで営業面接の予定が入ってた」（T）と、基本的に仕事の継続はプロダクションによって自動的に判断・実行されている。本節の冒頭で、AV女優は、プロダクションに所属したその日から、引退を表明する日まで、ずっとAV女優である、と書いたのは、そういう意味だ。

つまりAV女優は自らの意志で引退することを決めるまで、自動的に次のスケジュールが決められ、仕事が継続される存在にある。彼女らにゆだねられているのは、引退するという決定権と、目前の出演依頼を受諾するか断るか、といった決定権であり、その他の一切の判断は基本的にはプロダクションに任せているのだ。ＡＶ女優はＡＶ作品に単発的に出演するのではなく、プロダクションに所属した時点でＡＶ女優となり、ＡＶ女優としての活動を開始するのである。そしてプロダクションの所属ＡＶ女優リストに名前のある間は、常に眼前に仕事の予定を並べられている、と言える。

このほとんどルーティーン的に継続していく仕事は、彼女たちが引退する、と自己申告するまで切断されることはない。やめようと思った時にやめられるが、やめようと思わない限り続ける、といった前提の上に彼女らは立っている。引退が常に認められている、という点で、彼女たちに選択の権利が与えられていると言えるが、次のビデオに出演する（ＡＶ女優の仕事を継続する）ことと、引退することとは、同位置に示されているのではなく、後者だけが選択の余地として示されているに過ぎない。つまり、継続することに関して、積極的選択は必要ないのである。

4　決められた仕事と慣習

本章を通して、ＡＶ女優をとりまく業界の構造と、その中で彼女たちが通常おこなっている業務を一部の例ではあるが解説してきた。彼女たちが実に様々なことをこなしていることに加えて、彼女たちが場面ごとに求められることも分かった。AV女優の動機語りや自由意志についての本論の議論に、彼女たちのそういった日常業務はどう関係しうるか。

最も重要なのは、AV女優は単発的な仕事ではないということだ。兼業率は比較的高く、中には数本の出演で業界を去っていく女性もいる。しかし、彼女たちはプロダクションに所属した時点から、AV女優という存在になり、それに含まれる業務を包括的にこなすこととなる。AVに出演する女性たちは、AVに出演した、というよりも、AV女優としての業務をこなしたと言ったほうが正確であろう。

そういったAV女優の業務のなかで、VTR撮影やプロモーション活動といった彼女たちの活動はかなり制度化されており、用意された詳細なアジェンダをこなしている、といったことは強調しておきたい。グラビアなど一般媒体への露出、ファンとの交流といったものも、プロダクションやメーカーの企画・主催のもと、基本的には慣習通りにおこなわれるものだ。VTR撮影もまた、申し合わせるまでもなく、様々なメーカー／制作会社をみても、同じような過程・手続きを経て、同じような手法によっておこなわれている。

そこでさらに注記しておきたいのが、そのように制度化されているかに見えるAV女優の業務は、実際どこにも明文化されておらず、よってAV女優にならんとする女性が業務の全貌を知るのは、実際にその業務の前に立たされ、経験してからであるということだ。例えばプロモーション活動、特にプロダクション主催の撮影会などは、すべてのAV女優に義務づけされているわけでもないし、企画AV女優がそれほど多量の仕事を望んでいないのであれば、営業面接でメーカーをまわるといった業務もこなす必要がない。それらはあくまでメーカーやプロダクションのスタッフの頭の中でマニュアル化されているにすぎない。

かといって、プロダクションの中などに、AV女優に対してそういった慣習／文化を伝え教える者がいるか、といったら、特にそういった風習もない。プロダクションが用意するアジェンダを、その場しのぎでこなしていく中で、スタッフの言葉の端々、営業活動で出会う他のAV女優の行為を参照しながら、慣習的により良い、と思われる行動を身につけていくのだ。実際仕事に関して、AV女優に与えられる言語化された指示というのは非常に少ない。

業務の大部分が、あくまで慣習的に形作られているものであり、明文化された制度に束縛されないといった意味では、AV女優は自発性を尊重されている立場であると感じられるかもしれない。細かくは脚本の空白部分、大きくはどういったタイプ（知名度・VTR内容・仕事量など）のAV女優になるか、など、AV女優が強制されずに決定できることは少なくない。ただし、そういった空白部分・自由な部分に関しても、数多の前例と、業界の通例といったものが存在し、多くのAV女優がそれに沿ったかたちで業務をこなしているのもまた事実だ。

自発性を重んじられているかに見えながら、実際は細かな部分まで慣習に規定されているという彼女たちの立場は、AV女優に関する議論の際に耐えず想定されるべきだ。それはあるいは、彼女たちに、決定権を任されている、といった自覚を与えうる場合もあるかもしれない。また、誰にも強制されず自分で決めているといった認識が、体力的・精神的に追い込まれる原因となっているかもしれない。そういった議論は続く第四章、第五章へ持ち越すこととして、本章の締めくくりに、二年半近くの活動期間を経て、体調不良から引退を決意した直後の企画AV女優Tの言葉を引用しておこう。

モデル（AV女優のこと）の子はみんな、何々しなさい、って言われなくても空気読んじゃうことが多いし、何々したら、とか言われると気遣って頑張っちゃう子が多い。かくいう私も（笑）。もっとこうしたら気に入ってもらえるとか、こうしたらマネージャーさん困っちゃうだろうから、とか考えて、その時は別に自分でやってるわけだからストレスに感じるわけじゃないんだけど。あたしなんて長いし、企画になってからはいろいろ面白いことしなきゃって思って挑戦してさ。調子のってまんこで煙草吸ったり、ほんとは中だし（コンドームをつけないこと）ものはやめておこうと思ったけど、打診がきたらやっちゃってたのがいけなかったのかな。撮影会なんて大して意味ないんだしやらないで休んでればよかった。身体大事だよ。

第四章

面接と語り

ああゆうところで出してる女の子っていうのは残念ながら、他の誰かかわいい子といくらでも置き換え可能なんだよね。キミもすごくかわいいけど、そういう路線でいったらキミくらいかわいい子とかスタイルのいい子はいくらでもでてくるから、セックス・シンボルとして名前が残るかっていうとそういうわけじゃないんだよね。僕Lなんかはここで使うならこいつしかいないっていうキャラクターがあるわけ。僕はキミの次の作品を、キミのキャラクターを前面に出してつくりたいと思うんだけど、そういうキャラクターを自分で作っていくっていうのは大変なことだと思うんだけど、できる自信ある？

——あるセルメーカーでの企画単体女優の面接

1　面接という経験

現代の女性の性と商品化の問題を語るのに、当の女性本人のライフストーリーを考慮するのは、ある点では心強い議論だ。多くの女性が「恵まれた時代と環境」に息苦しい倦怠感を感じているのはおそらく真実だからだ。しかし、私にとってそれはやや残念な議論でもある。なぜなら、いかなる生活環境や生い立ちであっても、性を売らない女性にも売る女性にもどちらにもなり得るからだ。私の考えでは性を売り始めること自体はとても偶発的なものだ。私はやはりそのような偶発的におこる事態に、自らのめり込んでいくことについての議論のほうを求めたい。

そののめり込む姿として私の目に強烈に映るのは、雑誌やVTRの中で「語る」AV女優の姿であることはすでに述べた。この章では、その姿にいたるまでのAV女優の過程を扱う。

インタビューやVTRの中でAV女優は実に巧みに自分について語る。時に期待されるイメージ通りに、時には期待を裏切るように、器用にいきいきと自分や自分の性的嗜好などについて語る。そういった語りはバラエティ豊かで各々がとても個性的に見える反面、続けて見ればどことなく似通っていてパターン化されているような印象もある。

考えてみれば、私たちにとって、自分について人前で語る、という行為は日常生活でそれほど経験されるものではない。むしろ非日常的なものだろう。そういった機会を前にした者は、そのために準備や練習をする、というのが一般的だ。就活中の学生は採用試験の場で自分について語るために、準備セミナーやマニュアル本で模範解答を学ぶ。皆がそのようにして備えるため、実際の試験では各々が個性を強調しようとする反面、皆の解答がどことなく似ている印象となる。

ただし、世に就職活動中の学生に向けたマニュアル本こそあれ、AV女優がインタビューに向けて練習、準備する場や方法など存在するのだろうか。

AV女優の日常業務を眺めてみると、インタビューやVTRといった消費者の目につく場所以外でも、彼女たちは頻繁に「語る」必要性に迫られている。第三章でも見てきたように、日常的に多くの面接を経験するからだ。その幾種類もの面接を見ると、面接に適応していくことが彼女たちの「語る」という行為を大きく形成しているだけでなく、ＡＶ女優としての彼女たちを作り上げているように見えてくる。ここではその「面接」という経験に焦点をあて、それが彼女たちにどういった影響をもたらすものなのか、探っていきたい。

「ＡＶ女優になる際」には当然採用面接があるが、それだけではなく、作品に出演する度に、もしくはメーカーへ営業に行く度に、ＡＶ女優たちは定期的に面接を受ける。面接をする側の、プロダクション、メーカー、もしくは制作会社はそれぞれ実務的な目的があって面接を実行するが、面接を受ける側であるＡＶ女優もまた、面接を通して達成したい目的（単体契約[1]や出演したい作品[2]への出演、あるいは作品内でハードな内容[3]を回避すること等）を持っている。ＡＶ女優はまず、面接をする側の目的が何であるかによって「求められる演出」を演繹的に推測し、それに対応することによって今度は自分の要求や条件（契約内容や作品の方向性）を通そうとする。

面接をする側の目的は様々だ。プロダクションによる所属希望の女優に対する面接では、ＡＶ業界の紹介、どういった活動をしていかなければならないかといった説明や、ダイエットや私生活の素行について注意がされるし、作品制作の事前におこなわれる監督面接では、ＡＶ女優にどんな行為は可能でどんな項目は不可能かという確認や、やってみたい役柄などといった質問がされる。それを受けるＡＶ女優たちは、例えばメーカーに対する営業では、どんな項目にも果敢にチャレンジしたい、と語り、監督面接では、やりたくない項目をはっきりと明記し、自分の方向性をわかってもらおうとする。

AV女優とプロダクションやメーカー双方の目的遂行への努力と相手への対応の中で、プロダクションやメーカーは眼前のAV女優をどういった方向で売り出していこうか探り、AV女優は自分がどういったキャラクターを演出していくべきか学んでいく。AV女優はその手探りの自己演出の中で、語り口を取得し、自分のキャラクターやストーリーを構築していくのだ。私には自分のストーリーを作り上げてそれを繰り返し語ることは、AV女優がAV女優になっていく際に、時に自意識のレベルにまで変化をもたらす重要な契機であるようにみえた。

本章ではまず面接を四種類に分類し、面接を主催する者の目的を中心に流れと役割を簡単に説明する。その上でAV女優にとってその面接がどういった意味を持つのか、考察してみたい。面接で向けられる「問い」を通じてAV女優がどのように形成されていくのか、彼女たちの語りはどういったタイミングで獲得されるのか。面接の経験を通じてAV女優がAV女優らしくなっていくのはなぜか。本章の後半ではそうした問いに答えていくことにする。

2　面接の種類

四種類の面接

第三章でAV女優の仕事について見た際に、面接についても少し述べた。一定期間仕事を続けるＡＶ女優が通常経験する面接は、ＡＶ女優としてプロダクションにプロフィールを初めて登録する際に一度だけおこなわれるものから、単体契約のきれた女優が一定期間宣伝材料(4)を渡すために複数のメーカーをまわるといったいわゆる「営業面接」まで多様だ。詳細を記せば幾通りかの分け方が可能であるが、ここではそれらを四つに分類して紹介する。

分類を簡単に解説しておこう。まず、分類1として、ＡＶ女優がＡＶ女優になる際に、初めて受ける面接、プロダクション面接を挙げる。これは、類型としては企業の採用面接やバイトの面接に近く、プロダクションのスタッフと面会し、その事務所に所属するかを決めるリクルート面接である。

次に、プロダクションに所属したＡＶ女優が、作品へ出演するために、作品を製造・販売するＡＶメーカーでおこなう面接がある。それをさらに、単体ＡＶ女優としてデビューを目指す者が単体契約をとるためにおこなう面接と、企画ＡＶ女優として活動する者が出演依頼を得るためにおこなう営業面接とに区分し、それぞれ、分類2、分類3とした。

最後に、作品への出演が決定した際、その作品の具体的な内容についての打ち合わせ、通称監督面接を分類4として示した。これは、単体ＡＶ女優、企画ＡＶ女優らすべてがおこなう可能性のあるものである反面、その形態は様々で、メーカーや制作会社の会議室で仰々しくおこなう場合もあれば、電話でのやり取りで済まされる場合もある。また、ベテランＡＶ女優や、同メーカーで似たような作品に出演した経験がある女優の場合は、省略される場合も多く、分類としてはばらつきがある。ただ回数的には、ＡＶ女優が最も多く経験している面接でもある。

こういったいくつかの形態の面接が、それぞれ違った機能を持ち、それを経験するＡＶ女優に別の作用をもたらす。

ＡＶ女優がそれぞれの面接をどのように位置づけて認識しているかは、プロダクションの方針やマネージャーの説明に大きく左右されるであろうし、こういった分類がある特定のＡＶ女優にとっては不自然なものと感じられるかもしれない。ほぼ全てのＡＶ女優がすべて、もしくはいくつかの分類の面接を経験するため、それらが組み合わさることでまた一つ別の作用があったり、連続的に面接が経験されることで、ＡＶ女優に徐々に変化があったりすることも大いにありうる。そのようなことも念頭におきながら、まずはこの四種類の面接について個別に紹介しようと思う。

〈分類１〉プロダクション面接

プロダクション：顔はロリなの？

Ｎ：童顔って言われますね。

プロダクション：ロリの方がいいんだろうけど、服と化粧はそれいつもの感じ？

Ｎ：もっと若い感じのも着ますよ。

プロダクション：じゃあ宣材とるときはパステル系の服があればそれで。なければ買えれば買って。その後メーカー行ってもらうから。どっか決まるよ。

N：わーい。

プロダクション：このお兄さんに適当なこと言われて連れてこられちゃったってことにしとけばいいから。あんまりよくわかんなくて来ちゃった、って。うちはちゃんとした女の子しかいないから、学生も多いし。あ、学生じゃないんだっけ。ちょっと興味があってうっかり来ちゃったみたいな感じね。どっか決まれば一本最低でも70はもらえる。決まらなければ企画でも稼げるから。

AV女優はごく稀なケース(5)を除き、プロダクションに所属することで活動を開始する。プロダクションの移籍は余程のキャリアを積んだ場合や方向性(6)（仕事ジャンル）の大幅な変更をする場合を除いてあまり一般的ではない。また、現在でも多くのAV女優は、路上等でのスカウトをきっかけとしてプロダクションに所属するため、いくつものプロダクションをまわって面接を受けることはほとんどないと言っていい。多くの場合、面接を初めておこなったプロダクションに所属する。つまりほぼ全てのAV女優が必ず、そしてほぼ全ての場合一回だけ経験するのが、プロダクションでの面接である。

以下はプロダクション社員の話だ。

オーディションみたいなものだと思ってはりきって来るんだけど、まあ可愛くなきゃ単体でいきましょうって気にこっちもならないから可愛くはしてきて欲しいけど、別に不合格、ってのはよっぽどのことがない限りないんだけどね。たまに来るから、すごい年いってる人とか、ええっていうくらいのデブとかね。基本的にみんな登録はするんだよ、むしろ、どういう方向でやっていくかをとりあえず決める、ってだけ。それで、それに納得するように持ってく、と。もちろん仕事くるか来ないかだいたい判断はできるんだけど。

所属するプロダクションを初めて訪れる面接であるがゆえに、企業や店の職員採用面接と似たような側面もあるが、それよりも、実際にその女性と会って売り出しの方向性を決める、といった機能が重要視されている。つまり採用面接、会社説明会、適性検査と配属決定のそれぞれの要素を併せ持ったものだと考えればいい。

スカウト・マンからの紹介でプロダクションを訪れる女性は多くの場合、事前にスカウト・マンによる日程調整で面接日を決め、スカウト・マン同行のもと、その時に初めてプロダクションの事務所を訪れる。また、風俗情報サイト等からプロダクションにアクセスしてくる女性は、事前に担当者と相談の上で面接日を調整し、事務所から最寄りの駅まで担当者が迎えに来ることが多い。事前に携帯電話の写真機能等で写真を送っている場合もあるが、多くの場合事務所側も女性の顔は初見である。

面接は大抵事務所内に設けられた応接室で行われ、話に入る前に面接シート、プロフィール等と呼ばれるものに女性は氏名や住所といった基本事項、身長体重やスリーサイズ、月にいくら稼ぎたいか、といった希望や風俗経験（これまでの収入含む）、どういった媒体でなら活動が可能かといった情報を書き込む。面接は、ほとんどの場合がプロダクションの社長等、代表格の人間が担当し、女性マネージャーらが同席する場合もある。大抵二〇〜三〇分程度と、それなりに時間をかけ、女性が話したり、担当者が説明したり、いくつか質疑応答をおこなったりする。(7)

スカウト・マン、もしくはインターネットの求人から、AV業界の詳しい情報を得ることはできないため、面接に来る女性は当日初めて詳しい仕事の内容や要求される条件、報酬の金額等の情報を獲得することとなる。プロダクションも、面接に訪れる女性がどういった風貌でどのような経歴を持つか等の事前情報は持っていない場合が多い。提供できる職と女性の希望を擦り合わせ、どういった活動をしていくのか決めるのが、この面接の大きな目的となる。それが先述のような、会社説明と適性検査の要素である。ただし、それぞれが順序だって形式に沿うようおこなわれるわけではなく、面接シートをもとに対話をしながら、女性側は業界の構造を、事務所側は女性の売り出し方を探っていくのが一般的であるようだ。

説明会としての機能がまず端的に現れるのは、報酬の額・収入といった金銭面の話題である。「どっか単体で決まるだろうから、そうしたら今の収入以上は月一本の撮影で稼げる」といった説明から、面接を受けている女性は、月の拘束時間や収入について見当をつけていく。プロダクションは面接に来る女性の容姿・年齢・経歴を参考に、経験則や業界全体の傾向から、その女性をどういった方法で売り出すことがより多くの利益に繋がるか判断する。メーカーとの契約に漕ぎ着けるかどうかは憶測でしかないため、方向転換を余儀なくされる場合もある。女性は、単体の契約をとることが、ギャラの高い女優になるために必要であることを漠然と伝えられるのみである。

私が立ち会ったプロダクション面接では、単体・企画といった区別の実際のメリット／デメリットについての明確な説明はなかった。単体契約がとれなかった場合に、女優のモチベーションを著しく低下させる恐れもあるからだろう。AV業界に対する詳しい知識をもとから持って面接にやってくる女性はあまりいない。一本に対するギャラは高いけれどそのかわり月に一本という量的な制限がある単体と、一本に対するギャラは低いがそのかわり量的な制限のない企画女優がいるということを、やや歯切れの悪い説明から知るのである。

AV女優になろうとする女性が、どれくらいの収入を得、どのくらいの期間、どういった活動をおこなっていくか、というのは、業界の時代的な傾向(8)、景気に逐一影響され、メーカーとの折り合いによって予定を変更しながら決まっていく。スタッフたちは、どういった活動形態になった場合でも、女性が、「割に合わない」といった不平感を持たずに働けるよう、特に質問がなければ総体的な業界のかたちについては語らず、女性に必要な情報だけを断片的に教えることが多い。女性はそういった会話の端々の情報から、業界の構造に見当をつけていく。

逆に、プロダクションが、女性が入っていこうとする世界について、強調して説明するのは、どういった女性が価値を持つのか、といった問題である。女性の多くはAV産業を、性産業、風俗の一形態と理解して足を踏み入れる。しかしプロダクションは、風俗とAVを完全に区別することを教え込む。

（メーカーに）面接行って風俗経験聞かれてもないって言っといたほうがいいね、やっぱり腐ってもエンタテインメントっていう意識なんで、この業界は。風俗経験があると単体は厳しいです。

こういった傾向を初めは不自然に思う女性も多いというが、AVは風俗ではない、といった意識は業界関係者の間に、共通して感じられるものであった。そしてプロダクションでもメーカーでも、女性にこういった意識を共有することを強く求める。プロダクションの面接でしばしば目にする先のような発言は、女性がAVをエンタテインメント産業、アート産業と位置づけていくひとつの契機となる。風俗に勤務する女性は、本格的にAV女優として活動を始める場合、勤務していた風俗店を辞めることを促されるし、単体として契約している女優の風俗勤務が発覚した際、契約を打ち切るといった措置をとるメーカーにも出会った。

さらに、単体デビューの際に好まれる女性像についても学習する。プロダクション社員の次のような発言に、プロダクションのそういった戦略は端的に表れている。

風俗経験者は多いし、キャバクラの子も結構来る。みんな脱いでお金稼ぐんだって力んでくることも多いんだけど、脱いでセックスするのが仕事って思われてるとちょっとね。イメージ商売で、モデルとして頑張るんだって思ってもらわないと困る。だから結構最初はうるさく言うよ。風俗の面接じゃないんだからって。純粋だったり素敵な女性だなって思われるようにちゃんとしてろって。

何よりも重視されるのが年齢確認である。多くのプロダクションが、身分証二つ以上(9)の提示を義務づけている。もちろん未成年をAV出演させることによるトラブルの回避がその目的だ。

次に確認されるのは借金の有無と交友関係、素行等である。特に近年はAV女優の収入が不安定であるため、プロダクション側は金銭的な束縛がない女性を歓迎するが、借金があることが不採用の理由にはならない。ただし「ホスト遊び」をしていたり、それによる飲食店への借金がある女性はプロダクションに注意される。金銭的な面で注文の多い女性はメーカー等の制作現場から敬遠されるからだ。

プロダクションとしては、制作サイドからの多様な要求に応えられるよう、様々なタイプのAV女優を抱え込んでおくことが理想的とされる。最初の面接で、容姿や礼儀が理想的でない女性に対してもあえて不採用とすることは、例外を除いてほとんどない。面接に来るAV女優をすべて登録した上で、特殊な現場以外ほとんど仕事がない女優、熱心に売り込んでいく女優、というように振り分けていくシステムである。よって身分証明がきちんとなされる女性については、プロダクションへの登録は可能である。

プロダクションでの面接のもう一つの側面が「これから」の説明である。AVプロダクションの場合、最も重要な決定事項は、単体AV女優としてデビューするか[10]、初めから企画AV女優として活動するか、という問題である。

単体／企画の選択は、いくつかの要件によって決まる。第一にプロダクションの判断、第二に女性の希望、第三にパブリシティの制限である。プロダクションは女性の容姿、体型などから、単体としての活動が可能かを経験則で判断し、可能性がある場合には出来る限り単体デビューの方向を模索する。単体契約が決まれば、月に三日程度のマネジメントの手間で高額のギャランティが稼げるだけでなく、単体として一度でも活動したことがあるAV女優は、契約が切れた際にも優先的に仕事ができることが多いからだ。

最近では単体AV女優のギャランティは低下し、企画AV女優の人気の高騰から、初めから企画AV女優として活動したいという女性も多い。プロダクションによって考え方の違いはあるだろうが、そういったAV女優本人の希望は聞き入れながら、最終的な判断はプロダクション側がするのが普通だ。

単体／企画の方向性を決定する際に、一点、重要なバイアスとなるのが、女性側のパブリシティ制限、つまりどういった媒体に顔写真や映像が掲載できるか、といった問題である。

例外的な場合を除いて、初めからすべての媒体への顔写真の掲載を了承する女性はあまりいない。AV専門誌等の読者層が限られるものは、比較的気軽に考えられても、コンビニに並ぶ一般誌や週刊誌等へのグラビアの掲載を躊躇する女性も多い。しかし、AV業界ではパブリシティ制限と活動範囲、人気度やメーカーの心象は強く関係している。DVDやVHS以外の全ての媒体への掲載を不可とする場合、単体AV女優として活動することはかなり難しい。

実際は、初めは専門誌等へのみ掲載を許可していたAV女優も、自分自身の活動範囲や人気とパブリシティの関連を知るにつれ、また、AV女優としての活動に慣れてくるにつれ、パブリシティの制限範囲を広げていくのが通例だ。メーカーへの営業面接を重ねる度に掲載可能媒体へのチェック数が増えていく女性も多い。それを、経験的に知っているプロダクションは、実際活動を始めて媒体への露出が不可欠になってくることを、あまり初めから強調しない。女性にあまりなじみのない専門グラビア誌などの例をあげ、いくつかの媒体への掲載を女性が許可するような環境をつくっておくことが、プロダクションが設定する初期段階のハードルのひとつである。

プロダクションの面接において、面接に来る女性は不可欠ないくつかの知識を学び、最小限の業務説明を受ける。重要なのは、この面接において、「AV女優がひとり誕生する」といった点である。通常では、面接の最後にプロダクションの担当者と女性が相談の上でモデル名（芸名）(11)を決定する。プロダクションにとって新しい商品が、面接を受けにきた女性にとっては本名とは違うもうひとりの自分が、誕生する瞬間だ。

〈分類2〉メーカー面接①単体AV女優の場合

プロデューサー：まだどういうのがあるかもわかんないでしょ。

S：はい、でも普段したくてもプライベートじゃできないこととか。

メーカー社員：でも相当、いろいろしてるよね（アンケートを見ながら）、清純そうな顔なのにね。

S：はい（笑）、Hのときだけスイッチが入っちゃうんです。

メーカー社員：この学校の屋上でっていうのは？

S：高校の頃なんですけど、すっごい好きな先輩がいて、屋上に呼び出して。

プロデューサー：え、ちょっと待って、呼び出すのって普通告白する、とかだよね？　そこでHしちゃったの？

S：なんか、がまんできなくて（笑）。

メーカー社員：へえ、で、好きな体位が立ちバックなわけね、どこでもできるからね。

S：てゆうかそれが一番気持ちいいんです。

プロダクションでの面接を終え、宣伝材料用資料（AV関係者は略して宣材、宣材資料と呼ぶ、本書でも以下は基本的に宣材資料と記すこととする）に掲載するグラビアの撮影を終えた女性は、作品に出演するためにメーカーへの売り込み活動を開始する。これ以降、単体AV女優としてデビューを目指す者と初めから企画AV女優として活動する者とで、活動形態が異なってくる。まず単体デビューを目指す者に焦点を当てよう。

プロダクションやAV女優自身が、単体AV女優としてのデビューを望んでも、実際には特定のメーカーとの専属契約にこぎつかなくてはならない。そのためにおこなわれるのが、単体契約のためのメーカー面接である。プロダクションの担当者は、デビューさせようとしている女性のタイプや雰囲気を見極め、条件が合いそうなメーカー[12]に目星をつけた後、面接の場を設ける。特別な例として、メーカーや有名監督が、新しいレーベルの立ち上げ等で各プロダクションに募集を出し、選考オーディションを設ける場合が存在するようだが、大抵のメーカーはそのような機会は設けず、プロダクションからの売り込みを常時受け付けている格好だ。ただし、単体AV女優としてのデビューを希望する者の母数は年々増加しており、対してメーカーは単体作品のリリース数を抑える傾向にあるため、一度や二度の面接で契約が決まるのは非常に稀なケースであり、結局新人AV女優は契約が決まるまで、いくつかのメーカーを回り、この単体契約のための面接を繰り返しおこなうこととなる。

単体契約のためのメーカー面接では、年齢確認、宣材資料の受け渡し、容姿（顔・全身）の確認と写真撮影、面接シートの記入（プロフィール・各種質問事項）、簡単な質問と会話がおこなわれ、後日プロダクションあてに合否の連絡がくるようだ。AV女優当人のほかに同席するのは、メーカーの人間（プロデューサーや代表等）二人程度と、プロダクションのマネージャー一人といった場合が多い。

面接は面接シートの記入とそれをもとにした質疑応答を軸に進められる。プロダクションが各所属AV女優について作成する宣材資料には通常、顔写真と上半身（衣服非着用）もしくは全身の写真が添付され、モデル名、生年月日、出身地、スリーサイズと身長・体重、趣味という五〜六項目程度の簡単なプロフィールが掲載されている。それを資料としてメーカー側に受け渡すのが業界の慣習となっているようだが、非常にシンプルなためどのAV女優のものも似通っており、写真と実物の女性の雰囲気が違ったりサイズや体重が虚偽であったりすることが多い。各プロダクションが独自に作成しているものであるため、フォーマットもばらばらで、通常どのメーカーも、自社で作成した面接シート（二枚程度）をその場でAV女優に記入させ、自社のカメラで顔や全身の写真を撮影し、AV女優の資料としている。

面接シートは通常二枚構成だ。片方には詳しいプロフィール、撮影の際に盛り込むことが可能な内容と不可能な内容（NG項目）[13]、パブリシティ等を記入する欄があり、単体AV女優の場合こちらについては事前にプロダクションと相談の上、どのメーカーに対しても基本的に同一の内容を記入する。撮影の際に盛り込むことが可能な内容については、デビュー当初は基本的にAV女優の希望が優先されるが、可能な内容があまりに少ないとVTRへの出演自体が困難だ。常識的な範囲を事前にプロダクションの担当者が伝授している場合が多い。また、TVや一般誌など家族や友人に目撃される可能性の高い媒体への掲載を全面的に許可する女性は少ないが、知名度が大切である単体AV女優の場合は特に、あまりパブリシティに関して許容度が低いとメーカーに毛嫌いされることが多い。プロダクションの担当者は、業界専門誌など比較的一般人の目に付かない媒体への掲載は必ず許可するように事前にAV女優本人に伝授していた。

もう一枚にはメーカーによって内容が大きく違うこともあるが、基本的には面接を受けるAV女優の性的嗜好や性的なエピソード、VTR内で挑戦してみたいこと、性的な願望等が一問一答方式で羅列された質問票である。通常AV女優は一枚目のプロフィールを五分程度で書き終えた後、かなりの時間を割いて二枚目の質問票への記入をおこなう。面接を担当するメーカーのプロデューサー等は記入が終わった頃に現れて、その質問票をもとにAV女優への質疑応答を開始する。質問事項は二〇〜三〇項目で、多量だ。

単体AV女優として専属契約を交わし、自社からデビューさせるという目的を考えると、実際には、容姿やプロフィール、パブリシティの問題等が重要となるが、口頭でのやりとりは質問票をもとに趣味や経験などについて、時間が割かれることが多い。プロダクションとAV女優も、ある程度以上は変えられない容姿やパブリシティの条件よりも、質問票とそれについての会話に重きをおく。

プロダクションによっては、担当者が質問票で問われるような内容を事前にAV女優と打ち合わせ、どういったやりとりをするべきなのか、戦略的に伝授する場合もあった。しかしそういった習慣は多くの場合担当者によってばらつきがあり、一般的な認識としてマネージャーが個人的に入れ知恵をするといった程度で、面接の進行については各AV女優にまかされている場合がほとんどだ。筆者は単体AV女優三名について、計一一回の単体契約のためのメーカー面接へそれぞれ同行したが、各々の面接の作法には随分ばらつきがあった。

面接自体は簡潔なものだ。基本事項の確認の後、質問票の内容についてやり取りをして終了。質問票の内容が奇抜であったり過激であったりすれば、それについていくつも質問がなされるし、当たり障りのない内容であれば簡潔に確認をするのみである。メーカー社員のあるプロデューサーは、そういったやり取りについて以下のように発言していた。

実際、かわいい、ヒット！　ってのがきたらもうほぼ決まりなんだけど。あとは胸ね、大きいの。若干パンチにかけるっていうか、まあまあかわいいって子の場合は、面接のとき印象的なこと言ってたな、とか変わった特技あったな、とかで決まる場合もある。こないだは、マンガ描くのがめちゃめちゃ上手い子がデビューしたよ。なんか紙（面接シート）にも絵描いててほんと上手いの。シンクロやってて水中ファック好きですってのもいたな。

メーカーにとって面接のやり取りは、補足的なものでしかない場合も多いようだが、少なくとも、非常に印象的な趣味や特技を持っている者、面接で強い印象を残した者はプロデューサーをはじめ、メーカーの社員の記憶に留まりやすい。メーカーはこの単体契約面接で、次に自社からデビューさせる価値のある女性を見極める。容姿が抜群に優れている、スタイルがいい、経歴が華々しい、といったことはもちろん大きな武器になる。加えて面接の対話内容が、見極めの要素となるのもまた真実だ。この面接はプロダクション面接よりずっとオーディションとしての側面が強く、目にとまると、単体AV女優が一人デビューする運びとなるのである。

〈分類3〉メーカー面接②企画AV女優の場合

メーカー：今月に何本くらい？

R：うーん二本とかですね。

メーカー：これからもそれくらいでいくつもりなのかな？

R：私、業界に入ってもうすぐ一年半とかになって。最初のうちはいろんなことが新鮮で、フツウのV（アダルト・ビデオのこと）をやってどんどん登りつめたいと思ってたんだけど、なかなかうまくいかなかった。でも、自分が本当にやりたいのはアイドルAV女優になるんじゃなくて、もっと面白いVにいろいろ挑戦することだと思ってて。

メーカー：何か個性をもってセックス・シンボルになりたいと思う？

R：なりたいです。なんか、アイコンみたいな。

ここまで解説してきた単体契約のためのメーカー面接とは違ったかたちのメーカー面接がある。それが企画AV女優が作品への出演依頼を得るためにおこなう営業面接である。こちらもAV女優を面接に連れて行こうとするプロダクションがメーカーにアポイントを取って出向くが、面接の作法には大きな違いがある。

単体AV女優を面接する際、いまだAV女優としては方向性やキャラクターの定まらない新人女性の価値を見つけ、どういった方向で売り出していくか考えるのは、基本的にはメーカー側の役割だ。面接は、そういった数ヶ月の専属契約を結ぶ価値のある素材を選抜する機会となる。企画AV女優の面接は、勝手が異なる。

メーカーは、自社の資料に登録済のAV女優の中から、自社から発売する企画作品にキャスティングする者を選ぶ。つまり、企画AV女優がおこなうメーカー面接は、そのメーカーの作品に出演する可能性があるAV女優として、メーカーの資料に登録をしにいく、といった意味合いが強い。当然、先に紹介したようなオーディションとしての要素はあまりなく、プロダクションとしては所属AV女優に出演依頼がくるよう、AV女優の名前と顔、それに宣材資料を照会する、というのが、基本的な流れである。

多くのメーカーの場合は単体契約と企画営業の面接の流れ自体には大きな差はなく、面接シートも共通のものを使っている。つまり、AV女優は基本的なプロフィールやNG項目、パブリシ

郵便はがき

113-8790

料金受取人払

本郷局承認

5788

差出有効期間
2025年1月
31日まで

(受取人)

東京都文京区
本郷7-2-8

吉川弘文館 営業部内
〈書物復権〉の会 事務局 行

ご住所 〒 TEL	
お名前（ふりがな）	年齢 代
Eメールアドレス	
ご職業	お買上書店名

※このハガキは、アンケートの収集、関連書籍のご案内のご本人確認・配送先確認を目的としたものです。ご記入いただいた個人情報は上記目的以外での使用はいたしません。以上、ご了解の上、ご記入願います。

10出版社　共同復刊
＜書物復権＞

岩波書店／紀伊國屋書店／勁草書房／青土社／創元社
東京大学出版会／白水社／法政大学出版局／みすず書房／吉川弘文館

この度は＜書物復権＞復刊書目をご愛読いただき、まことにありがとうございます。

本書は読者のみなさまからご要望の多かった復刊書です。ぜひアンケートにご協力ください。

アンケートに応えていただいた中から抽選で10名様に2000円分の図書カードを贈呈いたします。

(2024年1月31日到着分まで有効) 当選の発表は発送をもってかえさせていただきます。

●お買い上げいただいた書籍タイトル

●この本をお買い上げいただいたきっかけは何ですか？
1．書店でみかけて　2．以前から探していた　3．書物復権はいつもチェックしている
4．ウェブサイトをみて（サイト名：　）
5．その他（　）

●よろしければご関心のジャンルをお知らせください。
1．哲学・思想　2．宗教　3．心理　4．社会科学　5．教育　6．歴史　7．文学
8．芸術　9．ノンフィクション　10．自然科学　11．医学　12．その他（　）

●おもにどこで書籍の情報を収集されていますか？
1．書店店頭　2．ネット書店　3．新聞広告・書評　4．出版社のウェブサイト
5．出版社や個人のSNS（具体的には：　）
6．その他（　）

●今後、＜書物復権の会＞から新刊・復刊のご案内、イベント情報などのお知らせをお送りしてもよろしいでしょうか？
1．はい　2．いいえ

●はい、とお答えいただいた方にお聞きいたします。どんな情報がお役に立ちますか？
1．復刊書の情報　2．参加型イベント案内　3．著者サイン会　4．各社図書目録
5．その他（　）

●＜書物復権の会＞に対して、ご意見、ご要望がございましたらご自由にお書き下さい。

ティの他、性的なエピソードや趣味嗜好について、メーカー側に情報として渡す。異なるのは、単体契約のための面接の場合、条件や内容が合わなければ不合格となってしまうが、企画営業の場合は、合否を決めるスタイルではないことだ。当然、頻繁にキャスティングされるようになるAV女優も存在すれば、一度もキャスティングされずに終わる者もいるのだが、面接時はあくまで、キャスティングの際の参考資料に登録されるだけだ。

企画営業の面接はメーカー側にとって、眼前の女性がどのような場合に、どのような役柄で使うことのできるAV女優であるか見極める場であると言っていい。例えば、童顔でかわいらしく、ソフトSMまでは可能なAV女優の場合、メーカーは、ロリ、ソフトSMといったキーワードでその女性を登録し、そういった役柄が登場する作品の際に出演依頼を出す、ということとなる。

大手セル・ビデオ・メーカーのベテランプロデューサーの以下のような発言は、企画営業面接でのメーカーの目線を端的に示している。

（単体AV女優の面接では）素材を見るから、別に、変な話、化粧してなくてもつくりこめるイメージが湧けばいい。企画だったらこっちが時間かけてつくりこむわけじゃないから、ある程度キャラができてる娘のほうが使いやすい。痴女ものだったら、それっぽい娘を使うし、妹ものだったらロリっぽいのを使うし、例えばキャラクターとのギャップで面白い作品なんかつくる場合でも、もとのキャラがたってたほうがわかりやすいので。

単体作品の場合、先行するのは、AV女優である。しかし企画作品の場合は、作品の企画自体が先行し、そこに「はまる」AV女優をプロデューサーは見つけなければならない。当然のことながら、登録AV女優は多いほうが、より役に合った、上質なAV女優をキャスティングできる可能性が高いため、企画営業の面接では正確に、AV女優のタイプを見極めることが求められる。そのため、面接シートの内容とそれに基づいた対話も、単体契約の面接時のように補足的なものでなく、より詳しく、どういった特技があるか、どういった顔を見せるか、といったやり取りがされることが多い。

また、重視されることが多いのが、どういった項目が可能でどういった項目が不可能かといった、VTR内のNG項目についてである。例えばマニア向けの作品や、ハードな内容の作品の企画時には、出演可能なAV女優の数は当然少なくなる。メーカーはそれらが可能なAV女優を重宝する傾向があり、また、なるべく多くの項目に挑戦するようAV女優を説得する場合もある。

この面接を終えると、その時点から、AV女優は作品の企画段階で出演依頼が出される可能性を持つ。ただし、メーカーには日々多くのAV女優が営業面接に来るため、一度面接に来たきり、作品に出演することなく、長期間が経過したAV女優がキャスティングされることは少なく、「何回も出ててよく知ってる子か、最近面接にきた（役に）はまる子」（メーカーのプロデューサー）に出演依頼を出すのが通例のようだ。

〈分類4〉監督面接

監督：ああもちろんそんな鞭でバシバシやるのはやらないです。

K：だったら……大丈夫。……わかんないです。

監督：事前にちゃんと何やるかはお知らせして、現場でちょっとためしてみて、大丈夫そうならやる、っていう感じなら平気でしょ？

K：あ、はい。

監督：じゃあ四作目かわいいコスプレでかわいい感じで出して、次はちょっと初SM挑戦してちょっとこう暗い感じ出してみる？

監督面接は、作品の打ち合わせ、と言い換えてもよい。メーカーで企画され、もうすでに撮影が決まっている作品について、現場の監督（多くの場合制作会社に所属するか、フリーで活動しているが、時に、メーカーのプロデューサーが兼ねる場合もある）とAV女優との間で、詳しい内容[14]を打ち合わせる。単体AV女優も企画AV女優も作品出演の際には事前に必ずと言っていいほど経験する面接だ。

面接の形態は、これまで紹介してきた三種の面接に比べて極端にばらばらで、時と場合に応じて、電話やFAXですまされることもあれば、プロダクションやメーカーの会議室で一時間以上にわたって設けられることもしばしばある。メーカーや監督の意向によってもそれは大きく変わるが、経験の少ないAV女優や、これまで挑戦したことのない内容の作品に出演する時、初めてそのメーカーの作品に出演する時などが特に綿密におこなわれる傾向にあるようだ。

監督面接の大きな目的のひとつが、NG項目の詳しい確認である。メーカーでの面接では、単体の場合であっても、企画の場合であっても、プロデューサーやメーカー社員の心象を良くしようと、実際に挑戦するつもり以上の項目を可能、とするAV女優は多い。実際に現場に来て初めて、やっぱりそのようなことはできない、といったトラブル回避のために、事前の打ち合わせは必要となる。

単体作品の場合は、メーカーが作品内容に関して多くを監督に任せている場合も多く、その場合、現場の監督は監督面接を通じてそのAV女優について知り、作品構想を練る、といった場合が多いようだ。メーカーや監督によって大きく異なるが、通常の単体作品の場合、作品企画は曖昧で、撮影現場に入る前日におおまかな脚本を書き上げる、という監督も多いようで、監督面接での漠然とした印象が、そのまま作品内容に反映されることは予想外に多かった。

企画作品に関しても、メーカーのプロデューサーが監督を兼ねている場合や、単体から転身直後の企画AV女優の場合、そういった傾向はある。ある監督Hは以下のように述べる。

どんどんもらうよ、（AV女優の）アイディアも。別に、何が趣味でもどういう人生おくってきてもいいのよ、そこからインスパイアされて作品練らないと。机の上ではもう新しいアイディアは出ないですからね、隙間産業で、ほんと。

つまり監督面接は、大きく二つの要素に分けることが可能であろう。一つが、純粋に作品の打ち合わせ（NG項目の確認、双方の希望の擦り合わせ）。第二に、面接によって監督がAV女優を知り、そこからインスパイアされることで作品構想につなげることだ。

打ち合わせではNG項目の詳しい確認の他に、当日のメイクの必要・不必要の確認[15]や持ち物の有無[16]などが伝えられる。特にSM作品の場合、メーカーでの面接ではソフトSM、ハードSMといった分類のみしか確認されないため、ハードの中でも、鞭打ち、針プレイ、吊り、水攻め、排泄物攻めなど詳しい項目について逐一、可・不可の確認がなされる。その後、監督が打ち合わせ内容に基づいて脚本を作成し、撮影日までにプロダクションにFAXなどで受け渡され、最終確認がなされるのが一般的だ。

作品構想を練る作業については、企画営業や単体契約の面接と似た部分もあり、作品の具体的な打ち合わせよりも、そのAV女優自身についての詳しい質疑応答に時間が割かれる。多くの場合、そういった背景や趣味嗜好についての対話は、作品のイメージを膨らませるために監督の側からなされるのであって、それがAV女優の評価に直接繋がるわけではない。AV女優からそういった要素を見つけ出した監督は、多くの場合その場で構想を簡単に錬り、説明しながら内容の確認もおこなう。

監督面接が終わると次はもう現場での撮影、ということになる。ＳＭ作品や特殊な作品を除いて、脚本が届くのは前日もしくは当日であり、それ以後の内容の変更はあまりない。そういった意味で、監督面接はトラブル回避のために非常に重要な意味を持っている。ＡＶ女優が誕生する契機となるのがプロダクションでの面接であるとするなら、監督面接はＡＶ女優の出演作品が生まれる瞬間だ。ＡＶ女優の売り出し方、路線が具体的に決定する機会だとも言えるだろう。

3　ＡＶ女優をつくる「面接」

面接は何を生み出すか

ＡＶ女優が通常経験する面接を四種類に分類して紹介した。それぞれの面接が合理的な意味・目的を持っており、メーカーや監督といった面接をする側の人間は、時に単体としてデビューさせたいＡＶ女優を選抜したり、時に作品撮影に必要な情報を入手したりする。面接をされる側であるＡＶ女優にしても、ある時は単体ＡＶ女優としてデビューするために、ある時は自分の挑戦したくない項目を作品内容から排除するために、逐一面接に挑むと考えてよいだろう。

しかし、ＡＶ女優にとって面接という経験は、本当にそれだけの意味しかないものであろうか。私は、面接が設けられる本来の目的とはまた独立したところで、面接という経験がＡＶ女優にもたらす変化、影響を明らかにしてみたい。

AV女優は面接の場で常に、問いかけられ、質問票を埋め、モデル名のついたAV女優としての自分を作り出す必要にせまられる。そういった場を繰り返し経験することで、ある特定の女性像を演じ続けることを学んだり、求められる発言を繰り返すことによって自分の意識が変化したりすることは考えられないだろうか。少なくとも、面接や撮影現場に通い、多くのAV女優たちと時間を共にする中で、面接での語りが定着し、また内面化されていくような印象を私は感じ取った。

ここからは、なるべくこれまで説明してきた分類に従って、それぞれの面接がAV女優の変化にどのような意味合いを持っているのか、どのように語りが形成されていくのか、検討していく。ただし、AV女優はあらゆる種類の面接を何度も経験するため、彼女たちにもたらされる影響がどの面接によるものなのか、確定はできない。面接の分類ごとに項を設けるのではなく、AV女優たちにもたらされる主要な変化をいくつかの項目ごとに分け、その変化について面接がどう影響しているのか、解説していくのはそのためだ。

そもそも面接に注目したのは、インタビュー記事等に見られるAV女優の自分語りは、どういった経緯で獲得されるのか知るためだった。しかし、そういった語りの獲得が、同時に、AV女優としての意識、存在自体を変遷させていくものであることに気づく。面接という経験が、語りとともに彼女たちに付与するものは何なのか。私はこの面接という経験が彼女たちをいわゆる

「ＡＶ女優」にしていくと考えている。ＡＶ女優らしいＡＶ女優の誕生に、ここでは眼差しを向けたい。

ＡＶ女優の誕生

一応、モデル名がつくと、自覚はするじゃない、これまで〇〇（本名）だったのが、今度からはＺになるんだっていう。キャバとかもやったことなかったから。名前は……普通っぽい名前がいいって△△さん（プロダクション社長）から言われて、下の名前は昔から好きな名前だったから自分でつけて、苗字は確か△△さんが適当につけたの。その時は、宣材写真撮りにいついつにプロダクションに来るっていう予定を聞いただけで、これからどうやって仕事していくのか、確か何も聞かされてなかったと思う。ＡＶの仕事のイメージもそれまで漠然と持ってたイメージくらいでよくわかってなかった。けど、清純ぽい感じがいいとか、きちんとしてる子がいいとかは、その時知って、アイドルみたいだなと思ったんだよね。そんなにイメージ大事なんだ、みたいな。

これは、プロダクションに所属し、単体ＡＶ女優としてデビューしたＺが、五本の単体作品に出演した際に、現場で、いつ頃からＡＶ女優としての自覚を持ちだしたと思うか、という私の質問に答えて語った言葉である。彼女がモデル名を付けられたのはプロダクション面接の場である。

Zのように、異性を性的に喚起させる刺激的なAV女優の姿を思い描いて面接に訪れる女性は、イメージと違うAV女優像に戸惑うことも多い。しかし、特にデビュー前の女性には真面目であれ、清純であれといった指示が頻繁に出される。そういった中で、処女性や初心であることが求められることを知り、イメージ商売であることを意識するようになる。

デビューから出演本数を重ね、年齢もあがっていくにつれ、キャラクターの方向性や得意分野などは変化していく。ただ、デビューの際に純真無垢な姿を叩き込まれることで、どういった役を演じるか以前に、「演じなければならない」ということを覚える。プロダクション面接での命名の際にAV女優が誕生すると書いたのは、社会的な意味だけでなくAV女優側の意識の面においてもなのである。

「実際、今の私みたいに日々AV漬けです、みたいな状況じゃなければさ、てゆうか私も単体時代は拘束月三、四日だったし、モデル名よりも本名のほうがよく使うし、Tになる日って実はそんなにないんだよね。でも、確かに事務所で名前つけてもらった時は、なんとなくAV女優になるんだなあっていうのはあった。で、何すればいいの、って感じだったけど」。「私の場合、風俗やってたり男と住んでたりしたから隠さなきゃいけないって言われたことが多いのもあって、T（という名前の存在）は自分とはまた違う、みたいな割り切りは必要かなって思ったのは覚えてる。風俗のお客さんとかにそんなに媚びるタイプじゃなかったから、今までとは違うっていうのでよく覚えてるのかな」（T）。

モデル名決定の時点から、女性はモデル名を持った「AV女優」を演じなければならない。しかしながら、自分がならんとしている「AV女優」が果たしてどういった存在であり、どういった業務を伴うのか、余程事前研究をしている者や業界内に親しい友人がいる者でなければ、断片的な情報から推測する他はない。そういった意味で、VTRの中で演技し、インタビューで語るAV女優の誕生はまだ先のことであると言ってもよいだろう。

この時点でつくられるのは、あくまで、プロダクションが「これから」売り込む商品としてのAV女優の素材である。それでもAV女優に意識の芽生えがないと言ってしまうには語弊がある。Zにしろ、Tにしろ、随分前におこなわれたプロダクション面接、特にその中でモデル名を付けられたことを、象徴的な出来事として記憶しているからだ。

無論、VTRの中で、自分自身について語るAV女優の姿を、「ありのままの女性の姿」だと信じ込む視聴者は少ないだろう。ブログやインタビューとなったらそれはより曖昧になるかもしれない。AV女優に限らず、どこまでが本当の自分であるか、という観念的な問題には答えがない。Tが「割り切り」と呼んでいる以上に複雑なはずである。しかし、少なくともAV女優にとって本名ではない名前をつけられることが、これからの活動における意識をつくる一つの契機となっているのは確かかと言えそうだ。

「持ちネタ」的ストーリーと語りの獲得

モデル名がつき、AV女優として誕生したのちの彼女たちは当然、その時点でAV女優としての作法を身につけているわけではない。徐々にAV女優らしくふるまうようになるのだが、その「らしさ」にAV女優らしい語り口というものがある。その獲得の過程は単純だ。

メーカーへ面接に赴くAV女優は、その場でそのメーカーが用意する質問票への記入をしなければならない。内容はメーカーによってさまざまであるが、性的嗜好、趣味、性的なエピソードや願望、特技や学生時代の思い出など、人物の背景や性的な内面についての質問が多い。

面接の結果（単体契約のための面接であれば契約が結ばれるか否か、企画営業の面接であれば出演依頼がくるか否か）に直接的に関係するのは、多くの場合は容姿など別の要素であり、メーカー側の意識としてそういったエピソードや趣味嗜好は補足的な参考要素でしかないことはすでに述べた。実際に単体契約を結ばれるAV女優は質問票の内容がどうであれ容姿が優れたものであるかもしれないし、企画AV女優として多くの仕事に恵まれるものはキャラクター性がはっきりとしたNG項目の少ないAV女優かもしれない。

ただし、面接を盛り上げ、時間を引き延ばし、その場の良い雰囲気を直接つくりだすのは、質問票に基づいた会話のやり取りである。興味深い内容が盛り込まれた質問票を書けば、面接をする側のプロデューサーらの興味を引き、そこから派生的に会話が続く。結果、幾度か単体契約の面接を経験したAV女優は、ひっかかりのある、興味をもたれるようなエピソードを用意し、場を持たせることを学ぶ。すなわち「持ちネタ」の獲得である。メーカー面接でのこの傾向は、べテランAV女優やキャラクターのはっきりした企画AV女優の場合は、興味深いエピソードよりも、実質的な仕事の話がなされる傾向が強いため、単体契約を取ろうと面接を受ける新人AV女優や、デビューしたばかりの企画AV女優に顕著だ。

初めてのメーカー面接での戸惑いを、Xは以下のように語っている。

初体験とかいっても別に高3の時、彼氏とラブホだし、つっこみどころないじゃん。好きな体位も正直に正常位とか書いちゃって。面白いこと言わなきゃみたいなのはあった。

特に最初の単体契約のための面接の場合、面接を受けるAV女優は、まだ撮影現場も経験していない女性である。少なくともAV女優の側にとっては、初めてAV女優として振舞うことが要求される機会である。

メーカー面接を何度も経験したAV女優は、そういった自分のストーリーや語りに遊びの要素を見出している場合もある。

経験人数は多いから、もとからつっこまれることだったけどさ、飽きちゃうじゃん、何回も同じ話するの。だから、別に青姦癖も、レイプ経験もないけど適当に話つくって書いたりとか。特技とかは、ばれるじゃん、バレエできますとか言ってV（VTRのこと）の中でバレ

エシーンつくられたらまずいから。でも富士山の頂上でヤリました、とかばれないじゃん、あとは子供のころのこととか。（T）

Tのように、あえて事実と異なるストーリーを作り上げて面接で語っている、というAV女優は少なくない。

私はインタビュー記事やVTRの中で、流暢に自分について語るAV女優が、一体いつそのような語り口を獲得するのか、疑問に思っていた。その最も大きなきっかけのひとつに、このメーカーでの面接における質問票のやりとりがある。面接の場で、体験談や趣味について、いくつも持ちネタを用意しているAV女優は、インタビューでの質問に対して、簡単に持ちネタを披露することができる。

AV女優がメーカー面接で繰り返す語りは、当然のことながら、いきいきと楽しそうなAV女優の姿を想起させるものであり、性的な匂いを感じさせるものである。そうしていることが、メーカーのプロデューサーらの心象を良くし、次の仕事や契約に繋がるからだ。そして、そういった方法で語ることに慣れたAV女優が、インタビュー記事の中に、いきいきと楽しそうでセクシーな女性像として浮かび上がるのは不思議ではない。語るAV女優の源は、メーカー面接を盛り上げるためのエピソード語りにあると言える。

キャラクター形成と差異化

デビューして一定の期間が過ぎた企画AV女優や、単体AV女優として活動した後、契約が切れて企画AV女優へ転身した者は、自分のキャラクター性や方向性について考えだす。かわいいこと、スタイルがいいことや初心であることなど、AV女優の基本的な要素だけでは、次々とデビューしてくる新人AV女優たちの中に埋もれ、一定量の仕事依頼が得られなくなってしまうからだ。

そういった時期に差し掛かったAV女優は、メーカーへ営業面接に行く際にも、面接自体を盛り上げるためだけのエピソードや趣味嗜好だけでなく、自分のウリが何であるのかをはっきりと打ち出すようになる。プロデューサーやメーカーの社員は、そういったウリを把握して必要に応じたキャスティングをする。

ウリは、あるいは具体的な技術や特技である場合もある。企画AV女優Rは、ハードなスカトロ（食糞など）をNG項目としていないため、結果的に毎月幾つものメーカーから、ハードな内容を含むスカトロ作品や拷問作品への出演依頼を受けていた。また別のインフォーマントのTは、単体AV女優時代には、ノーマルな作品への出演がほとんどであったが、企画転身後、現場での経験から技術を学び、結果として彼女も、月に一〇本以上の依頼を受ける人気企画AV女優となった。Tはその経緯を以下のように語っている。

別にプライベートは痴女じゃないし、レズはしたことあるけどそんなにどっぷりじゃなかった。たまたまレズの企画ものに出てタチ（レズ作品での男役）を教わって、タチが出来る娘が少ないからちょこちょこ呼ばれるようになって慣れた。一時期V（VTR）で男とからみなかったからね、レズばっかり。で、タチやると言葉攻めがどうしても得意になるからかな、最近痴女ものの仕事もらうのは。

RやTのように、具体的に特殊な項目の演技が可能であるAV女優の場合は、営業面接時も、そういった項目について詳しい確認がなされるだけであることが多い。しかし、彼女らのように特殊な技術に長けていたり、コアな作品に出演することができるAV女優ばかりではない。そうでないAV女優、とりたてて具体的な特徴のないAV女優はいかにしてメーカーの人間の目にとまり、キャスティングされるようになるのか。

バイト先でも、あねごとか呼ばれてたし、この身長と顔で妹とかロリとか無理でしょ。プライベートでは、プライベートってつまり実際の彼氏には甘えキャラだからね、あたし。言葉攻めとか（プライベートでは）超むりだけど、お姉さんキャラだと結局痴女にちかいっていうか、痴女もので使えるから、気が強い感じは意識してる。かわいく、よろしくおねがいしまぁす、とか言って（面接に）行ってたら仕事なくなるよ。（V）

これは、デビュー後一年間単体AV女優として活動し、その後も三年以上コンスタントに作品に出演し続けている企画AV女優Vの発言だが、内容にもあるように、その出演作のほとんどが、姉、家庭教師、女教師、ホステスなどといった役柄に限定されている。実際、彼女にはNG項目も多く、他と比較しても取り立てて技術に長けているわけでもない。しかしながら、メーカーや製作会社の人間は、長くお姉さんキャラクターを演じている彼女を知っており、お姉さんの役柄が必要な時、キャスティングの候補にあがるのだ。

前出Vの場合は顕著だが、彼女のようにある特定のキャラクターに特化してそれを自分のウリとすることで、出演依頼を受けているAV女優は多い。そしてそのキャラクターを最も効果的にアピールできるのが、メーカーでの営業面接だ。大手メーカーに所属するプロデューサーKは、面接でのキャラクター性の評価を以下のように語る。

一日五人以上見る日がざらだから、忘れちゃうわけよ、写真いくらとっても、雰囲気とか。だから面接シートの右上に、ロリとか変態とか熟女とか、あと巨乳とか身長高いとか、わかりやすく一言でタイプを書いておくの。あんまり細分化せずにはっきりわかれてるほうがいい。くわしく書かないから。で、ロリはロリでまとめておいておいて、V（VTRのこと）の企画がまとまったら必要に応じて見る。かわいくてスタイルよくても書けるタイプがないと資料は埋まるよ。ほんとに何百ってあるんだから。

つまり、面接の場で自分がどんなタイプのＡＶ女優なのか、どんなキャラクターで作品に出演できるのかを、メーカーの人間が種別分けできるようにわかりやすく打ち出すことが、出演依頼の増加に繋がる。単体契約の際に面接での興味深いエピソードや趣味嗜好についての会話は補足的な要素でしかないかもしれないが、一定期間ＡＶ女優を続けている者のキャラクターの差異化は、より直接的に便宜性があるのだ。

一年以上企画ＡＶ女優として活動している者や、そういった事情に敏感に対応する者は、面接時のキャラクター作りをかなり意識的に、工夫していることが多い。それはＡＶ女優によっては、喋り方、立ち振舞い、服装、声色、メイクなど、多方面にわたるようだ。

ほんとは、結構色々着てた、ゴスとかロック系とか、彼氏の格好がもろバンドマンだから影響もされるし。でも、結局背も小さいし、声がこの声だから、ロリでつかってもらうのが一番ありがたいし、だから面接行ける服をなるべく買うようにしてる。今回（作品に）とってもらえたのも、アニメ声のロリだったからだろうし。（Ｕ）

ＡＶ女優は徐々にＡＶ女優らしい作法を身につける。単体ＡＶ女優やデビュー後まもないＡＶ

女優にとって、自分の中に作り出すAV女優像はキャラクターの定まらない、ぶれやすい存在だ。しかし、一定期間AV女優を続けることで、キャラクター性を打ち出し、他と差異化する必要性に迫られた者は、自分の演じるAV女優のキャラクターに意識的になり、その方向性に則って語るようになる。

そのキャラクターは、AV女優のパターンを踏襲した、プロデューサーやメーカー社員にわかりやすくアピールするものでなくてはならない。そのようにパターン化したキャラクターに則って語るAV女優は、自分が何を語るべきか、より自覚的になるだろうし、AV女優の語りが皆どことなく似通っていたり、流暢に感じられたりするのは、そういった背景が原因と言えるだろう。

つくられる「プロ意識」

いくつかの面接を経験することで、AV女優はAV女優としてのプロ意識をより強いものにしていく。プロダクションやメーカーの人間による、AV女優がプライドや自尊心を失わずに働ける環境作りと実務的な教えが相まってAV女優のプロ意識を形成しているように見える。

例えば前もふれたとおり、AV業界はAV女優が風俗店に勤務する兼業を嫌う。風俗店で直接性的なサービスを受けられるのであれば、わざわざその女性の性的なコンテンツを購入しない、という業界の通念によるものだ。

風俗やると格が下がるんですよ、雲の上の存在じゃなくなるから。もともと風俗いる娘なんて、その客がビデオ買いますかって言ったら確かに、最初はつきあいで買ってくれるかもしれないけど、この娘あの店で働いてるよってのが話題になっちゃったらだめ、ああ手に入る娘なんだ、ってなっちゃうから。それに、風俗で働いてる娘はそっちのほうが割りが良くなったとき簡単にとぶ（連絡なしにAV女優をやめてしまうという意味）から、現場でも嫌がられるんだよね（プロダクション社員マネージャー）。

加えて風俗のイメージ自体を嫌うAV業界の文化も確かに存在する。単体契約の面接等でこれからはイメージがいかに大切かをAV女優に教え込むため、実務的な理由よりもそういったイメージの問題を強調して風俗店勤務を禁止するのが、プロダクションでは通例だ。それが象徴的にあらわれるのが、「エンタテインメント」という面接時に頻繁に使われる言葉だろう。この言葉はそれ以後AV女優たち自身によって引き継がれることとなる。風俗経験のある企画AV女優は、デビュー当初の現場の印象について質問をした際、次のように答えた。

脚本初めて見たときは、なんでからみのシーンはくわしくないの？　イメージ映像とドラマ部分はくわしいのになんで？　みたいな感じで、ああやっぱり今までとは違うなー、エンタテインメントつくる仕事なんだなぁって思った。

借金について面接で聞かれることに関しても、プロダクション側とAV女優の側では、意味づけに微細な齟齬がある。プロダクションが所属AV女優の借金について把握を要するのは、多くの場合、トラブル回避のためとそのAV女優がどれくらいの期間どれくらい稼ぐまでは辞めないだろうという予測をたてるためだ。そして借金がないAV女優について、メーカーでそれを強調するように指示することが多いのは、以下のような理由が主立っているようだ。

なんか他にそんな例があるかはわかんないけど、うちの女の子でホストの売掛の取り立てが現場にまで来た子がいたんですよ、そういうトラブル背負ってませんよ、っていうのは結構大事でしょう（プロダクション社員マネージャー）。

しかしながら、AV女優にとっては以下の発言に見られるような意識がある。

借金ないっていうとメーカーの人は、お金のためにこの子は仕事しているんじゃないって思って喜んでくれるみたい。（V）

これは、実務的な理由から便宜的に発するプロダクション側の言葉が、ややねじれてAV女優の側へ伝わることで、彼女たちの意識に例えば「エンタテインメント」のような象徴的な言葉が刻まれる例である。無論、メーカーの人間らにとっても、そういった意識が皆無であるわけではない。お金のため、と割り切って作品に出演する者よりも、仕事が好きだから、と楽しんで撮影する者のほうが、現場で好かれる。しかし、面接で発せられる言葉の端々にそういったプロ意識形成の要素がちりばめられていることは、やはり彼らの与り知らぬところであろう。

また、面接をする側がやや意識的に、プライドを持たせようとする部分も少なからず存在する。最も顕著にあらわれるのが、監督面接の場だ。面接主催の側である監督は事後的なインタビューで以下のようにも語る。

死んだような顔でからみ（セックスシーンのこと）やられてもぬけない（視聴者を性的に興奮させられない、という意味）でしょ？　やる気はあったほうがいい。あと自信も。うちなんてギャラ安いからね。一〇万や二〇万でなんでこんなことしなきゃいけないのって思われたらもうそのVはダメだね、自分の経験となりAV女優としてのキャリアになるってなれば、しんどいことも挑戦してくれるし、撮影長引いてもてっぺん（深夜0時のこと）越えてもいきいきとしてるよ。

二日間の撮影でVTR一本一〇〇万円以上稼ぐ単体AV女優の場合は、それだけで一つのやる気、自信の基盤となるかもしれない。パッケージ撮影では、プロのメイクさんやカメラマンの手で、普段より美しい姿さえ披露できる。しかし、そういったAV女優ばかりではもちろんない。むしろ、ある程度の期間AV女優を経験すれば、非常に特殊な場合を除き、ギャランティの低下や作品内容の過激化を経験せざるを得ない。そういった契機には、スタッフの手によってAV女優が納得して出演できるような環境がつくられる。内容が過激で、ギャランティの低いメーカーでは特にそういった言葉が飛び交う面接が多いのも納得できる。

プロダクションの社員にとっても、AV女優がギャランティが下がった時点で引退し、長続きしない、といった事態は避けたい。少なくとも、AV女優にAV女優を続けるやる気を持って欲しい。その点でメーカーや監督、マネージャーの希望は一致する。スタッフの戦略的な言葉が、AV女優らにとって自信を持って仕事をするための、よりどころとなる場合は少なくない。単体女優から企画AV女優に転向したXは筆者に以下のように語った。

自分のやりたいこと聞いてくれると、今まで受け身で仕事してた態度はダメだなって思う。自分がこの業界でどうしたいのか考えるし。新人じゃないんだから、っていう気にはなる。

4 つくられていくAV女優

面接という経験がＡＶ女優の語りにどういった影響を及ぼすのか、といった問いを頼りに、語りやキャラクターの獲得過程を、分類分けした面接に言及しながら考察してきた。ＡＶ女優は面接を盛り上げ、プロデューサーやメーカー社員の記憶に留まるように、興味深いエピソードや性的嗜好についての語りを準備する。そういった行為が、結果的に単体契約や仕事依頼に結びつくからだ。さらには、何度もそういった語りを繰り返すことで、真実ではないエピソードや極端な趣味嗜好を作り上げるなど、応用的な語りや特定のキャラクターに特化して語ることにも慣れていく。ＶＴＲ内で使いやすいＡＶ女優になっていくために、いくつかのパターンに則った、類型化した語りがつくられる事情は述べたとおりである。

われわれがインタビュー記事やＶＴＲの中で出会うことのできる、キャラクターのはっきりした、いきいきと語るＡＶ女優の姿は、面接を経る度に徐々につくられていく。プロダクション面接、メーカー面接（単体・企画）、監督面接といった面接の経験は、ＡＶ女優という存在の形成における、重要な役割を担う。

さらに問題を複雑化するのは、ＡＶ女優がどのように振舞うかを学ぶ、といった比較的外面的なことだけでなく、彼女たちに仕事についてどのような態度で挑むかについて、システムとして学ばせる作用があるからだ。面接は、彼女たち自身が語る場であると同時に、プロデューサーや監督の語りを吸収する機会でもある。彼らが意識的・無意識的に発する言葉により、ＡＶ女優はその言葉を使ってプライドを維持する場合がある。そういった環境に投げ込まれるＡＶ女優は、自ずと仕事にプライドを持つようになり、時期を経るにつれ、プロ意識をも獲得していくこととなる。面接で、自らの目的を達成するための戦略的なものであった語りやキャラクターが、いつしか戦略を超えて内面化し、自らのプロ意識や自信の糧となっていく様は、さらに後の章で詳しく検証したい。

そのようなプロ意識が切実に必要となるのが、ギャランティの低下やVTR内容の過激化といった、長くAV女優を続ける者が必ずと言っていいほど経験せざるを得ない事情による部分が大きい。業界の構造として女性をうまくもり立てて長く働かせるのは当然だ。ただ、単純にその構造が求めるもの以上の作用がAV女優自身によって獲得されていくようにもみえる。

私ははじめに、AV女優のいる場所が私たちの日常と地続きにあると書いた。確かに彼女たちは、日常から特別な飛躍や逸脱なく「AV女優になって」いるが、より確固としたAV女優となっていくのは、この章で見てきたような経験やいくつかの環境の変化を経た後とも言える。彼女たちはAV女優になってから、さらに強力な意味での「AV女優としての姿」を獲得していくのだ。次章ではAV女優を続けていくことによる環境の変化に沿って考えを進めることとする。

第五章
単体AV女優から企画AV女優へ

1　単体ＡＶ女優と企画ＡＶ女優

この章はある典型的なＡＶ女優のキャリアを軸に展開する。前章ではＡＶ女優であれば必ず経験する面接という仕事上の一場面を詳しく取り上げた。ここでは、例えばあるひとりのＡＶ女優を想定し、そのキャリアを追うことで、その女優のキャリア全体の中における面接の意味についても位置づけてみたい。面接がＡＶ女優にもたらす作用についてはこれまでも説明してきたが、当然ＡＶ女優たちは面接とともに撮影現場などを経験していく。さらに、ＡＶ女優としての経験が長くなればなるほど、環境も変化していく。

前章でもみたようにＡＶ女優のキャリアは人気や本人、あるいはプロダクションの意向などによって多様であるし、業界自体のトレンドもあるため、すべてのＡＶ女優がこの章で見るようなキャリアを積むわけではない。ただし、単体ＡＶ女優として一定期間活動した後に企画ＡＶ女優として活動するというのが、大勢のＡＶ女優が経験するスタンダードであるだけでなく、彼女たちがよりわかりやすくＡＶ女優らしくなっていく過程だという考えが私にはある。ここではＡＶ女優が業務上経験するいくつかの場面に準拠しながら、その変化過程を紐解いていくことにする。

何度かふれてきたが、ＡＶ女優には代表的な単体／企画ＡＶ女優という二つの活動形態がある。ＤＶＤショップにならぶアダルト・ビデオ作品を見ると、「○山△子☆ＡＶデビュー」といった一つの作品に対し、一人のＡＶ女優が出演し、その名前がパッケージに印字されたものもあれば、「ＯＬコレクション」などといった、一人のＡＶ女優にフィーチャーするのではなく、複数のＡＶ女優が出演するものも存在する。通常、こういった出演作品の違いが「単体ＡＶ女優／企画ＡＶ女優」の区別であると考えられがちだ。しかし実際は単体ＡＶ女優と呼ばれるのは、メーカーと専属契約を結び、契約期間中（多くの場合六ヶ月、稀に一二ヶ月や三ヶ月）は他メーカーの作品に出演しないで、月に一度そのメーカーから発売される作品に出演する、といった活動をおこなっている者だ。つまり、単体ＡＶ女優がＶＴＲの撮影をおこなうのは、月に一回だけであり、その代わりにその一本に対して高額のギャランティ（近年低下傾向にあるが二〇〇七年時点で女性の手取りが五〇～一二〇万）が支払われる。

対して企画ＡＶ女優というのはそういった専属契約なしで活動するＡＶ女優全般を指す。エキストラとして五万円以下の仕事を月に一〇本以上こなす者も、単体契約を消化した後四〇万円程度でそれまでと内容がほぼ変わらない作品に出演する元単体ＡＶ女優も企画ＡＶ女優の一例である（専属契約は持たないけれど、単身で一つの作品に出演する女優を企画単体ＡＶ女優と呼ぶ場合もあるが、定義が曖昧である上、単に女優のランクを示すものであるため、インフォーマントの発言を除いて本論では使用していない）。

単体ＡＶ女優のギャランティが低下し、「企画の方が稼げるし、人気も出る」といった状況にあっても、少なくとも一度単体ＡＶ女優としてデビューしてから企画ＡＶ女優に転身していくのが理想的と考えられている。単体のほうが内容が過激なものが少なく、その後企画へ転身しても、好条件で出演できる、というのが主たる原因であろう。単体ＡＶ女優としてのメーカーとの専属契約は、スタイルがよく、顔が可愛い、経歴の華やかなものほど結ばれやすいため、単体デビューは企画デビューよりもかわいい、レベルが高い、といったイメージは、業界に根強く残っているものだった。

ただし単体ＡＶ女優のメーカーとの契約が、短期化しており、デビュー後まもなく企画へと転身するケースが増加しているのもまた事実である。一年間、二年間といったスパンで単体ＡＶ女優として活動する者は特殊な人気女優に限られ、大勢のＡＶ女優は三ヶ月、六ヶ月程度の期間の後に専属契約のない企画ＡＶ女優としての活動を開始する。単体ＡＶ女優としてのみ活動して引退するケースは少なくなってきているのである。

ひとりのＡＶ女優が単体ＡＶ女優から企画ＡＶ女優に転向することで、例えば現場での制作サイドからの扱いが激変したり、出演する作品の内容が大幅に変更したりといった変化があるわけではない。それはあくまで個人差により、ハードな内容のものに出演を希望したり、極端に多くの作品に出演したりする者もあれば、企画AV女優になっても一つの作品に一人の出演女優として出演し、内容も過激でないものに限っている場合も多い。

それでも一ヶ月の出演作の本数が一本と決まっていないこと、ギャランティが多少なりとも減少することは、少なからずAV女優の活動や生活に変化をもたらす。専属契約がないため、当然次の月のスケジュールは基本的に当月に受けたメーカーでの面接と漕ぎ着けた出演契約にダイレクトに影響される。仕事を続けたいのであれば、プライベートな時間を削ってでも、メーカーに売り込みに出向いて仕事の契約をとるようになる。そうやって彼女らの生活をAVにどっぷりと浸かったものへ変貌させていくのが単体女優から企画女優への変化のひとつの側面だ。

拘束時間や活動日程の変化とともに生活だけでなく、価値観の変化も経験される。それはAV女優のヒエラルキーが、単数の指標でなく、ギャランティの額、年功、キャリア、場数、テクニックや専門性など、複数の指標によって複雑に構成されていることに深く関係している。

彼女たちも当初は、プロダクションの側からも、「企画の子とは格が違うから」というように教えられ、「ギャランティ（＝女優としての価値）の高い、若くてかわいい単体AV女優」としてのプライドを持っている。それがいくつかの契機を経て、「経験豊富でスキルの高いベテラン（企画）女優」としての自己評価に変質する。それが変質していくに従って、より多くの場数を経験し、より多様なジャンルの仕事に挑戦して、キャリアを積んでいくことに夢中になる。

生活の変化と仕事上の価値観の変化が作用しあっていくことで、彼女たちが強固にAV女優であり続ける基盤が整っていく。様々な理由で、もしくは理由などなくＡＶ女優になった者が、その変化のトンネルをくぐることが、私は身体を商品化することの中毒的な側面をよく捉えているように思えるのだ。このトンネルの仕組みを解体するために、企画ＡＶ女優転身後のプロダクションの教育や、自分よりキャリアの長いＡＶ女優との共演などによって彼女たちに憧れるきっかけを持つことなど、活動の中に細かく組み込まれた経験を詳細に見つめなおしていく作業をしたい。

多くのＡＶ女優が誰かに強制されるまでもなく、より多くの仕事をすすんでこなすようになる。ごく自然な仕事の変化の流れの中で、生活全体をＡＶ女優としての活動にからめとられていく。その変遷を追うことは、性の商品化の渦中にあるということが一体どういった事態なのかを具体的に考える契機になるだろう。性の商品化は、確かに女性たちを夢中にさせる側面をもっている。ＡＶ女優たちが語り出すのはその「夢中になる」トンネルを幾度かくぐりぬけるからだ。その過程のなかで彼女たちは性の商品性との付き合い方をも定めていく。それはまさに、彼女たちが逞しく誇り高い存在になっていく過程でもある。私は今の日本の女性たちの性と労働とが絡み合うごく自然な生活を記すためには、性を売ることとの中毒性について詳しく紐解いていく作業が必要だと考える。労働とともに性が商品化される過程が、どのような経験として女性に積まれていくのかを説明することは、その絡み合う二つについて記録することになるからだ。

2　生活の変化

企画AV女優への転身

Zは、単体AV女優として九ヶ月（レンタル・メーカーと六本契約してデビュー、その後セル・メーカーと三本契約）活動した。デビュー作はありふれた華やかな内容で、その後もイメージシーンや衣装の種類が多い、いわゆる王道の作品に出演を続け、セル作品では過激ではないもののSMプレイのコスチュームも着用した。デビュー時の一作品出演に対するギャランティは一二〇万円（源泉徴収により手取り一〇八万円）、セル・メーカーでの三本のギャランティは一本につき七〇万円という、二〇〇五年当時としてはかなり高額のものであった。

計九ヶ月の契約期間の後、Zはメーカーとの専属契約を持たない企画AV女優へと転身した。転身当初は、それまでの生活水準を保てる程度の収入を目安に企画AV女優としての活動を計画していたが、次第に作品への出演頻度は増加。数ヶ月後には、毎月コンスタントに五本以上の作品に出演し、月二〇〇万以上を稼ぎ出す人気企画AV女優となる。

生活もまた一変し、通っていた美容関係の専門学校を欠席を続けた上で退学した後は、住居もプロダクション事務所の近辺である都心へ移し、VTRの撮影以外にも、グラビア撮影や雑誌取材、メーカーへの積極的な営業面接などに追われる多忙な日々を送るようになった。

単体AV女優として活動していた時期から彼女を知る私が、当初の予定と現在の彼女の状況の齟齬について問いかけたところ、Zは次のように応えてくれた。

頑張れば頑張っただけ稼げて、仕事も増えるのはやっぱりいい、（単体の頃と比べて）単純に出る作品も増えるから有名というか話題になりやすくなるのも楽しいし、もっと色々できるようになってこの世界で上にいきたいと思うようになった。

Zの言う「頑張れば頑張っただけ」というのはどういった事態なのか。「この世界で上にいきたいと思うようになった」のは何故か。そしてその「上」とはどこを指しているのか。ここではまず、「頑張れば頑張っただけ稼げて、仕事も増える」というのがどういった状況であるのか説明する。

ギャランティと出演作数

単体AV女優から企画AV女優への転身前後のギャランティの額を比較してみると企画作品への出演料も決して低額なわけではない。多くの場合、転身直前のギャランティの半分〜三分の一で推移しており、経済水準を変えずに生活するのであれば、単純計算で言うと出演本数を単体時代のように月に一本ではなく、二、三本へ増やせばいいということになる。

企画作品といってもジャンルや内容は様々で、大勢の女優が共演するものから、オムニバス形式で一コーナーに一人ずつ出演するもの、一本のVTRに一人のAV女優のみが出演するものなどがある。オムニバス形式の作品や大勢が共演する作品では、ギャランティは相対的に少なく、VTRやパッケージの撮影時間も短い。一人で一本に出演する作品や、数人のAV女優が出演するドラマ形式のVTRであれば、VTRとパッケージ両方を含めた撮影時間は一～二日、ギャランティは相対的に高い。企画転身直後は後者に出演する場合が多いので、一本の出演作品に対する拘束時間は単体時代とさほど変わらず三分の一のギャランティで活動することになる。

そういった事情もあって、企画AV女優へ転身した後もVTR出演の仕事を月に一作品と限っている者は少ない。多くのAV女優の場合、転身当初は月に二～三本の作品への出演を希望する。一作品に出演する際の拘束時間を監督面接も含めて三日程度と考えた場合、月に四日だったAV女優としての活動の拘束時間は、一〇日前後に膨れ上がる。学生として大学や専門学校に通いながらAV女優として活動していた者や、昼や夜に別のアルバイトをしながら「兼業」していた者の生活におけるAV女優業の比重も次第に増加する。

現に、AV女優の中には、学校やバイトを辞めたり、少なくとも日数を極端に減らした者が少なからずいた。また、昼間別の仕事を持ちながら、AV女優を例えば土日のみの「副業」としていた者の場合、土日だけでは思うように活動できず、AV女優としての活動から去っていくか、もしくは昼間の「本業」を辞めてAV女優業に専念するかを選択する者も多い。

ただ、拘束時間が増加するとは言っても、月に一〇日前後の拘束で、単体AV女優時代とほぼ同水準の収入が確保されるのであれば、それでも十分に仕事以外の活動ができるスケジュールではある。多くの単体AV女優がこなすプロモーション活動がなくなることも含めて考えれば、生活に劇的な変化があるとは考えがたい。しかしながら企画AV女優へ転身してしばらく経つと、気づけば生活が激変しているAV女優が数多くいる。

「面接に行ったことのあるメーカーから仕事の依頼が来て、スケジュールが合えば断ることはなかった。断ったら（次の依頼が）来なくなっちゃうかもっていう不安もあるけど、それより、（スケジュールに）余裕があれば一本でも出た方が次の月の収入が増えるわけだし」（T）というのは、人気企画AV女優として二年近く活動したTが、体調不良から引退を決意した直後、筆者の質問に答えて語ったものである。収入についての彼女の意見は一見、ごく当たり前のことのように思えるが、その「一本でも出た方が」という事情が、企画AV女優にとっては非常に重要な動機になるように感じられる。

例えば、学生やフリーターがアルバイトのシフト希望を出す時、手に入れたい報酬と自分のスケジュールを照らし合わせながら、「今までは週に三回だったけれど、週に四回出勤すれば、収入が○○万」増えるなどと算段、検討する。自分のスケジュール決定が収入にダイレクトに反映されるといった意味では、企業に勤める正社員とは違った意識で仕事量の決定をしなければならない。単純なことで、企画AV女優も単体AV女優に比べて、自分のスケジュールや仕事量の決定によって収入が大きく左右される立場にある。さらに言えば、一本出演作を増やすか増やさないかで、次の月の収入は三〇万〜四〇万円変わることが多々ある。ファストフード店のアルバイトのシフトを考えるよりずっと大きな幅で変化するのだ。

自分が少し頑張って出演作を三本から五本に増やせば、収入は単体AV女優時代の倍近くまで跳ね上がり、一般的に単価が高く華やかだとされる単体AV女優時代よりも高水準の生活ができる。二本増やしたところで、五、六日勤務日が増えるだけだ。ならば体力や他のスケジュールをおしても、少し頑張って仕事を増やそう。そういった、いわばさほど切実ではない金銭的な動機は実際に存在する。加えてTも言及しているように、来月の仕事が確定している単体女優とは違い、いつ仕事がなくなってもおかしくない状況にいる企画女優はできればあまり仕事を断ってメーカーの心象を悪くしたくないという思いも多少はあるようだ。これについては、後述することにする。

仕事量を次第に増やし、最終的には休みがほとんどない状態にまで出演作を増やしていくAV女優は多い。「頑張れば頑張っただけ」といった言葉の一角は、この、多くの作品に出演すればするほど経済水準が向上する、といった事情にある。

キャラクターをつくる

前章で詳しく見てきたように、企画AV女優はメーカーへ営業面接に出向く。営業面接の内容と受け渡される宣材資料をもとに、メーカー側は企画作品のキャスティングをする。当然、営業面接を積極的におこない、多数のメーカーに宣材資料が登録されているAV女優の方が、仕事の依頼の数は増えることとなる。メーカー側は不定期に活動するAV女優も含めれば、無数にいる企画AV女優の中から特定のAV女優をキャスティングするため、企画AV女優が定期的に作品に起用されるためには、キャラクター性が強い、特殊な技術がある、面接が印象的であった、などという特徴が求められることとなる。

プロダクションが用意する宣材資料には、写真と基本的なプロフィールが掲載されているのみだ。余程容姿に特徴があったり、プロポーションに秀でていたりしない限り、どのAV女優の資料も印象として似通っている。企画AV女優にとって単体AV女優のそれとは比較にならないほど、メーカーでおこなう営業面接の量と質が重要となるのはそのせいだ。

単体契約が切れた直後のAV女優は、まず大手メーカー何社かに出向き、企画AV女優としての活動を開始する。単体AV女優としてある程度実績のあるものは、優先的にキャスティングされることが多いため、転身当初は面接に出向いた先のメーカーから直ぐに出演依頼がくるのが一般的だ。

単体AV女優として一年以上活躍したSが、企画AV女優にその活動形態を変える際、プロダクションのマネージャーに言われた言葉を次のように語ってくれた。

企画って言ってもいろいろあってピンきりだから、なるべくいいの出してくれるところだけ面接行くからって言われて、その月に行ったのが四箇所くらい。その時は、別に面接でどうしろとかいうことは言われなかったし、単体で実績あるわけだからやりたくないことは全部言っていいからって言われてた気がする。で、そのとき面接に行ったメーカーで、何ヶ月かはぽん、ぽんと仕事した。

しかし企画AV女優として出演作品を重ねるに従い、営業面接の回数や面接に挑む意識が次第に変化していく。単体AV女優から企画AV女優に転身してある程度の期間が過ぎると、余程の人気AV女優でない限り、優先的に仕事がまわってくることが少なくなる。特殊な場合を除いて、転身直後に登録した何社かのメーカーから、その後も定期的に出演を依頼されるとは限らず、「月に二、三本出たい」「毎月一五〇万稼ぎたい」といったAV女優の希望を満たすためには、新規のメーカーへ継続的に営業面接に出向き、母数としての登録メーカーを増やさなければならなくなるのである。

企画AV女優はその数自体が、実態をつかむのがほぼ不可能なほど多い。さほど知名度のないAV女優は、しばらく作品に出演していないメーカーには再度面接に出向くなど、AV女優とプロダクション側の積極的なアプローチがあって初めて出演依頼がとれる。理想的な量の仕事をこなすためには、作品への出演以外に課せられる不可欠なアジェンダとしての面接が存在するのである。

仕事を得るための半ば前提となる面接を、彼女たちは当然無償でおこなう。企画AV女優のスケジュールをみると、この面接が占める割合は月に四、五日と大きい。出演本数の増加と併せて、AV女優の生活を変化させる要素の一つである。

企画AV女優にとって面接は、ただ単に生活を多忙にする一要素であるわけではない。冒頭でふれたように、メーカーがAV女優をキャスティングする際に、以前そのメーカーの作品に出演したことがあるAV女優を除けば、参考となるのは、この営業面接の内容および宣材資料のみである。面接は新規のメーカーに自分を売り込むほとんど唯一の機会だ。

継続的に月に何度もの面接を経験する企画AV女優は、次第に自分なりの「面接攻略法」を持つようになる。その作法も固定的なものではなく、時期を経て徐々に変化していくが、その中でもわかりやすい変化傾向の一つがキャラクター性の強化、もう一つがNG項目の減少だ。

NG項目とはVTR内で自分ができない、したくないことのリストだ。例えばVTR内での放尿、SMプレイにおけるロウソクやムチの使用などが代表的なものである。このリストは当然減少するたびに仕事の幅が増えるといった仕組みがある。これについてはVTRの内容の変化に直結するため、後にまわし、ここではまず面接時のキャラクター性の強化についてふれておこう。

単体AV女優の場合、キャラクターが人気を呼ぶことはもちろんあるが、どちらかと言えばあくが強い女性よりも、可愛らしく初々しいことが重視される傾向がある。基本的には強烈な個性よりも万人受けすることが求められるのだ。変わって企画AV女優には、「ここで使うならこの娘」といった、登用イメージが湧きやすいことがキャスティングにつながる場合が少なくない。

前章でも紹介した大手セル・ビデオ・メーカーのプロデューサーの言葉、「企画だったらこっちが時間かけてつくりこむわけじゃないから、ある程度キャラができてる娘のほうが使いやすい」といった事情をAV女優は実に敏感に感じ取る。自分の実績や容姿を参考に、キャラクターを強調する格好で面接に挑むようになる。単体AV女優との大きな違いがここにある。単体AV女優の場合、VTRに出演する際に作りこまれる雰囲気と、普段の装いは必ずしも一致せず、例えば普段はノーメイクにデニムパンツで過ごしている女優が、VTRの際は華やかなドレスの衣装を身にまとい、作りこんだ濃いメイクを施されるといった光景はよく見られる。対して企画AV女優の場合、完全な休日をのぞいて、面接に出かけたりインタビュー取材や撮影に向かったりするときは、メーカーや制作会社の人間に、自分のキャラクターが伝わりやすいよう、装いにも気を使うようになる。

単体AV女優が、AV女優として在らなければならないのは、VTRやパッケージの撮影でカメラを向けられている時のみである。企画AV女優は面接に赴く時、打ち合わせ等、撮影の前提となる仕事をこなしている時でも、AV女優としての自分のキャラクターを意識して振舞わなければ、沢山の良い仕事にありつくのは難しい。出演作品の増加も含めれば、彼女たちがAV女優として振舞う時間はさらに増えることとなる。それはあくまで彼女たちが、より良い仕事、よりたくさんの仕事を得るために、自ら選択した努力だ。

より良い条件でＡＶ女優として活動するため、より選択の幅を広げ自由に活動するＡＶ女優となるために、彼女たちはより多くの面接に出向き、よりキャラクターを強調した面接スタイルを獲得していく。そうすることで、彼女たちの一ヶ月は、ＡＶ女優として振舞う日によって次第に埋め尽くされていくようになるのである。

ＶＴＲの内容と評価

単体ＡＶ女優のギャランティは、契約時にメーカーとプロダクションの協議により決定し、基本的に契約本数すべて同額が支払われる。ＶＴＲの内容によってギャランティが変動することがないため、単体ＡＶ女優は特殊な場合を除き、単体の契約が保たれているうちは自らのＮＧ項目を大幅に変える必要はない。

企画ＡＶ女優の場合も、そのＡＶ女優の人気度や実力によってギャランティが異なるのは単体ＡＶ女優と共通している。しかし、ＶＴＲの内容や拘束時間によってもまた、一作品に対するギャランティが変動する。同じＡＶ女優を起用する場合でも、比較的オーソドックスな内容で体力的にもさほど厳しくはない作品と、過激な内容を含むものや特殊な技術を要する作品では、女優に支払われるギャランティには多かれ少なかれ差がある。

単体ＡＶ女優から転身した者も含めて、企画ＡＶ女優は時期を重ねるにつれ、ＮＧ項目を外し、より過激な内容の作品に挑戦するようになることが非常に多い。単純な動機として第一に考えられるのは、月に出演できる作品の数はどうしても限られているため、その中でさらに高額の収入を得ようと考えれば、一作品の単価を上げる、つまりより厳しい内容や困難な内容を含むVTRに出演する必要がある、という事情だ。

ただ、企画AV女優たちの変化を注視していくと、報酬面だけではない動機が気になってくる。それは大きく、仕事の幅を広げること、技術と評価を向上させること、そしてAV女優として新たなステージに立ち向かおうという意識、に整理していいように思う。

意識については新たな論の展開が必要であろう。まずは仕事の幅と技術、評価について、企画AV女優たちがより厳しい内容に耐えて撮影をこなすようになっていくこととどう関係するのか解明したい。

ある程度AV女優としての活動を続けた者にとって、同ジャンル、同内容のものだけでは、継続して出演を依頼されることが困難になってくることがある。単体AV女優として活躍している期間、もしくは企画AV女優として活動を始めて間もない時期には、次々に新しいジャンルに挑戦することなしに、比較的難易度の低い作品に一通り出演することができる。一通り出演した後、同じような作品に出演できる機会は、余程ネームバリューのある人気AV女優を除き、減少してくるのが一般的だ。となると面接でメーカーを訪れた際、以下のような示唆に出会うことが頻繁になる。

今までは、コスプレとか、ドラマものとか、わりとみんなが最初はやることやってきたよね？　で、やっぱりＳＭとか放尿とか、もちろんスカ（スカトロ）もだけど、ＮＧにしてたじゃない？　で、これまでもそれでファンはいると思うんだけど、ファンのみんなもちょっと飽きてきたり、もうコスプレはいいや、ってなってくるじゃない。で、何か今までとちょっと違ったタッチのものとか、新しいものにチャレンジしてみると、へー、あの娘がこんなことしたんだ、見てみたい、と思うと思うんだよね、例えば○○（有名ＡＶ女優）がウンチしてるシーンがあります、っていうととびつくでしょ？　何かこれなら挑戦してみたいっていうのはないかな。（企画ＡＶ女優Ｖのメーカーでの営業面接にて、メーカー所属の監督の発言）

当然、急激に違ったジャンルで過激な内容の作品に出演すれば、ファンを失うこともある。ＡＶ女優に息の長い活動を見込むプロダクションは当然、急な路線変更や急激な内容のハード化は嫌う。多くの企画ＡＶ女優は、プロダクションのマネージャーとの相談やプロデューサーからの指摘の中でバランスをとりながら、時期を見て、一つ、また一つとＮＧ項目を減らしていく。長い期間活動していると、本人もあまり強い意識のないままに、広いジャンル、過激な内容のものまで出演するようになることがあるのは納得できる。

仕事の幅を広げることで、これは自分にあっている、これを極めたい、といった項目やジャンルに出会う可能性が高くなるのもまた真実であろう。長くＡＶ女優として活躍し、定期的に出演依頼を受けるためには、特別なキャラクターを身に付けていたり、何かの技術に長けていることもまた大きな勝因となる。例えば、二〇〇三年に単体デビューした後、企画AV女優へ転身し、二〇〇五年八月の引退までに、一五本以上のSM作品に出演するようになったQのSMジャンルへの転向について、マネージャーは事後的にこう語る。

Qの場合、単体時代からソフトSMなんかは普通にこなす娘だったから、企画のセルでやってたのは最初は巨乳ものいくつかくらい。最初にハードなSMをやったのは、メーカーの企画で、Qの引退までにしたい一〇のことをしてみようっていう案が出て、NG項目を一つずつ外そうっていうことでね。引退する気は本人は当時全然ないんだけど、そういう企画として。で、その時本格的な麻縄の緊縛をやって、△△さん（有名縄師）とかそのまわりのエキストラで来てた娘と仲良くなって、まああのおっぱいだから、縛るとなかなかいいっていうんで、□□（SMレーベル）なんかからも縛らせてくださいっていうんで、本人もやる気で、っていう感じで。

Qの場合、縛られると映える身体、として、いくつものSMレーベルからの出演依頼を確保した。そういった経緯でキャラクターを獲得していくAV女優は多い。長くAV女優を続けていたTが痴女やレズのタチ（攻め役）でベテランとしての仕事を重ねていたのも同じ原理だ。

難易度の低い「ぬるい」作品でいつまでも仕事ができるわけもない。NG項目を減らすと増えた幅の分だけ出演依頼は増える。さらに、その中で何か技術やキャラクターを身につけ、評判となれば、そういった役柄が必要なとき、メーカーから声がかかるようになる。そういった流れで、新しいことに挑戦し、今まで嫌だと思っていた項目も克服し、撮影で技術を獲得しようと頑張るAV女優は数多い。数多いために、それが業界内の通例となっている側面もある。企画AV女優として活動することで、AV女優たちがより貪欲に仕事の幅を増やしているかのように見えるのは、そういった通例に則らなければ、仕事がやがてなくなるものだと、自然に考えるようになる背景もあるだろう。

「頑張れば頑張っただけ」の内実

一度契約をしてしまえば、むこう数ヶ月は何もしなくてもAV女優としての作品への出演予定が約束される単体AV女優と異なり、企画AV女優が次の月も、またその次の月も作品に出演し続けるためには、プロダクションの努力と協力のもと、メーカーへの営業面接で自分を売り込み、時にはそれまで躊躇していた類のハードな作品にも出演し、技術を磨き、キャラクターを確立していく、といった努力が必要とされる。ただし、そういった活動をしっかりとこなせば、月に何本も、時には一〇本以上の作品に出演することができ、単体AV女優よりも高水準の収入が叶う場合もある。

企画女優は単体AV女優に比べ圧倒的にスケジュールが自由である。この「自分次第でどうにでもなる」といった環境は、企画AV女優たちに、「頑張れば（生活・仕事条件などが）改善される」といった仕組みを、感覚的に、しかし強く知らしめる。

自分のAV女優としての未来が、自分の今の活動によって決定される。それが単体AV女優時代には経験したことのない実感として、過密スケジュールに耐える十分なモチベーションとなる場合がある。本節冒頭のZの言葉「頑張れば頑張っただけ」は、その状況を的確に示唆する。

頑張って出演本数を増やせば増やしただけ収入は向上する。頑張って面接に出向いた数だけ、その後の出演依頼は増加する。頑張ってキャラクターを確立すれば、AV女優として配役を受けやすくなる。頑張ってハードな内容の作品に出演すれば、仕事の幅が広がり、仕事の量が確保される。頑張って技術を身につければ、技術を持っていないものよりも、定期的にキャスティングされる確率は格段にあがる。それを経験的に知っていくAV女優たちが、単体AV女優たちの仕事観とは異なった意識を持つのは容易に想像できる。

プロダクションが、企画AV女優に多量の営業面接を強要したり、NG項目を無理して外させたりすることは、私の知る限りほとんどない。これまで書いてきたような事情を汲んだ彼女たちがあくまで自主的に過密なスケジュールに没入していくように見えるし、おそらく彼女たちもそう感じているようであった。単体AV女優よりずっと自律的な存在として自分たちを位置づけ、自らのAV女優としての活動を支えるため、面接や装いなど、常日頃からAV女優としての自分づくりに励むようになる。「頑張れば頑張っただけ」の内実は、彼女たちがより自覚的に、より強く「AV女優になる」過程の一つとして、生活の多忙さを支えていたのだ。

3　プライドの変質

企画AV女優はどこへ向かうか

Zは、企画AV女優へ転身した後の活動模様の変化について「頑張れば頑張っただけ稼げて、仕事も増えるのはやっぱりいい」とした上で、「(単体の頃と比べて)単純に出る作品も増えるから有名というか話題になりやすくなるのも楽しいし、もっと色々できるようになってこの世界で上にいきたいと思うようになった」と語った。ここまで「頑張れば頑張っただけ」と彼女が表現するというのがどういった事態であるのか考えてきたが、ここからはもう一つの問題、「この世界で上にいきたいと思うようになった」のは何故か、という問いに議論をうつしたい。

私が「上にいきたいと思うようになった」という発言を個人的かつ突発的な意識の変化だと考えない理由がいくつかある。第一には、これまで説明してきたように企画AV女優への転身後、新しいジャンルの仕事に果敢に挑戦しスキルを磨きたいと考えるようになるのが、業界において極めて一般的な感覚として根付いていると感じられることである。それが単純に、単体AV女優のように可愛さや若さだけでは仕事がとれない、といった切実な問題だけでないこともすでにふれた。ハードな内容の作品に対して保守的な態度を持つプロダクションに所属し、多くのジャンルに挑戦することなく一定の収入を保持できるAV女優でも、マネージャーやプロダクションの代表を説得してまで自分の仕事の範囲を広げようとするのが珍しくないこともそれを裏づける。加えて企画AV女優として活動しているAV女優たちには単体AV女優に戻りたいという願望が非常に希薄でもある。

第二に、AV女優のヒエラルキーの存在がある。彼女たちの仕事の現場にいると、AV女優たちのヒエラルキーの特徴的な構成を目の当たりにする。「この世界で上に」といった先の発言における、「上」とはどんな位置を指すのか。彼女たちのヒエラルキーは、年功序列やギャランティの額による階級といったシンプルな矢印によってではなく、興味深いいくつもの指標によって、複雑に形作られている。単純に「上」といっても、どういった指標に重点を置いているのかは曖昧だ。

単体AV女優から企画AV女優へと活動形態を変えることによって、その重点の置きどころは多様に変化する。まずは彼女たち独自のヒエラルキーを紐解き、どういった要素がどういったかたちで反映されるのか、その複雑性を明るみに出す必要があるだろう。その上でそれぞれの要素がどういった契機で重視されるようになるのかを、AV女優としての活動と経験の中に見出すことができれば、彼女らの意識上の変化について考える際の補助線となるはずだ。

AV女優のヒエラルキー

あらゆる業界・組織には明示されているか否かにかかわらず、ヒエラルキーが存在する。AV女優間であっても例外ではない。そして何度もふれたように、AV女優と一口に言っても様々な形態やジャンルで活動している者がおり、そのヒエラルキーも秩序だった明確なものではない。主にどんな指標を持ってAV女優が自己、または他者を位置づけているのか、その指標の構造をみてみよう。

アダルト・コンテンツの通販サイトやAV女優のブログサイトなどでよく人気（売上・アクセス）ランキングなどが表示される。そういったランキングは、ギャランティの額と比例していることが多く、AV女優のヒエラルキーとして、外部から最も目に付くのはそういった売上やギャランティが高額な者を頂点とした位づけだ。多くの場合、若く容姿端麗でスタイルのいいAV女優が人気の上位を占めるため、若くてかわいい＝人気が高い＝ギャランティが高い、といういくつかの指標が一致して階級を作っているようにも見える。

単体AV女優に関しては、そういった人気ランキング的なヒエラルキーは、確かに内部にも浸透している。ただし、外部から見えるほどそういった位づけは直線的ではない。同じプロダクションに所属するAV女優同士では、あくまで先にデビューした者が先輩、新人は後輩であるため、人気の高い新人AV女優が、知名度のない先輩AV女優に敬語で話しかけ、気を使う、といった年功序列は当然存在する。新人であっても極端に年齢が高い者であれば、先輩AV女優からも気を使われる存在となる場合もある。若いＡＶ女優の方が人気もギャランティも高い場合が一般的であるため、年齢は、前出の人気ランキングとは逆向きの序列となる。

企画ＡＶ女優も含めれば、指標の混在はより顕著である。まず、前記のような年功序列、つまりＡＶ女優としてのキャリアを指す指標にしても、月に一本と出演本数が決まっている単体ＡＶ女優よりも、仕事数に個人差のある企画ＡＶ女優の方がはるかに複雑だ。月に二本ＶＴＲに出演する経験年数一年ほどのＡＶ女優と、月に一〇本以上のＶＴＲ撮影をこなす、経験年数半年程度のＡＶ女優では、単純にキャリアと言っても、経験年数や場数といった別の指標で見た際に、どちらの方にキャリアがある、といった言い方が困難である。場数を踏めば踏むほど仕事に慣れ、ＡＶ女優としての経験が増すことに違いなく、ＡＶ女優の間でも、何本出演経験があるか、といった指標で会話がなされることが多い。それでは経験年数はあまり考慮されないか、というとそんなことはない。ＡＶ業界自体が、非常にスピーディにシステムや流行が変わっていく、という側面を持っているため、あの時代を知っている、この時代からしか知らない、といったデビュー時期に即する話題の切り口も頻繁に聞かれる。

さらに、あらゆるジャンルを網羅する企画ビデオに出演する彼女たちには、どんなジャンルの作品に出演したことがあるか、どのメーカーの作品に出演したことがあるか、どういったスタッフやキャストと仕事をしてきたか、といった、経験の数ではなく出演作の幅・バラエティに関するヒエラルキーも確かに存在する。一〇〇本近くの作品に出演していながら、その作品のほとんどがドラマ作品など内容がシンプルなものが多いＡＶ女優もいれば、出演作品数は及ばないが、ＳＭやスカトロなどといったコアなターゲットに向けた作品、獣姦作品といった、経験するＡＶ女優の少ない作品など、幅広いジャンルに出演経験がある者もいる。

また、有名ＡＶ男優との共演や名の知れたＡＶ監督の作品への出演もまた、経験の幅を語る際に用いられる一つのスケールである。なかでも予想外に聞くことが多いのが、どのメーカーの作品に出演したことがあるか、といった経験だ。特にＳＭ専門レーベルを持つメーカーや、老舗メーカー、個性的な作品を出すことで有名なメーカーなど、特徴のあるメーカーにどれだけ出演したことがあるか、といった指標は会話に頻出する。

逆に、単体ＡＶ女優にとってそのＡＶ女優の価値としてわかりやすい指標となるギャランティの額は、企画ＡＶ女優にとっては頼りになるスケールでない場合が多い。ＡＶ女優の受け取る報酬は、あくまで一作品への出演に対するギャランティであり、作品の売れ行きや反響によって（もちろんその後の活動に影響を与える可能性は大いに有り得るが）印税が入るわけではない。ＡＶ女優の知名度や人気で多少の額の差こそあれ、作品内容の過激度、拘束時間などによってギャランティが変動するので、前回出演作のギャランティがいくらか、といった事情は、そのＡＶ女優の価値を計りうるものではないのだ。

以上のように、指標が一元化されていないことは、ＡＶ女優同士の関係や各々のＡＶ女優自身の自己認識を少なからず複雑化する。ＡＶ女優を二人並べて、どちらがより価値あるＡＶ女優なのか、と判断する際には、判断する者がどういった指標を重視してAV女優を眼差しているかによって、結果は大きく異なるからだ。面接などでは、AV女優は相手がどういった定規を持つのかを推し量り、どの指標を強調して自己をアピールするのか（容姿を強調すべきなのか、持つ技術を前面に押し出すべきかなど）、指標の複雑性を巧みに利用する。ただし、そのような他者に評価される場はAV女優にとっても、あるいは今まで意識していなかった指標を認識し、自分がその指標に関してはどのくらいの位置にいるのか知る契機になりうるため、大いに相互参照的でもある。

また、AV女優としての活動経験を通して、彼女ら自身の中に新しい指標の認識が生まれ、目標とする自己像や周囲のAV女優に対する意識が変化していくこともまたしばしばある。たとえデビュー当初はギャランティの額＝若さやかわいさといったシンプルな指標（つまりは、ギャランティの高い単体AV女優→ギャランティの低い単体AV女優→ギャランティの高い企画AV女優→ギャランティの低い企画AV女優→エキストラ程度の企画AV女優というヒエラルキーとなる）のみを信じていた者でも、経験を重ねるにつれ、ギャランティが高いことよりも、場数を踏んでいること、様々なジャンルに挑戦した経験があること、などを重視するようになることは大いにありうる。

そういった自己認識やプライドの変質によって、たとえ単体AV女優から企画AV女優に転身し、ギャランティの額が下がり続けても好んでAV女優業を続けるAV女優たちの意識は巧みにバランスを保つ。もし、どんなAV女優も何かしらの契機によって、そういった意識の変化を経験するのであれば、その契機はAV女優がAV女優であり続けるために、極めて重要な過程だ。

以下、ここで整理した複雑なヒエラルキーの存在を前提とした上で、ヒエラルキーに関する意識の変化がいかにして起こりうるのか、その契機を分解していきたい。

プロダクションの戦略

プロダクションがAV女優に大きく求めるのは、「長持ち」することであろう。プロダクションは随時お抱えのスカウト・マンを雇うか、プロのスカウト・マンが所属する事務所と契約し、新人AV女優を受け入れる体制をとっているが、女性を一人スカウトし、プロダクション面接、宣材写真撮影をおこない、メーカーを回って契約を取り付けるコストを考慮すれば、入れ替わり激しく寿命の短いAV女優ばかり多数抱えているよりも、息の長いAV女優を何人か抱えていたほうが、プロダクションにとって利益となる。また、活動期間が一年を超えるようなAV女優たちは仕事の勝手や段取りも知っており、マネージャーがすべての撮影・取材に同行せざるを得ない新人AV女優に比べて、マネージメント業務を格段に軽減することができる。

「長持ち」すれば知名度が群を抜いて高いアイドルAV女優を別として、単体AV女優として契約をとり続けるのは難しい。プロダクション側としては、単体契約が切れても、企画AV女優として息長く、精力的に活動して欲しいというのが当然の本音だろう。

かと言って、少人数のスタッフで多数の所属AV女優のマネージメントをするプロダクションが、一人のAV女優をAV女優として引き止めるために、あらゆる努力をなせるわけもない。プロダクションがAV女優を強制的に働かせることはない。また、強引な引き止めがおこなわれていないことはAV女優の間でも認識されている。

マネージャーはだから、メーカー拘束がなくなったときも、やる気があれば、企画の作品の面接行く？　みたいな感じで、あくまでやる気があればっていう感じだった。（Z）

AV女優であり続けることは少なくとも表面上は当人らの意志であり、「長持ち」して欲しいプロダクションは精々、その選択を後押しする程度である。私の知る限り、AV女優業を辞めたいと考える女性がプロダクションから無理やり継続を求められることもない。しかしなるべく長く活躍して欲しい、というプロダクションの願望はある程度かたちになってAV女優に伝わる。

そう言えば、最初の頃って企画ってちょっとばかにされてるっていうか、〇〇さん（マネージャー）とかとそういう感じで、企画はいわゆる〜みたいな話してた。でも今企画だけど、単体の子とかと一緒に事務所泊まったりすると、（新人の単体AV女優は）まだ何にもわかんないし、色々教えてあげてね、みたいなモードになってきてる。でもNちゃん（新人単体女優）とかには逆にあたしのことばかにしつつ話してたりするかもね。

単体AV女優として半年活動した後、企画AV女優に転身し、以後一年以上の間、月に四～五本の作品に出演し続けている「ベテラン」AV女優Xの言葉だ。

Xの実感としては、単体AV女優時代、マネージャーは単体>企画というシンプルなヒエラルキーによって語り、企画AV女優として活動を重ねた現在では、彼女の経験を重要視した語り口に変わった。単体AV女優に同行して撮影現場などへ訪れると、休憩時間等にマネージャーとAV女優の間でなされる会話に、確かに「単体である」ことが強調される実情を目の当たりにする。まだ現場に慣れない新人AV女優に、撮影の流れや作業工程を説明する際にも、「企画の場合は～だけど、○○ちゃんは単体だからその心配はしなくていいからね」と、あくまで企画AV女優と単体AV女優を差別化して語るのが一般的な光景だ。

逆に、そのAV女優が活動期間を重ね、単体AV女優としての期限が迫りだすと、AV女優の重ねてきた経験や培ってきた技術を重視して語る光景もまたありふれている。企画AV女優への転身を打診された時のマネージャーとの会話について聞くと、多くのAV女優が、「新人ではちょっと出られない作品」、「せっかくここまで経験を積んだから勿体無い」といったマネージャーの言葉を記憶している。

プロダクションはAV女優の「格」が多面的であることを巧みに（多くの場合、どうやら無意識に）利用しながら、AV女優が自尊心を失わないよう後押しをする。各AV女優の価値がどこにあるのかをその都度分析し、その価値が異動する場合はそれを汲み取り、その価値にプライドを持たせる戦略とも言い換えることが出来る。

新人の単体ＡＶ女優であればギャランティの高さや単体としての誇りであり、人気ＡＶ女優であればその知名度やかわいさ、ベテランＡＶ女優であればその技術や経験、ＮＧ項目の少ないＡＶ女優であればその汎用性の高さ、といった風に、そのＡＶ女優が持ちうる価値はその都度変化していく。多くのＡＶ女優を扱ってきたプロダクションはそういった価値を半ば本能的に、敏感に嗅ぎわけることができる。ＡＶ女優たちは、その戦略の中に、自らの価値や位置づけを決定するヒントを見出し、自己認識を場合に応じて変質させていく。たとえ以前持っていた価値を失ったとしても（例えばギャランティが低下しても）、新しい価値にプライドを持って活動し続けることには、そういったプロダクション側の後押しが、一つの要因となっている場合が少なくない。

「共演」

アダルト・サイトやアダルト・ショップでＡＶ作品を検索してみると、人気のある単体ＡＶ女優でも、一〇本以上の作品に出演している者であれば、一本以上は共演作がある場合がほとんどだ。ＡＶ女優は大抵デビューから一年以内に、出演者が自分ひとりだけではない現場というのを経験する。そしてどうやらその「共演」という経験が、各々のＡＶ女優としての意識、仕事に対する考え方が変わる一つの契機となっている場合が多く存在するのである。

「共演」といっても様々だが、いくつかパターン分けをしてみると、それぞれのパターンの共演の経験がそれぞれ別のかたちで、AV女優たちに何かしらの影響をもたらすようだ。

共演パターン1として考えられるのが、自分が比較的新人であるうちに、自分よりキャリアの長い（ベテラン）AV女優と共演するというもの、パターン2がその逆で自分のほうが共演者よりキャリアが長い、というものである。また、同時期にデビューしたものが例えばお友達同士、といった設定で共演するものがあり、それをパターン3と考える。最後にパターン4として、自分よりキャリアが長いものも短いものも色々といる、何人か、もしくは大勢で出演する場合も存在する。

単体AV女優がまず最初に経験するのは、多くの場合パターン1である。レズ作品で自分が受身、相手が攻める役柄で出演する場合もあれば、ドラマ作品で、ベテラン女優が助演として出演する場合もある。当然、それらほとんどの場合、ギャランティはキャリアの短い単体AV女優の方が高い。マネージャーは単体AV女優に対して、企画AV女優でギャランティの低い共演者よりも単体AV女優である当人のほうが「格上」である、といった説明をするようだが、自分よりも経験のある女優との共演を、印象的な経験であると語るAV女優は多い。

Xは単体AV女優時代に、ベテランAV女優Tとのレズ作品での共演を経験した。


◯◯さん（マネージャー）は、主演はあくまで私で、一緒に出る子は企画の子だから、みたいな感じのことを言ってたし、むこうの子はギャラ低いからお金の話はしないほうがいいよ、って言われたんだけど、現場では、Tさんの方が監督とも仲いいし、むこうがタチ（レズ・シーンで攻める側）だから、リードするのも向こうだし、マネージャーもついてきてなくて準備するのとかもマイペースで自由だし、こっちのほうが肩身狭いよ。AD（監督助手）とかみんな私に気をつかってくれて、Tさんのほうは放置っていう感じだけど、それもなんか子ども扱いじゃないけど、なんとなく恥ずかしくて。

Xの場合は把握が明快だが、共演を通して自分の経験のなさ、技術のなさにコンプレックスを感じたというAV女優は少なくない。現場で器用に立ち回ることができるのは当然場数を踏んでいるベテランAV女優の方であるし、そういったキャリアの長いAV女優はスタッフと気心が知れている場合も多い。

常に現場にAV女優は自分だけ、といった撮影をしていれば、周囲から大切に扱われるままに、単体AV女優としてのプライドに固執できるかもしれない。しかし経験の豊富なAV女優と共演することで、AV女優としてのまた別の価値の存在を知り、その土俵では無力な自分に気づく。もっと経験を積まなくてはいけない、もっと上手くなりたい、共演者のように手馴れた様子で振舞えるようになりたい。キャリアの長いAV女優との共演は、自分が目指すことのできる別の目標を見つける契機になりうるのだ。

パターン2は、ある程度キャリアを積んだ単体AV女優や、企画AV女優が経験することの多い共演の形態である。経験年数に多少なりとも差がある者同士の共演は、キャリアのないAV女優に強い印象を与えるようだが、キャリアが長い側のAV女優の方にも、少なからず変化を及ぼしている場合が多い。主にドラマ作品を専門分野とするある監督は、共演作品でのAV女優の振舞いについて、次のように語った。

態度は変わるよ、それは。Uなんて普段は全然謙虚で、すみません、すみません、な子なんだけど、〇〇〇（作品名）の時、新人の企画の子二人いたでしょ？　お姉さん、っていう態度だったよ、休憩時間（新人AV女優に対して）注意してみたり、V（VTR）撮ってるときもサクサク自分の立ち位置確認したり。

この発言に登場するUは、単体AV女優として三本の作品に出演した後、ストリップ劇場での仕事を始める傍ら、月に一〜二本のAV作品に出演する企画AV女優として約半年活動している。先の発言の監督の作品では三本目で初めて、自分よりキャリアの短いAV女優との共演を経験していた。Uのように、新人AV女優との共演作で、AV女優がそれまでとは違った一面を見せるのは、珍しいことではないようだ。先の監督は次のようにも話している。

新人ってそれだけでちやほやされるからね、まあそれで勘違いしちゃうんだけど。ベテランの方は、別にその勘違いをただすってわけじゃないけど、ベテランとして新人よりはちゃんとできなきゃ、みたいな意地はあるんじゃない？　一人だったらちやほやされたいだろうけど、新人の子が横にいると、自立してる雰囲気は出すよね、あんたたちまだ厳しい現場とか何にも知らないでしょ、あたしはいろいろ経験してきてるのよ、みたいに。

ある程度経験を積んだＡＶ女優は、新しさや若さといった価値は減少してくる。その代償として、技術や経験といった新しい価値を身にまとう。自分よりも経験の少ないＡＶ女優との共演では、自分のまとう新しい価値をわかりやすく自覚できる。新人に比べて新鮮さは欠けるけれど、そのぶん、これだけ器用に振舞うことができる、自分には昨日今日ＡＶ女優になった子にはできないことができる、といったことを実感として知るからだ。普段そういった態度を見せないＡＶ女優でも、現場になれない女優の横ではベテランとして過剰に振舞うことがあるのもそのような背景を考えればうなずける。

つまり、経験年数の違うＡＶ女優同士の共演の場は新人とベテランが相互に作用する。やや過剰にベテランとして振舞うベテランと、その姿を見て経験値への漠然とした憧れをもつ新人ＡＶ女優。憧れの対象となったベテランＡＶ女優は、経験豊富なベテランとしての意識をより強固なものにするだろう。双方にとってこういった共演は、もっと経験を積んで仕事ができるようにならなくては／なりたい、と目標を新たにする機会になっているのだ。

パターン3とパターン4もまた特徴的な作用を持つ。パターン3のように、経験・キャリアのほぼ変わらないAV女優同士の共演では、お互いの役回りがはっきりと分かれていない場合が多く、よって競争に近い側面がある。経験年数がほぼ同じであれば、技術や「慣れ」も同程度であろうと期待されるため、片方のAV女優が何かしらもう片方に至らない部分があれば、「下手」「才能がない」と思われかねない。よってパターン3の共演を毛嫌うAV女優は思いの外多い。プレッシャーに感じる、いつもより余計に台詞などを覚える等の準備を万全にする、という声をよく聞いた。もちろんプレッシャーに感じる競争だからこそ、成長の機会であると捉えることも可能であろう。

活動経歴が似通っており、出演本数が同数程度であっても、お互いの得意分野、不得意分野は存在する。例えばイメージ画像の写真写りは共演者に敵わなくとも、アドリブの台詞回しでは上回っている、といったことがしばしばある。そのような場では、周囲のスタッフだけでなく、AV女優自身も自分のキャラクターをそれまでよりはっきりとつかむことがある。

Xは、初めての企画作品で同年代で経験場数もほぼ等しい他の二名のAV女優と共演した。

言葉攻めできない子ってほんとにできないんだな、ってのがびっくりした。監督が全部台詞考えて教えるから、からみ一つとるのにすごい時間かかるの。あたしは、別に得意じゃないけど、自分でパッパと言葉は出てくるから、人それぞれだな、っていう感じ。

キャラクター認識は、パターン4の形態でもまた特に顕著である。パターン4に対して多くのAV女優が一致して持っていた意見は、「いろんなモデル（AV女優）がいるんだな、と思った」というものである。パターン4の現場には、多くの場合、自分より経験年数が多い者、少ない者、その中でも仕事のできる者、できない者、とバラエティ豊かな様々なAV女優がいる。AV女優は、例えばいわゆる一般企業に勤めるOLのように、毎日自分の同期や先輩・後輩の姿を見ることがない。たまたまプロダクションやメーカーの事務所で顔を合わせる以外、自分以外のAV女優を見たことがない、という新人単体AV女優も珍しくはない。大勢で共演する作品は、あらためてAV女優の多様性を知るチャンスであり、その中で自分はどれくらいの位置にあり、どういった方面で伸びていくことが可能であるのか考えるきっかけになる。

どういった形態であれ共演を経験したAV女優は、共演作に出演したことのないAV女優に比べて、一定の視野の広さを持つようになる。AV女優は自分以外のAV女優がどういった働き方をしているのかあまり知る機会がないため、共演の経験によってあらためて「AV女優の価値」が様々に存在することを理解するからである。共演によって目指していたものが変質するAV女優も存在すれば、より強固に自分のキャラクターを意識しだす者もいる。いずれにせよ、単体AV女優が、企画AV女優となってもプライドを持って活動を続ける背景に、共演の経験があることは大きい。

つくられる「ベテラン」意識

本章で何度もふれたZの経験は、彼女たちの活動する業界の中では決して珍しいものではないようだ。AV女優としての活動を長く続けるほどに、「この世界で上にいきたい」と考えるようになる者は多い。ここまで彼女たちが「上」と呼ぶ境地とは一体どのような構造のどの地点であるのか、という問いを念頭に、そこを目指す契機と目指す場所の変遷を追ってきた。

「若くてかわいい＝人気が高い＝ギャランティが高い」といったヒエラルキーが、AV女優にとって唯一にして絶対のものであるならば、ある程度活動期間を重ねたAV女優は、ヒエラルキーを下降していくだけになる。ヒエラルキーが複雑な構造を持っており、その指標が一元化されていないことは、AV女優がどんな形態の活動をするようになっても、自尊心の拠り所を失わない根拠にもなる。プロダクションの戦略はまさに、ギャランティが減少し、単体AV女優としての価値が下降していくAV女優たちに、新しい価値の存在を教え、プライドを持たせることを主眼としていた。

若さや新しさが絶対的な価値を持っているかに見えるAV女優の世界にも、経験や技術、汎用性の高さといった別の価値が存在する。むしろ若く可愛いことが絶対的であるかに思われる世界であるからこそ、そうでない（そうでなくなった）者たちは、何か別のものの価値を信じなくては「頑張る動機」が保持できない。私には彼女たちが過敏に新しい価値を見つけ出し、それを自分自身の中に取り込んでいくのは、あるいは彼女たち自身が、「頑張る動機」を捜し求めているかのようにも思えた。

もう若くはないし、単体契約も切れた、ギャランティも下がる一方だ、しかし、もう少し経験を積めば、経験豊富なベテラン女優としての地位を手に入れることができる、特殊な技術を身につければ、特殊な内容のVTR撮影の際に必要とされる、他の人が出演したくないジャンルにも出演の幅を広げれば、メーカーから重宝される。そのような意識を自覚してか自ら貪欲に、より熱心に活動を続けるAV女優は多いのだ。

「もっと上にいきたいと思うようになった」というZの言葉は、決して「若くてかわいい＝人気が高い＝ギャランティが高い」という単体AV女優のヒエラルキーの上部を指しているわけではないということだ。そうではなく、AV女優としての活動を通じて知りえた、また別の指標をもって「上」を目指し、そこに「頑張る動機」を見出しているようだ。そしてその自発的で変動的な動機は、一般的な指標で外部から価値を付与されていた単体AV女優時代よりも、より強く彼女らの労働を支えているようにも思えるのである。

4　築かれる「頑張り」の根拠

単体AV女優から企画AV女優への転身を契機に、彼女たちの生活や意識にどういった変化が訪れるのか、いくつかの角度から検証してきた。そして、自分の頑張り次第で、AV女優としての活動、もしくは自分の生活が改善される、といった状況で、AV女優が自発的により多忙になっていく様、AV女優の価値が多元的な指標により測られる事情が、長く活動するAV女優のプライドを巧みに変質させ、活動を支え続ける様を見出した。これらは、AV女優の労働について考える際に、どのような補助線を加えることが可能であろうか。

第一に、これらの生活や意識の変化を紐解く作業は、ホリック(中毒)の構造を明らかにすることに繋がる。なぜAV女優が自ら過密な労働スケジュールを組もうとするのか。なぜギャランティが低下してVTR出演が「割の悪い」仕事になってもなお、AV女優はAV女優を続けるのか。彼女たちの労働を少しでも垣間見た者であれば自然と持つであろうそういった問いに答えるには、彼女たちの多忙さの内実を知ることが必要であるからだ。

出演本数を増やせば生活が改善されるだけでなく、今月の過密な面接スケジュールが来月以降の活動を支えること、仕事の幅を広げることでより多くの仕事に恵まれるようになることなどを、AV女優は誰にレクチャーされるまでもなく、よく知っている。活動年数を重ね、単体AV女優から企画AV女優に活動形態を変えることで、「頑張れば頑張っただけ」返ってくるものが大きいといった状況は顕著になり、それに連れてその自発的な「頑張り」がやや過剰になってくることが、AV女優の多忙さの大きな要因だ。

第二の点として付け加えることができるのは、これら変化の過程が、意志とプライドを持った

AV女優へ変質していく過程でもあるということだ。過密スケジュールによって、AV女優として振舞わなければならない日が劇的に増えたAV女優は、生活上だけでなく、物事を考える際にもAV女優としての自分を中心とする頻度が増すであろう。また、スケジュール管理や仕事の幅についてより多くを任せられるようになった企画AV女優は、自らを単体AV女優に比べて、自立した自由な存在として位置づけ、AV女優の仕事を選択している事実にも、より自覚的になる。

そうして自覚的になっていくAV女優たちの労働の現場は、彼女らの自分自身に対する理由づけを見つける契機に満ちている。多様な価値を持ったAV女優らとの出会い、あるいは若くて可愛いことだけではないAV女優の価値を重視して語るマネージャーの言葉は、彼女たちに多様な指標上での自分の位置を教える。目指すべき「上」を見つけさせるのに十分だ。そのような経験を経て、「頑張る動機」を見つけ出したAV女優は、どうして頑張るのか、どう頑張るのか、といった明確な意志を獲得する。月に三日程度の拘束で多額の報酬を受け取る単体AV女優に比べて、少額のギャランティで多忙な活動をこなす企画AV女優に、「動機」について問いかけたいと考えるのは、我々以上に、彼女たち自身でもあるのだ。デビュー間もないAV女優の労働を漠然と支える（例えば若く可愛くギャランティが高いという）価値や動機が、永遠には保持されえない環境であるからこそ、AV女優たちは別の価値、別の動機を見つけることには貪欲だ。

先に挙げた二つの論点（ホリックの問題と意志獲得の問題）はからまり合いながら、AV女優がAV女優であり続ける実態を支えている。生活自体がAV女優としての活動中心になればなるほど、彼女たちはＡＶ女優として働く「動機」を獲得する必要に駆られるからだ。

「頑張る動機」や目標に事欠かない状況をつくることができれば、継続して仕事を続けることは彼女らにとって不自然な選択とはならないだろう。それら「頑張る動機」に支えられて、何かしらのステップ・アップをしていくことで、ＡＶ女優としてのプライドはより強固なものになり得る。長く仕事を続けているＡＶ女優と話すと、そのプライドや仕事観は私の想像を超えて多様である。有名な監督に気に入られている自負もある。現場の事故で救急車で運ばれるなどハプニング自慢もある。ＡＶ男優からの人気が抜群に高かったり、プロダクションの後輩ＡＶ女優に慕われていたりすることが自信につながっているであろう場合もある。ＡＶ女優のヒエラルキーが必ずしも客観的データに基づくものでなく、業界内に根付く実感が築きあげる複雑なものであることは、外部から傍観していては理解できない価値に支えられた、多様なプライドの持ち方をも可能にするようであった。

第六章
動機を語る動機

1　動機を語るAV女優の誕生

AV女優の日常的な業務や経験を紐解きながらいくつかの考察をしてきた。AV女優がどういった人たちと交流を持ち、どういった業界の中で、どんな業務をこなしているのか。「面接」という象徴的な経験がAV女優に何をもたらすのか。そして単体AV女優から企画AV女優への転身がなぜ、AV女優をより強く明確なAV女優とするのか。

私がAV女優の世界に身をおいているあいだ、魅了され続けていたのは彼女たちが話す言葉の変化だった。表情もまだ初々しい新人AV女優の言葉は本当に少なく、運良く耳に届いても何も印象に残らない。あたかも彼女たち自身がまだ自分を何者であるのかわかりかねているようだ。単体AV女優として活動し、人気を獲得すると表情も華やかになり、自分についていろいろな言葉を使うようになる。企画AV女優としてプロの仕事をこなすようになったAV女優がすらすらと話す言葉は、どことなくAV監督やAV男優といったまわりのスタッフたちと似てくる。

ここで一度、私がはじめに提示していた問いに立ち戻ろう。メディアに表出するＡＶ女優がいかにして紡ぎだされていくのか。赤裸々に、また流暢に自分について語り、いきいきと仕事をしているかに見えるＡＶ女優はいつどうやって生まれるのか。

この問いに答えるためにはまず、実際にＡＶ女優が、自らを映すメディアにどう向き合っているのか、どのような意識のもとで自己演出し、向けられるカメラをやり過ごしているのか知る必要があるだろう。そのためにここで、仕事で経験するインタビュー取材それ自体について語る彼女たち自身の言葉と戦略的な自己演出を追ってみようと思う。そこから、われわれが目にするＡＶ女優の姿が、決して「自然に」映し出されているものではなく、様々な動機と思惑のもと、意識的に打ち出されているものであるという事実が改めて浮かびあがってくるだろう。

ただし、自分について生き生きと語るＡＶ女優に対する私の立場は、決してそれを業務上の戦略にのみ回収してしまうものではない。ＡＶ女優たちの語る意識の変遷は、これまで私が多くのページを割いて紹介してきたように業務上の必然的な側面を持ちながら、そのような議論に回収され得ない個人的な思いや経験が関係しうる部分もある。私には、ＡＶ女優によって演出され、語られる動機が彼女たち自身の内面へ取り込まれていくようにも見えるのだ。それは、自分について語るＡＶ女優たちの視線の先にあったはずの視聴者が消滅していく過程の観察でもあり、戦略を超えた語りの希求を、彼女たち自身の中に見出していく作業でもある。

本章末尾では、カメラに収まり、メディアに映し出されているＡＶ女優の姿の、視聴者へのコンテンツの提供を超えた複雑さについて言及したいと思う。そのＡＶ女優の姿を必要としているのは誰なのか。誰のどのような動機と欲望に支えられたものなのか。私がこの議論を始めたそもそもの目的は、そんなことに目を向けるためでもあるからだ。

2　ＡＶ女優のストラテジー

インタビューと自己演出

ＡＶ女優たちがＶＴＲや雑誌のグラビアで、誰に向けて微笑んでいるのかというのは素朴にもつ疑問だ。直接的にカメラを向け質問しているスタッフなのか、性的行為で共演するＡＶ男優なのか、それとも映像を観るであろう視聴者なのか。前に紹介したように、ＡＶ女優が質問に答えたり自分について話したりするコンテンツはいくつかある。例えば、ＶＴＲの撮影でもドキュメンタリー調の作品内にはインタビュー・シーンが挿入されるし、またある程度活動期間を重ねたＡＶ女優は雑誌取材を受けることもしばしばある。

私は第四章で面接という経験が、ＡＶ女優にとって、語りの獲得と訓練の場になっていることを指摘した。ここでは、そのように獲得され、習得された自分語りが、場面に応じてどのように応用されているのか、紐解いていきたい。その上で、面接のように対面に座ったメーカーや製作会社の人間に対してだけではなく、カメラに対して自己演出する際の目的と戦略について、ＡＶ

女優たちの使用する言葉を手掛かりに探っていくこととする。当然それは、はじめに提示した素朴な疑問の答えにもつながるであろう。

まず、VTR内でおこなわれるインタビューに焦点をあてる。VTRの中のインタビューや自分語りは、即興でおこなわれることが多い。そこで語るAV女優はどういった期待に応えようとするのか。想定されている視聴者は何を望んでいるのか。

続いて注目するのは雑誌取材の現場である。VTR内に収録されるインタビューに比べて、よりリアリティを求められる気がするが、そのような場で視聴者や読者に対して彼女たちは何を演出しようとするのか。

そもそも本書の議論を始めた背景には、先述のような媒体の中でマイクとカメラを向けられるAV女優が、どのように成立しているのかという疑問があった。ここでAV女優がメディア制作の現場で、マイクとカメラを向けられる瞬間について直接問おう。AV女優が業務としての語り行為をおこなう際に、目標とする達成点はどこにあるのか。そもそもそれはどう探り当てられるのか。AV女優自身が想定する理想の姿を気に留めつつその行為を細かくほぐしてみることで、戦略的なものでありながら、実は想像以上に素直なものでもある自己演出について知ることができるだろう。

性的欲望喚起としてのコンテンツ

メーカーによって、監督によって、また作品のジャンルによって、ＡＶ作品に含まれるコンテンツは多様である。脚本が一〇ページ以上にも及ぶ本格的なドラマ作品と、車で都内を移動しながら思い立った各所で撮影する露出作品とでは、準備や当日の流れも多分に異なる。ただし、ありとあらゆる作品がすべて違ったジャンル・手法で撮影されているというわけではない。いくつかの典型的なパターンというのも存在する。そして多くの作品が何かしらのパターンに則って企画・制作されている。

インタビュー・シーンを含むドキュメンタリー作品というのも、頻繁に目にするパターンの一つである。企画ＡＶ女優であっても一作品に一人で出演することが多い者では、そのようなドキュメンタリー作品への出演は必ずと言っていいほど経験するし、単体ＡＶ女優のデビュー作に致ってはそのほとんどがこういったドキュメンタリー・タッチの作品である。

ドキュメンタリー作品におけるインタビュー収録はほぼすべて即興でおこなわれる。形態は様々だ。オーソドックスなのは監督がカメラ越しにＡＶ女優に質問し、ＡＶ女優がカメラに向かって答えるものである。その際、質問者である監督の声もＶＴＲに収録される。ＡＶ男優などが、監督の指示に従って、ＡＶ女優にインタビューし、その光景をカメラに収める、といった手法もある。その際、カメラには質問者であるＡＶ男優（もしくは共演するＡＶ女優）とＡＶ女優が映り、インタビュー風景自体がＶＴＲのコンテンツとなる。監督との簡単な打ち合わせ後、特に質問に答えるのではなく、ＡＶ女優がカメラに向かって喋るだけ、といったスタイルも存在する。キャリアの長いＡＶ女優の撮影では、この手法がとられることも多い。

カメラ越しのインタビューは、デビュー直後の単体ＡＶ女優の作品などで、ＡＶ女優の紹介として使われることも多い。手法としてはほぼ完全なアドリブであり、メイク直しから戻ってきたＡＶ女優はそのままカメラの前に座り、監督はカメラを回しながらインタビューをすすめていく。そこでやり取りされる内容は、メーカー面接などでやり取りされる内容と似ている。典型的な例は名前、年齢、スリーサイズ、趣味や特技の後に、ＡＶ女優になったきっかけ、性的嗜好、変わった体験などを尋ねるものだ。話すのが苦手というＡＶ女優の場合や、デビュー作の撮影の際には、何度かカメラがとまり、監督がＡＶ女優に助言したり、稀な例として監督から回答内容の詳細な指示がおこなわれたりすることもあるが、多くのＡＶ女優がノー・カットでインタビューに答えている。少し返答に困ったり、緊張していたり、口がまわらなかったりするのも、ドキュメンタリー作品の味として考えられるのだろうか。

スリーサイズや趣味など比較的簡単に答えられるものは別として、初体験や変わった性体験についての会話などについても、事前の非常に簡単な監督の説明を除いて、その内容が明示されていることは少ない。その内容を準備しているのか尋ねると、メーカー面接や監督面接での会話経験をあげるＡＶ女優は少なくない。

△△さん（監督の名前）が、監面（監督面接のこと）で、テニス部時代のその話は面白いからV（VTRのこと）で使おうって話になって、だから、イメージ（イメージ・シーンのこと）のあと質問になったとき、高校の時はどんなことしてたの？　みたいな質問がきたから、ああ、あれね、みたいな感じ。何回も話してることだからね、いろんなとこで使いまわし。（W）

面接で何回も話してることだもん。いくつかは（話のネタが）あるよ。ただ、こういうやつ（作品）のインタビューって、ほかのシーンとの兼ね合いが、とか考える時間あんまりないからね。ほんとは、清純系で話をひとつ、みたいなこと考えといたほうがいいんだろうけど、休憩時間あたし寝てるし、結局いつもの話になっちゃう。ちょこっとずつ細かいところは（内容が）変わってるけどね。（Z）

カメラ越しのインタビューでは、面接などで何度も経験している内容を聞かれるのが通例となっているため、「持ちネタ」を持っているAV女優は、特別な準備・打ち合わせがなくとも、やり過ごすことができる。その際に、要求される自分のイメージまで意識して語っているという者はさほど多数ではないようだ。しかし、単体契約の面接の際に求められる女性のイメージ（清潔で明るく、下品でないことなど）と、単体AV女優の作品で求められる女性像は重なるため、面接の際に習得した会話ネタをそのまま持ちまわして使用しても、制作スタッフ側にさほど支障はないようだ。現にインタビュー・シーンのNG（失敗・取り直し）は極端に少ない。明確なイメージ戦略を持って挑むというAV女優は少ないが、面接での自己演出の戦略がそのまま使いまわされる。結果的に当のAV女優の出演作の趣旨にそれなりに沿った内容となる。

インタビューの形式によってそういった手法・意識には多少の差がある。AV男優との対話形式では、より直接的な性的表現などが盛り込まれる。インタビューからそのままからみ（性的な行為）シーンへ移行することが多いからだ。ただし、こういったシーンに関しても事前打ち合わせというのは非常に簡素なものである。多くの場合、監督からAV男優にこういった流れで質問して、といった指示・打ち合わせがなされ、AV女優の側には、「恥ずかしい感じでね」「もう我慢できない、みたいにね」といった漠然とした方針が伝えられるだけだ。

そういった撮影手法のもとでは、AV女優は「エロさ」の演出という一貫した法則を持っている。

男優さんがじゃあちょっと実際やってみる、とかさ、もう濡れてきちゃってるんじゃないの、とか持っていきやすいようにっていうだけ、もう。だから雰囲気がエロければいいんだよね、何話しても。（T）

とりあえずこれからやる、みたいなのがあるからそこに繋がってくエロさみたいなのは必要だとは思ってる。私はロリでデビューしてるし、普段かまととなんだけどね、男優さんと

のトークはだから、結構意外性じゃないけど、意外とエロいね、みたいな感じに言われるのが狙いっていうか。（U）

もう常にエロで考えれば何個かのワードで繋げるから。趣味？　オナニー、特技？　フェラチオ、みたいに、全部そこに行きつく（笑）。普通に言ってたら頭おかしいだろお前、だけどね。（X）

その後の撮影の流れなどからAV女優はそれぞれが考えうる、「エロい」トークを演出する。こういった形式のインタビューでは、性的な欲望に直接訴えかけ、その後に連なる性的な行為のシーンへの導入をする、という比較的明確な目的が見える。ただし、AV女優のそういった性的な雰囲気作りは、あくまで視聴者のみに向けられている、というわけではなさそうだ。

男優さんも結構大変じゃない？　一日三つとか四つとか現場かけもって。そりゃプロだけど、多少は素で興奮させてあげなきゃいけないよ。（T）

自分の興奮高めるっていうのは大きいかも。あとは男優さんの。これからエッチなことするぞーみたいな雰囲気になっていかないと、いきなりパックン、じゃダメで。（Z）

意外と言えばそうだが、「エロさ」の演出について話す際に、視聴者について言及する者よりも実際に彼女たちの対面に座り、問いかけるAV男優や自分自身のための性的な雰囲気づくりであると答える者が圧倒的多数であった。つまり、AV女優はVTR内でAV男優によるインタビューを受ける際には、まず目の前に座るAV男優の欲望に訴えかけ、それが結果として視聴者の性的な欲望を喚起することにつながっていると言ったほうがよさそうだ。

独白型の語りでは、先述の二分類に比べると監督との事前打ち合わせや、スタッフからの指示がある場合が多い。ただしそれも、内容や台詞を与えられるものではなく、何について、どんな風に喋るのか、といった大枠についてのものであり、多くが監督面接の場などで、AV女優が提供したエピソードや経験、所謂「持ちネタ」を題材にしたものである。例えば、元単体AV女優であり、企画AV女優に転身後、痴女ジャンルの作品で長い独白シーンを経験したXは、「監督面接で、四人にレイプされてから、人に見られてないとイケなくなった、って話をしたから、それで露出癖ができて今回の作品に繋がった、って感じにしようって言われた」という。

独白シーンの撮影手法はそれほど定まっておらず、アングルごとに多少独白内容の指示があり、細かくカットを入れて撮影される場合もあれば、カメラを回し続ける中で、ひたすら語る、といった場合もある。内容もまた、普段どんな性的行為をおこなっているか、といったことから、出演するにいたったきっかけ、興味深い経験など多岐にわたる。

ＡＶ女優はそれぞれの作品の中で求められる女性像を探り当て、監督との打ち合わせを経て、独白内容が決定される。内容の大筋は、ＡＶ女優が日ごろ面接の場などで使用している「持ちネタ」が参照され、それを作品向きにアレンジしていくのが主流だ。

独白型の語りシーンの多くは、作品の方向性やジャンルを決定づけるための要素であり、そこに出演するＡＶ女優が、どういった役柄を演じるのかをわかりやすく解説するシーンであるとも言い換えられる。語るＡＶ女優の側から考えると、話のネタや、詳細な内容は自分自身にまかされている点も多いとは言え、基本的には作品内容に沿った語りを作り出している。独白形式の語りは「作品づくり」の一環という位置づけがしっくりくる。

どれをとっても、基本的には、作品制作の場で求められる態度がパターンとして決まっており、それに即して振舞っているのが、ＡＶ女優側の姿勢だ。ドキュメンタリー形式の作品であっても、ＶＴＲの中では、その都度ある程度定まった女性像を演じ、その女性像に則って語る、というのが感覚として根付いているからだ。ただ、その際に意識する受け手として目の前に迫る質問者やＡＶ男優、監督の指示などが先行しており、直接的に視聴者を意識した発言は少ない。作品制作の場では制作スタッフサイドが、視聴者の性的な欲望を触発する手法をある程度パターン化して把握しており、ＡＶ女優は現場でそれを共有して振舞うことで、結果的に視聴者にむけた性的な欲望喚起に結びついている。ＶＴＲ内の語りは、作品へ出演するＡＶ女優の振舞いに「自然と」組み込まれていくものだと考えてよいように思う。

雑誌取材とキャラクター

ドキュメンタリー・タッチの作品であっても、基本的にはAV女優は「役を演じる」仕事である。作品作りにおけるスタッフのパターン化された手法をある程度共有した上で、自分の個性を探りながらインタビューや独白に応じる。それでは、少なくとも「VTRの中」という括りをとった、AV女優が直接受ける雑誌等のインタビューでは何か違いはあるのだろうか。

雑誌取材も形式や場、拘束時間などはさまざまだが、基本的には取材する側からの申し入れに、プロダクションとAV女優が応じるかたちで成立するのが一般的だ。場所は、出版社の一室から喫茶店、VTR撮影の現場など多様であり、取材時間は多くが二時間以内、長いインタビューでも三時間を超えるものはあまり一般的でない。立ち会うのは、AV女優と出版社のインタビュアー、プロダクションのマネージャー、と比較的少人数である。

雑誌取材と言っても、雑誌によって、またその企画によって、おこなわれる取材の内容は多岐にわたる。「注目の新人AV女優大集合」といったような企画では、踏み込んだ話と言うよりも、簡単な経歴や性格についての質問に答えるものが多いし、よりジャーナリスティックな内容のものであれば、喫茶店で長時間、過去の経験や現在の生活、日ごろ考えていることなどについて話が続く。グラビア撮影に付随するインタビューや、先述の新人AV女優の紹介記事などは、単体AV女優のデビュー作でのVTR内のインタビューなどと基本的に趣旨が重なっており、AVコンテンツの紙面版といった意味合いが強いため、本節では、ジャーナリスティックなインタビュー、立ち入った話がなされるようなロング・インタビューなどの取材を受けたAV女優に議論を絞りたい。

単体AV女優に比べて企画AV女優は、独自のキャラクター性が求められ、各々のAV女優が自分の容姿や性格、VTR出演の経験を踏まえて、自分のウリ、キャラクターを確立していく。雑誌側からインタビューのオファーが入るのは、キャラクター性の強いAV女優、しゃべりの得意なAV女優であることが多いため、人気単体AV女優や、有名AV女優を除いて、こういった取材を受けるのは、比較的企画AV女優が多い。

VTRやグラビア撮影と異なり、雑誌取材はギャランティの額がAV女優によって定まっているわけではない。無論、事前にプロダクションと出版社との間で謝礼の相談はあるようだが、長時間に及ぶインタビューであっても謝礼金は三万円程度、と、AV女優の各仕事の中では比較的低額だ。ただし、VTR撮影や、グラビア撮影のように、性的な行為や脱衣の写真撮影がおこなわれるわけではなく、あくまで質問に答えて話すだけ。その後簡単なスナップ写真などを撮影するのみの仕事であるため、ギャランティの額を理由に取材を拒否するAV女優は稀である。言い換えれば、AV女優のおこなう業務の中でも、性的な行為が含まれない、特殊な仕事であると考えられる。

こういったジャーナリスティックなインタビューをたびたび受けるという企画AV女優Rは、

取材に臨む意識を以下のように語る。

私の場合、やってることが特殊（スカトロなど）だから、ある種の人たちには結構興味もってもらえて。実際、V（VTRのこと）を見る人ってのは限られてるんだけど、それ以外の人にも名前は覚えてもらって損はないから、スカトロに取りつかれた女R、みたいな感じで取り上げられるのは助かる。名前覚えてもらうのが一番なんだよ、好かれるか、とかツボにはまるか、はその次って感じ。どうせ、スカ（スカトロのこと）好きの人しか好きにはなってくれないだろうけど、長くやってくつもりだから。

雑誌取材の意義を、名前を売り込む好機と捉えているAV女優は少なくない。さらに、名前、顔、キャラクターをわかりやすく打ち出し、視聴者や読者に伝えられる雑誌のインタビューは、キャラクター性を強く打ち出したい、と考えるAV女優にとっても、有意義な側面はあろう。

単体の時はグラビアとっても、インタビュー表みたいなのにプロフィールと趣味とか書くだけで、インタビュー受けたことなかったけど。企画になって、露出とか逆ナンとか痴女ものばっかりやるようになって、で、インタビューもたまに出させてもらうようになって、痴女イコール私、みたいになってほしいから、インタビューでもそっちの方向そっちの方向で話す。プライベート知ってる人が見たら、ぶってる（なりきっている）なぁとは思われるかもしれないけど、基本もう仕事はそのキャラでやってるから、別に演技してるわけじゃない。Vじゃないからね。（X）

雑誌取材は、容姿のかわいらしさやスタイルの良さだけで売り出していく新人AV女優と異なり、キャラクター性も含めてAV女優としての価値を担保している彼女たちにとって、実際のVTRより直接的に、キャラクターを見せる場となっていることがある。インタビューで非常に強い個性が打ち出されれば、視聴者はそのAV女優の名前や顔を記憶する。また、わかりやすいキャラクターを表現できれば、そのキャラクターに対するファンや支持者を得るかもしれない。そういった意識は、プロダクションの人間にも共有されているようだ。あるプロダクションのマネージャーは、企画AV女優と雑誌インタビューの関係について以下のように語る。

単体の娘はグラビアがあるでしょ、あとは昔だとテレビとかも。そうすると、かわいい、きれい、おっぱいが大きい、ってファンができて、Vも借りてみようってなる可能性もあるじゃない。それに基本的に内容も似てるからパケ（DVD等のパッケージのこと）で選んでもいいわけで。だけど、これだけいっぱい毎月毎月AVって出てて、しかも企画の子がでるようなのパケじゃわかんないじゃん、セクシー系かと思ったら甘え系だった、とかもあるし。そりゃSMとかのコアなファンはそういうのはわかりやすいから選べるだろうけど。だからインタビューなんかはオファーがきたら受けさせるようにはしてる。

AV女優にとっても、マネージメントを担当するプロダクションの人間にとっても、雑誌取材は、特定の作品でなく、AV女優自身を視聴者に売り込む好機となっている場合は多い。実際に、前出の企画AV女優Rは、「作品は見たことないですー、でもよく知ってますー」(R)といった視聴者に出会うこともあるという。メディアの中を活躍の場とするAV女優たちにとって、多くの人間に顔と名前を覚えてもらうということは、売上やギャランティの額、仕事量などとはまた独立した、一つのわかりやすい価値なのである。

ただし、ジャーナリストなどのロング・インタビューをおこなう側は、そういった売り込み策としての応対は望んでいない場合も多く、それはAV女優たちにも熟知されている。よって、なるべく自分の真の姿を見せているように振舞いながら、AV女優としてのキャラクターを上手く伝える、といった技術が必要となるのだ。

あたし泣けるのね(笑)、いつでも。だから、お兄ちゃんに実は犯されてて一みたいな話は泣きながらするとリアルじゃん、ちょっと自分でも楽しんでる。お兄ちゃんはいるよ、犯されてはないけど。でも犯された夢は見たことある。で、妹キャラだし兄ネタはちょうどい

いかな、って。（U）

また、そういったジャーナリストの狙いや希望に応じるためにも、また視聴者に対して意外性を持たせるためにも、VTR内とは全く違ったキャラクターをあえて演出する、といった手法を持つ者もいる。

いっつも強いキャラっていうか、あねごキャラで自信家で、みたいなのだと、自分が飽きるのもあるんだけど、ちょっと弱い一面も見て、っていう気持ちがないわけじゃないけど。てゆうか単に、Vと同じ調子で、気が強い感じでいると、演技してるでしょ、ほんとはつらいでしょ、みたいに（インタビュアーが）なるのもわかっちゃってるからね。基本みんなそういうの好きじゃん、おれの前だけでは泣けよ的な（笑）。お客さん（視聴者）もそうだと思うし、あ、Tの意外な側面見ちゃった、ラッキーとか。（T）

VTRの中の自分のキャラクターに忠実な姿であれ、それを裏切り違った側面を見せるような態度であれ、インタビューを受けるAV女優たちには、AV女優として自分が打ち出したいキャラクターを表現し、視聴者に宣伝するといった意識は共通してあるように思う。それは、妹みたいにひたすら弱そうでかわいい、と一貫した演出もあれば、VTR内では強気の美人だけどふとした瞬間に弱くなる、といった複雑な二面性をもつ場合もある。いずれにせよ、視聴者に強い印象を残し、AV女優としての名前を売り込む機会だという位置づけには変わりない。

特有の言語と視聴者への想い

私が知りえたAV女優たちには、「お客様いちばん」といった視聴者へのサービス精神は、希薄であるように感じられた。ただし、カメラの向こうにいる、もしくは彼女たちが掲載された雑誌を手に取る視聴者の存在にまったく無頓着であるというわけでもない。ふだん意識はしないが、何かしらの契機があれば考える、といったところであろうか。その点では、常に視聴者目線でファインダーをのぞき、コンテンツ制作にかかわる、VTRの監督やグラビアのカメラマンとは、明らかに一線を画している。

AV女優が視聴者の存在を意識する契機はいくつかある。近年でわかりやすい例が、ブログのコメント欄だ。現役で活動しているAV女優のほぼ全てといっていいほどブログ使用率は高い。多くが、視聴者のコメントを受けつけ、自分の記事とともに公開していた。視聴者との交流をもつ限られた機会の一つとして、機能している。

ブログのように継続的な交流ではないが、サイン会や撮影会といったファンとの交流イベントもまた、AV女優と視聴者とが直接的に触れ合う稀な機会だ。撮影会などでは、半日以上もの長い時間を視聴者と過ごすことになるため、プロダクションからの規制があっても、ある程度、視聴者との会話や交流を持つAV女優が多い。頻繁にサイン会などのイベントをおこなう単体AV女優であれば、熱心なファンとはそういった場で定期的に顔を合わせ、名前や顔を覚えている、といったこともしばしばあるようだ。

AV女優としての業務とは若干離れるが、ストリップ・ダンサーとAV女優を兼業している者などは、先述のようなかたちでのみ視聴者と交流するAV女優に比べて、ファンとの垣根は低く、交流も比較的盛んだ。熱心なファンは連日舞台に訪れ、設けられた交流時間のなかでAV女優との会話や写真撮影を楽しむ。ストリップとAVの仕事をかけ持つAV女優（比較的企画AV女優が多い）の中には、ストリップ劇場をファンへのアピールの好機と考えている者も多いようだ。

AV女優と視聴者とが直接的にかかわる場は、限られているが存在する。通常、VTRやグラビアの撮影現場でAV女優たちから、視聴者に関する発言を聞くことはあまりないが、イベントやブログ、ストリップ劇場についての話の中には、視聴者への彼女らなりの想いが表れていることがしばしばある。そういった会話の中に現れる、AV女優たちにとっての視聴者像やその位置づけはいかなるものであろうか。

まず、視聴者に関して話すAV女優の口から、最もよく聞かれるのが、「素顔を見たがる」「演技しないでほしいと言われる」という視聴者の願望についてだ。単体AV女優として活動する傍ら、ストリップ劇場でのダンサーの仕事も持つUは、ブログなどの更新内容について、ストリップ劇場でのファンとの交流から着想を得ると話す。

みんな、AV女優はひたすらエロいのがいいとか思ってるかもしれないけど、ファンのひとたちは、ブログでエロい内容とかV（VTRのこと）の現場のこととか書かれるより、今日は何食べたとか、どこにお買いもの行ったとか、週末はカラオケで何うたったとか、普段どんな服着てる、みたいな、素顔のUを見れる場所だと思ってるし。でもVではどうしてもエロじゃん。あとインタビューとかだとそういう何気ないことよりもっと大げさな話になることのほうが多いし。だからブログは、ほんとに日記みたいにしてる。（U）

視聴者が希求しているのが、一般的な感覚よりもずっと性的なものから遠い、AV女優の日常的な顔である、という感覚は、AV女優の中で根付いているように見える。

もちろんAV女優ですから。Vの中ではうまいことやりますよ、でも、ブログとかで、エッチな写真出すよりも、今日コンビニでこんなの見つけました、とかいっておにぎりの写真出したりしたほうが、コメントとか伸びたりするんだよね、で、ああ、普通の女の子としての一面に萌えるのかな、と。（V）

サイン会で、私服？　それ私服？　って感じで結構聞かれたり、お昼何食べたの、とか聞かれたりはする。別にエロいこと求められることはない。別にファンの人たちが求めてるのってそういうことばっかりじゃない。（Z）

よって、ブログなどでVTRの内容についてのコミュニケーションがもたれることはあまりないようだが、稀にもたれた際に、彼女たちが意識するのが、「演技しないでほしい」という視聴者の願望である。

だから、Vの中でも、そんなに頑張ってAV女優っぽくしないで、Uちゃんのそのままでいいんだよ、とか言われるけど。役柄とかはしょうがないんだけどね、こっちとしては。でもそういえば監督とかも演技いらない、っていう人も多いんでしょ？ 私は知らないけど。演技でイッてる顔じゃだめってことなんだろうね。（U）

△△さん（監督名）なんかは、演技見抜くじゃん、で、NGになるじゃん、そういう意味では△△さんとか無頼派っぽいわりに、ファンの人のためを考えてることになるよね、こっちとしてはつかれる撮影だけどさ。（T）

ブログを更新し、サイン会で私服を披露するのは、あくまでAV女優としての彼女たちであり、本名を名乗る彼女たちではない。ＶＴＲの撮影をあくまでコンテンツ制作と考える彼女たちがＶＴＲ撮影中おこなっているのは、「演技をしていない」演出である。と、なるとそこで表出しているのは、あくまで「ＡＶ女優としての」という留保のついた「素顔」であり、「演技をしていない」演技である。彼女たちのファン・サービスは、「素顔」や「演技をしていない姿」というＶＴＲの中の顔でない、また新しい顔を作り出すことにあるようだ。

そういった括弧つきの演出をいくつも使い分けることについて、彼女たちは「エンタテインメント」という特有の総称を用いて説明することが多い。

接客業じゃなくてエンタテインメントつくる仕事だな、って思ったのは、やっぱり基本的にはファンに直接触られるわけじゃないからさ。だから、虚像なんだから虚像をちゃんとつくらなきゃって思うようになったけど、最近だけど、それは。（Ｘ）

風俗じゃない、って○○さん（プロダクション社長）がよく言うのは、なんか風俗ばかにしてる、みたいな感じと思って流してたけど、ファンの人たちはＺっていう存在で楽しんでるわけで、だから、楽しんでもらえるＺにならなきゃって思ってる。全部演技じゃないけど、やっぱり、スタッフみんなでエンタテインメントを作ってるんだって思わないと甘えちゃうし。（Ｚ）

彼女たちの使用する「エンタテインメント」という言葉は、生まれもった自分ではないＡＶ女優としての顔をつくる、といった意味で使われていることが多いようだ。ＡＶ女優としてＶＴＲ内で活躍できる顔を持ち、今度はそのＶＴＲの視聴者が求める「素顔」というまた新しい顔を演出する。そういった何重もの自己演出が、ＡＶ女優という存在全体を形作っているのであり、その全体の形成への作業が、「エンタテインメント」の創出である、と考えられているのだ。

「エンタテインメント」の創出である、と自らの業務を位置づけている時点で、ＡＶ女優たちの意識は視聴者の方を向いている。しかし、その「エンタテインメント」という言葉が契機となって、どうやらＡＶ女優たちの仕事に対する意識がまた別のベクトルを持つようになることもあるようだ。その議論は後に持ち越すこととして、ここでは前出Ｕの発言の引用でひとまず閉じよう。

ファンのために働いてるわけじゃないけど、エンタテインメントって、見てくれる人ありきのものでもあるから。ＡＶ女優だからこれくらいのエンタテインメントしかつくれないいって思われたくないから、演技でもなんでも本気でやるし、ブログも毎日更新してるんだよね。

語り演出するという業務、ＡＶ女優になるという業務

AV女優はかなり自覚的に、イメージ作りや自己演出といった業務を位置づけている。VTR撮影や雑誌取材といった業務中であれば、目の前の業務にどう取り組むか、といったことを優先し、視聴者の目線を常に配慮するわけではないが、一度視聴者の存在を意識する契機があれば、彼女たちの自分作りは視聴者に向かっていく。VTRの中で、あるいは雑誌の記事の中で私たちが見かける、自分について語り、動機を語り、特別なキャラクターをもったAV女優は、ある程度業務の中に組み込まれ、パターン化されたものであることがわかった。それは何を意味するか。

つまりAV女優の業務をこなすことは、自分について溌剌と語り、極端なキャラクターになるということを、一定量含む、ということだ。私はAV女優の仕事は、「AVに出演する」という単発的なものではなく、継続的に「AV女優になる」ことであることを前に示した。その「AV女優になる」という包括的な業務の中に、自分について語るネタ、動機、キャラクターなどを構築し、それに則って振舞うといった行為が含まれているのである。そしてその語られる内容や語り口は、面接などの業務を一つ一つこなしていく中で、次第に身についていくものなのだ。

メディアに登場するAV女優の動機や経験の話は、確かにその都度AV女優たちによって語られたものであろう。ただし、そのように、はっきりとした動機を持ち、自分のキャラクターを打ち出すことは、例えばVTRの中で性的な行為を披露することと同列に並べられた、AV女優の仕事である。そこに表出されていたのが、自らの意志でいきいきと働くAV女優の姿であれ、つらい過去の経験をAVとの出会いによって払拭したAV女優の姿であれ、それらの姿の演出こそが、「AV女優になる」という行為の一環ということになる。

その動機やキャラクターを、彼女たちが「本当の私だ」と思っているか、「嘘の演技だ」と考えているかに私はさほど興味はない。本当の話であれ、作り話であれ、少なくとも彼女たちが自己演出に必然性を感じているのはどうやら事実であるからだ。どちらにせよ、どんな風に自分を見せるかということに彼女たちは向き合うことを生業にしている。そして彼女たちは、異様なほどはっきりとした動機をもった姿をつくりだす。私が彼女たちが本当に自由意志であるのか、強制労働であるのかといった空中戦の議論に興味をもてない理由もここにある。彼女たちが自由意志であること自体、業務の一角に組み込まれている。

私の考えでは、AV女優たちの振舞いのイメージは、性の商品化が自由におこなわれていると考える議論も、逆に強制されたものであると強調する議論も力づけるものではない。自らの意志を強調するように表出されるAV女優の姿が、制作者やAV女優ら自身によって、巧みにつくられる完結した構図は、確かに存在する。しかしそこで取り上げられる性の商品化に携わる者としてのAV女優の姿は、彼女たちが「AV女優になる」ことによって自ずと習得されてしまうものであるからだ。

ここであるいは、ここまでの議論を閉じてしまうことも可能だ。ただ、私にとってAV女優たちの日常を観察していくことは、構図の在り処をさぐりあてる行為でありながら、その構図に収まりきらない彼女たちの姿を目の当たりにすることでもあった。そういった構図から逸脱していくＡＶ女優の姿を語ることなしに、ＡＶ女優について考えることを終えることはできない。ここからはメディアに表出されるＡＶ女優の姿と彼女たちの業務との関係から離れ、業務としての語りとその具現化の中で揺れるＡＶ女優の姿について、議論をすすめていくこととする。

3　内面化するＡＶ女優像

誰がために語る

ＡＶ女優にとって、動機を持ち、ＶＴＲや雑誌記事の中で自分について語り、特定のキャラクターに成っていくことというのはＡＶ女優としての業務をこなしていくことである程度自然と達成されるものである。よって動機が語られることそれ自体、もしくは自らの意志でＡＶに何かを求め、積極的に働くＡＶ女優の姿がメディアに表出されることは、なんら不思議はない、そういうふうにつくられている、といった段階の事実である。

ＡＶ女優は業務上、自らのストーリーを構築し、持ちネタやキャラクター性を獲得し、それらを場に応じて語り、体現することが求められる。それは確かにそのようだ。しかし、それでは、ＡＶ女優にとって、語ることそれ自体、また語る内容は、眼前の業務として求められるもの、それだけの意味しかもたないのだろうか。本節が挑みたいのは、その問い、ＡＶ女優は本当に業務として語り、演出するだけなのか、という問題である。

語ることそれ自体が必要とされていることは幾度も述べるように、事実だ。しかしながら、彼女たちＡＶ女優にとって、業務上獲得したはずの語りの内容が、実際に生きられるものとなってはいまいか。語ることそれ自体、彼女たち自身にとっても必要な行為なのではないか。

メディアに表出されるＡＶ女優像と彼女たちの語る動機はどのような契機によって成立しているのか、といった問題は、すでにその大部分を説明したと思う。私がこれから提げる問題は、その完結した問いと答えを揺るがすものになるかもしれない。また、こういった問題に議論を飛び火させることは、懐疑視したはずの現在の「性の商品化」自由意志論争に自ら足を突っ込む可能性がないわけではない。

それでもあえて本書の最後にこういった議論を提起したいのは、先のような問いと答えを提示したところで、ＡＶ女優たちの働く現場について、本来的な意味で考えたことにはならない、といった思いが強く私自身に残るからである。私は徹底してＡＶ女優の「業務」を焦点化し、それ自体が生み出すＡＶ女優像について考察してきた。しかしその「業務」から派生して、独立し、それ自体が意味を持つようになるような行為もまた、ＡＶ女優を形作っていると思えてならないのである。シンプルに仕事を追っているとこぼれ落ちてしまうようなそういう過剰としてのＡＶ女優の姿こそ、私は魅力的だとも思うし、性の商品化の本質を言い当てているような印象を持つ。それを書き記すためにこれ以降のページを割いてみたい。

ここからも各現場で発せられたＡＶ女優の言葉を随時参照しながら、論を展開することとする。

まず指摘したいのは、VTRやインタビューの中などで語られていた「AV女優になった理由」が、実際の彼女たちの「AV女優である理由」にすり替わっていく様だ。実は面接の場で習得された動機語りが、AV女優の働く拠り所となっていくことがある。それはどういうことか。

続いて、前にも取り上げた「エンタテインメント」といったキーワードを再考したい。私はその言葉を、彼女たちが自身の振舞いの先に視聴者を見据えている根拠として挙げた。しかし、「エンタテインメント」といった言葉自体が、彼女たちが自らを説明する万能用語となり、仕事への意味付けに必要とされるようになることがあるようだ。「エンタテインメント」に関する発言を頼りに、仕事意識の微妙な変化を見つめなおしたい。

語る内容が生きられたものになっていくことについて考えることは、自分について語るAV女優の目線の先から視聴者がいなくなる瞬間を見つめることでもある。AV女優たちが仕事でVTR内で語るとき、スタッフの意識の先には視聴者がおり、故に彼らの指示を共有するAV女優の視線の先にも特別意識することがなくとも視聴者はいたはずである。特にブログやイベントでは現実味のある視聴者やファンの存在もあった。それが彼女たちの意識から完全に消滅する時があるようなのである。

（意識的に）間接的であれ、直接的であれ、視聴者に向けた戦略であった語りや演出が、なぜ視聴者を離れ、独立して必要とされるものとなるのか。そこには、AV女優たちの抱える、どういった事情があるのか。それらについて考えた後に最後の章につなげたい。

動機の内面化

Aちゃん（元AV女優）なんかは、AVやめて、今ケーキ屋さんで働いてるみたいだけど、収入とかめちゃめちゃ減って、そりゃ昔からやりたいことだったんだから、よかったのかもしれないけど、私にはそういうのはなくて、やめたとしてもその後は不安。生活の水準て下げるのは難しいと思う。（中略）だったら（AV女優としての仕事を）やってく中でも、ただ何も考えないで続けていくんじゃなくて、しっかりしてたい、みたいなのはある。最初に興味もったのは、ほんとに、スカウトされてなんとなく、なんだけどね。

これは、AV女優Vの発言である。彼女の言葉は彼女にとって「AV女優になった理由」は曖昧なものであったとしても、「AV女優であり続ける理由」は確固としたものでなくてはならないことを語ったものである。こういった意識は、何もVに固有のものではないようだ。

初めは、正直面接でなんでAVに出ようと思ったのって言われても、（答えは）別に、だった。何が聞かれてるかもわかんないから、スカウトされたから、って答えてた。けど、たぶんメーカーの人とか聞きたいのは、なんで親に秘密にしなきゃいけないようなことしてまで（AVの仕事を）やってるの、なんか理由があるんじゃないの、ってことなんだろうって思う

ようになった。で、別に、って感じで続けるのはよくない気がして。（X）

これを続けていくんだっていう決意と同時だよ、なんでやってるんだろうって考えるようになったのは。最初はなんでって言われても、仕事内容も知らないのに答えられないじゃん。大抵お金でしょ、ほんとはみんな。（T）

彼女たちにとって、AV女優の仕事をする理由、というのは、途中から希求されるようになるものである。本書の目的が、メディアで語られる動機の成立過程を眼差すことであった為、筆者は敢えて、「どうしてAV女優になったのか」といった、彼女たちに繰り返し向けられ続けている質問を避けてきた。しかし、何気ない会話の端々や、現場でのAV女優同士やスタッフとAV女優のやり取りの中に、そういった問いに関する答えを耳にすることは多々ある。AV女優になった理由は、そういった場で耳にする限り、多様で且つありふれたものだった。AV女優がAV女優になった理由は、そういった場で耳にする限り、多様で且つありふれたものだった。キャバクラのお給料ではカードの支払いが追い付かなくなった、スカウト・マンが魅力的だった、収入が多く風俗よりは性的行為の相手がプロであるという点で安全だと思った、芸能関係の仕事が夢だった、バイトをする質素な毎日に飽きていた、等々。

しかし、AV女優を続けていく中で、いくつかの契機を経て、AV女優は自分がAV女優をやっている理由を模索し出す。前章でみた単体AV女優から企画AV女優への転身も大きな契機の一つであると言えるだろう。あるいは親交のあったAV女優が引退したときや、学生と兼業していた場合に学校を卒業したり中退したりするタイミングも、契機になりうる。

その際に、面接やインタビューで常に「AV女優になった理由」に関する問いを向けられている彼女たちは、常々その場に対応して作り出してきた答えを手がかりに、自分が「AV女優である理由」に関するヒントを得ていることがしばしばあるようなのだ。

そりゃだから、つくってるよ、特にV（VTRのこと）の時なんて、なんか面白いこと言わなきゃみたいなのあるじゃん。面接だって最初はとりあえず面白いように、興味もってもらえるように、みたいな中に、そのAVに出たきっかけみたいなのも入ってて。だけど、つくるって言ったってゼロからつくるっていうよりも、本当のことを大げさに言う感じになってくるじゃん。（W）

結局、なんで（AVに）出たんですかって原点みたいなこと聞かれると、適当には答えてるけど、ちょっと考えもするっていうか、なんでだっけ、みたいになって。思いつかないもん、適当に言っていいって言われても。で、結局わかってほしい方向性って自分がやりたい方向性だから、そのために無理やり言ってるわけじゃなくて事実とそんなに遠くなくなってくる。最初、対インタビュー用って感じで、人のことエッチな気分にさせたりするのがうまくなりたいから、みたいなしゃべりはしてたけど、考えてみれば、そういうことのプロになっていくのもいいんじゃないかっていうか、実際にそうなんだよね。（Y）

インタビューで語られる動機は、確かに戦略的につくられたものであったかもしれない。しかし、それが事後的に内面化し、実際に彼女たちのものとなっていくことがある。ありのままを語っていたわけではないのに、事実が語られる言葉に寄り添うようになり、結果として語られる内容と現実の彼女たちの意識が一致してくるのだ。

それは、AV女優という仕事を続けるにあたって彼女たち自身が、「なぜこの仕事を続けるのか」といった問いにぶつかり、その理由を希求しだす、といった事情と、繰り返し動機を聞かれ、自分のストーリーを語らなくてはならない日常が、同時的にあるからこそ、起こりうる現象だと言える。彼女たちは自分の仕事への動機を探しだすときすでに、面接で磨かれた動機を持っている。

単体から企画へ移行する際に起こるような意識の変遷が、面接での語りの獲得と同時進行的に経験されるがために、彼女たちにとって、自分の言葉で、自分に対する「AV女優である理由」づけをすることが容易となるのだ。そして、内面化された動機はその後も、インタビューや面接で、より確固たるものとなって語られ続けることとなる。語るために存在した動機が内面的な動機に参照され、内面的な動機が語る動機を強くすることもある。動機を求められ続ける性の売主であり、演技する主体でもある彼女たちの仕事の特殊性のひとつがここにあるように思う。

性産業からエンタテインメント産業へ

重なる部分がある業界であるため、本書のテーマへの補助線といった意味も込めて、筆者はAV業界とはまた別に、風俗店勤務の女性（主にデリバリー・ヘルス二店舗、ソープ・ランド一店舗）にも話を聞く機会があった。彼女たちとAV女優とを安易に比較するのは不用意であるが、一点、非常に顕著な差異がある。それは、風俗店勤務の女性に比べて、AV女優たちには性産業に携わっている意識が日常的な場面で希薄であるという点だ。

風俗店に勤務する女性たちのやり取りには性産業／風俗産業で働いているという意識がしばしば表出する。

だって普段はおとなしくしてるもん、うち厳しいし、誰も娘がまんこで稼いでるとは思ってないだろ。（ソープ・ランド所属女性）

昨日、お財布の中三千円だったの、風俗嬢の財布じゃないだろーって自分でつっこみたくなった。（デリバリー・ヘルス勤務女性）

彼氏は、結局仕事でも同じことやってるっていうのが気にくわないとは思うけど。セックスするのが仕事の女とつきあってるのが悪いよね。（ソープ・ランド所属女性）

いまどきの売春婦は見た目じゃわかんないもんなんです。（デリバリー・ヘルス所属女性）

何もAV女優たちが自分たちの仕事を、性産業ではない、と定義しているわけではない。現に、売春意識はあるか、といった問いを一度むけると、否定的な答えはまず返ってこない。しかし、彼女たちの日常的なやり取り、現場での会話の中で、先の風俗店勤務女性のような性産業意識が表出することは極めて少ない。忘却されていると言えばいいだろうか。

AV女優の仕事というのは、性産業、性行為をして対価を得る、といった側面の他にも、非常に多くの意味付けが可能である。性産業であると同時に、芸能関係の仕事であり、エンタテインメント産業であり、演技する女優の仕事でも、写真を撮られるモデル業でもある。そして、仕事に多様な意味がラベリングされていることは、仕事の売春的側面を、忘却された付加的部分へと押しやることがある。実際、彼女たちが業務のその他の側面を実感する契機は多々あれ、性産業であることを実感する機会は最小限に抑えられている。それを、AV業界の象徴的な意味のシステムと呼ぶこともできる。

そのシステムがわかりやすく現れる言葉のひとつが、これまで何度か言及してきた「エンタテインメント」なのである。前節で示したように彼女たちの意識が視聴者に向けられている論拠としてもとらえられるが、その言葉は彼女たちが仕事を「説明する」際の便宜的な言葉としても機能するようになるのである。

人前でセックスするだけじゃ、プロじゃないでしょ、エンタテインメント産業なんだから。スタッフの人とかで、すごいね、よくアドリブで台詞あんなに出てくるね、とか言う人がいるけど、うざい。こちらそれで飯食ってますから。(Y)

前に一度引用したプロダクション社長の言葉を、再度確認しておこう。

風俗経験者は多いし、あとは田舎からでてきて一旗あげようって人ね。キャバクラの子も結構来る。みんな脱いでお金稼ぐんだって力んでくることも多いんだけど、脱いでセックスするのが仕事って思われてるとちょっとね。イメージ商売で、モデルとして頑張るんだって思ってもらわないと困る。だから結構最初はうるさく言うよ。風俗の面接じゃないんだからって。純粋だったり素敵な女性だなって思われるようにちゃんとしてろって。

考えてみれば、プロダクションやメーカーの人間が作り出す業界の雰囲気やシステムは、ある時は便宜的に、ある時は意識的に、風俗や性産業との違いを強調し、エンタテインメント産業であることを実感させるような機会に満ち溢れている。それは時に、視聴者の切望する「普通の女の子」像を獲得させるためのプロダクションの戦略かもしれない。またある時は、AV男優の都合などでアドリブを可能にするため、便宜的にからみシーンのみ簡潔な指示が書かれ、その他のシーンに関しては詳細に作りこまれた、脚本にあらわれるかもしれない。

そういった業界の雰囲気に常にさらされているAV女優たちは、エンタテインメント産業に携わる者としての意識を次第に確固たるものとし、性産業に携わっているという意識を否定するまでもなく忘却していく。

風俗と一緒だよ、セックスしてお金もらってるんだから。そうやって考えればね。でもやっぱりそれだけじゃない、っていうのがあるから。役作りとか、イベントとか、やっぱり総合的にやってくっていうのが、対面でヌイてお金もらってるのとは違うっていう。いちいち自分は売春してますっていう風には思わないじゃん。(R)

彼女たちにとって売春行為は、「政治勢力化した抵抗の場」[1]でも、「抑圧の場」でもない。そのように「力の強化か、犠牲者視か」といった軸で彼女らの行動を説明しようとすると、「抑圧ではない＝自由意志」という単純な方程式を安易に肯定してしまうことにつながる。「政治勢力化した抵抗の場」でも、「抑圧の場」でもない売春行為は、彼女らにとって、仕事の中の、忘却された付加的部分でしかない。それは、ポルノに関する諸研究が、もっぱらポルノ作品に焦点をあて、表現としてのポルノについての問題は語りながらも、表現としてではない、行為としてのポルノについて問題にしてこなかったことと近似しているように思う。

強調しておきたいのは、AV女優への入り口は、特殊な場合を除いて、風俗やストリップ、水商売などほかの性の商品化の窓口と地続きにあることである。稀にタレントとして活動後にAV女優としてデビューする者がクローズアップされることがあるが、AV業界を構成する主役はあくまで、ありふれた理由で迷い込んでくる女性たちだ。AV女優になる理由とソープ嬢になる理由が、ややずれてはいても似たようなものである場合が多い。

それでも彼女たちが動機について語るとき、それが何についての動機なのか、忘れないことは極めて重要なことだ。彼女たちはAV女優であり続ける動機を語っている。しかし、AV女優としての業務をこなすことは、売春意識、性産業意識を弱体化し、エンタテインメント制作者としての意識を強く持たせる環境に身をおくということだ。性の商品化についてその自由意志を語る際には、性の商品化に対する意志であると、彼女たちの意志を容易に位置づけることはできないだろう。

視聴者の消滅

彼女たちの日常業務の中で視聴者への思いを感じ取れる瞬間は限られているものの、メディアに向かって語りかける時、少なくとも彼女たちは視聴者の求めるＡＶ女優像を、間接的にでも推測し、それに即したキャラクターを演出していることに変わりない。しかし、彼女たちと長い時間を共有していると、語る彼女たちの視線の向こう側に、仮想されている視聴者像が完全に消滅することが起こりうると感じたこともまた事実である。

雑誌取材への同行を通じて、特にそういった状態を感じた。雑誌取材はＡＶ女優のキャラクターをわかりやすく世に知らしめ、売名するという非常に効果的な宣伝行為である。しかし、ＡＶ女優自身の意識の中で、そういった宣伝行為以上に重要な役割が、取材／インタビューにある場合が存在するのである。

雑誌取材をする側のジャーナリスト等には、「ＡＶ女優の素顔を見せてキャラクターを確固たるものにする」という宣伝行為だけでなく、本来的な意味での「素顔」に迫りたい、という願望があるのであろう。通常手慣れたＡＶ女優は、そういった願望をくみ取った上で、自分にとってプラスとなる素顔の見せ方を工夫して打ち出す。しかし、そのプラスになる、というのが、視聴者に対して好印象を持たせる、自分の名前をキャラクターとセットにして覚えてもらう、といった短絡的な点でなく、「自分にとって好機となる」といった点に見出すことが、決して例外的でなくありうるのである。

結局、普通の人だと考える機会がないことを考えさせてもらえるっていうのはうれしいことでさ。いちいち考えないじゃない、いや、頭いい人たちは知らないよ、少なくともバイトしてた頃の私は考えなかったさ。でもインタビューなんか、長いものだと三時間とか、延々どういう人生歩んできたか、とかそれでなんで今の仕事しているのか、とか話すから。それってもはや仕事に繋がるとかいう次元じゃないと思うのね。（Y）

（インタビュー取材が）考える機会にはなってた。それと、自分に言い聞かせるって言ったら言い方悪いけど、私が今こうであるのはこういう理由があるんだから、いいことなんだ、やっていていいんだみたいな実感はできる。（T）

インタビューについて語る彼女たちの意識の中に、もはや視聴者の求めるAV女優像に近づこうといった意識はない。むしろ自分に対して、今の自分の状況を説明づけ、なんとなく、といった曖昧な部分を、言語的に整理する機会にしたいといった意識が強いのだ。もちろん、彼女たちに、追加的に質問を続ければ、以下のような答えが返ってくる。

そりゃお客さんに好かれるのは当然だよ、そのためにやってるよ、なんでも。ただ、そういう意味もあるんだよっていう話。（Y）

買ってくれる人あっての商売だっていうのはわかってる。でもそれに媚びてる姿を、必ずしも望んでる人ばっかりじゃないから。（T）

視聴者の存在を無視して、自分のためにだけ語ろうといった姿勢が彼女たちの主流派だと私は思わない。しかし、それに先行して、考える機会としての語りの場、自分が納得して仕事するための動機、というのが存在する場合があるのだ。視聴者の存在は、意識する機会さえあればＡＶ女優にとって常に重要なファクターではある。しかし、いざ語ることを求められたとき、それが視聴者に向けられた宣伝行為として完結しているかというと、付随的な目的が肥大していることがあるのもまた真実だ。

そういう質問てちゃんと答えられないと不安になる。なんでこんなことしちゃったのかわからなくなる。漠然と、くる仕事をこなしてるってことになっちゃうから。（中略）やっぱり、私の仕事っていうのは理解されにくい、汚い、危険もある、人に簡単に言えない、っていうのがあるんだよ。それでも続けてくっていうのは、自分の中で、なんかあるはずなんだよ。なんかしないとダメ、してないと死んじゃう、みたいなのがあるはずで、それは、自分で考えられないから、ある程度カウンセリングじゃないけど、質問されるっていうのは、私に

とってはすごい大事で。（V）

明るいAV女優像の希求

繰り返してきたように、メディアに表出する饒舌なAV女優は、ひたすら視聴者の願望に応えようとして演出されたものだと言い切るのは難しい。そういった動機や自分語りを希求しているのは、AV女優自身でもあるからだ。

再就職や結婚に対して、困難が待ち受けているにも関わらず、「なんでこんなことしちゃったのかわからなくなる」（V）というのは、ある側面では、AV女優の本音であろう。そういった漠然とした不安や疑問を、他者から改めて尋ねられ、業務上、何かしら答えなければならない状況、というのは、彼女たちにとって極めて重要な機会となりうるのである。

そしてまた、彼女たちに動機ややる気、仕事を続けていく理由、として確固たる言語化されたものがあるというのは、プロダクションやメーカーといった制作スタッフ側にも喜ばしい状況に他ならない。

私の感じる限り、プロダクションやメーカーの人間に、AV女優の感覚を麻痺させたり、洗脳し操ったりしようといった意識は希薄だ。ただし、制作スタッフにとって、担当のAV女優の人気が上昇したり、作品が売れたりすることは何より嬉しい。そして、業界に根強くある観念として、はきはきと明るく、やる気のあるAV女優が良いAV女優である、といったものは存在している。ＡＶ女優にやる気やいきいきとした笑顔を持たせるのが、良い作品を作ろうとする彼らの得策となり得るのだ。

よって、しっかりとした動機を持ち、明るく仕事をしているＡＶ女優、というのは、①視聴者の欲望に応え、②ＡＶ女優たち自身のストレスを軽減し、③良い作品を作ろうとするスタッフの願望を叶える、というそれぞれのニーズに応じた、非常に合理的な存在なのである。その姿は自然と表出するものではない。そうではなく、いくつかの主体の願望や戦略がある程度一致して打ち出しているものだと言えるのではないか。

4　戦略としての語りから自己陶酔へ

メディアに表出する「語るＡＶ女優」という存在が、具体的にどのようにつくられているのか、その方法と戦略について、現場に即して詳しく観察した。そして、カメラに向かって動機や自分のストーリーを語ること自体が、ＡＶ女優の業務の中に組み込まれたものであり、彼女たちが自覚的にイメージの演出という業務をこなしている様を示した。そして、彼女たちの意識の中に、視聴者の欲望に応えようとする姿勢も垣間見ることができた。

しかし、われわれの目に映るＡＶ女優の姿が、決してそういった視聴者に向けた戦略にのみ創出されたものではないこともまた考察してきた。彼女たちにとって、常に動機や自分について問いを向けられ、メディアに向かって語るという行為は、どうやら業務や戦略を超えた意味のあるものであった。それは、ただ自分のために語るのではなく、ただ視聴者に媚びるのではなく、視聴者のためにつくられた業務が結果的に彼女たちの意識の中に内面化され、彼女たちが仕事を続ける拠り所となっていく、そしてその姿が再度メディア上に浮かび上がる、という、相互参照的なAV女優の語りの構造を示すものである。

AV女優はその職業の業務上、問いかけられたら常に答えられるような動機を持っていることが理想とされる。しかし、動機を語る動機は、視聴者に向けたメディア制作者としての戦略のなかに閉じられてはいない。AV女優に積極的な動機を希求する姿勢は、むしろAV女優たち自身に見られるものでもあるからだ。それは、彼女たちの意識の中で、語ること自体が目的化していく過程にほかならない。

長期間AV女優のなかで過ごしてきた私の印象では、AV女優たちはカメラの前やブログを更新する時だけでなく、移動中のロケバス内、メイク・ルームなどでの待ち時間など、あらゆるところで饒舌である。VTR撮影中、長時間AV女優と二人で過ごすことが多いメイク担当者は、饒舌なAV女優について語っていた。

　人による。けど、しゃべらない子はいない。ちょっと泣きそうになってる子もいれば、聞いてもないのに（笑）べらべらべらべら彼氏の話とか親の話とかしてる子もいる。もともと

（自分がやっていた仕事は）芸能関係だから、最初はびっくりした。なんか緊張しないように喋りかけてあげてね、とか言われるけど、別に喋りかけるまでもない。それが必要なのはデビュー（一作目）の子だけ。（フリーのメイク担当者）

ＡＶ女優にとって語ることは、業務上避けられない行為であり、時間的にも体力的にも業務中のかなりの部分を割くものであると同時に、ＡＶ女優を続けるために、自分自身に必要な行為となっている可能性がある。それはある言い方をすれば、業務の中で獲得した溌剌とした自分語りに、彼女たち自身が陶酔していく様に近いかもしれない。社会に生きるわれわれにとって、人前で赤裸々な過去や動機について語るというのは、通常経験されるものではないからだ。それは、常に動機を尋ねられる、というある意味で非常に特権的な立場にあるＡＶ女優たちが、特権的に知り得ている快楽なのかもしれない。

少なくとも、ＡＶ女優を志した時点での彼女たちの動機は散漫で漠然としており、人それぞれであると同時に大げさなものではないことが多い。しかし、一定期間ＡＶ女優として活動を続けた後、彼女たちは確固たる動機を持った存在に変身を遂げている。その姿を、視聴者、スタッフ、そしてＡＶ女優たち自身が歓迎する。

問題を複雑化するのは、繰り返すように、意志と動機をしっかりと持つことはＡＶ女優に必ず求められるようになる姿勢である（つまり、ＡＶ女優になる、という業務の中にそれらの獲得が既に組み込まれている）と同時に、彼女たち自身が好んで獲得していくものであるということだ。意志や動機ややる気が確固たるものになればなるほど、AV女優は体力的、精神的なきつさ、困難にも立ち向かい、挑戦していくようになる。しかし、彼女たちをそうさせているものの一因は、彼女たち自身によってつくられている。そこに大いに関係しているのが、繰り返し問われ、繰り返し語る、という彼女たちの日常なのである。

それらは何も、彼女たちに過剰な労働にも耐えられるほどの動機とやる気を持たせるために、あえてつくられたシステムだとは私は思わない。AV女優の素顔を見たい、といった視聴者の欲望や、良い子を見極めたいと面接をするメーカーの人間の業務上の目的、トラブルのない現場で良い作品を作ろうとする監督ら制作スタッフの思惑など、それぞれが合理的な目的のもとにつくられた機会であり、それらが総体的につくっているシステムなのである。AV女優に動機を語らせる者たちの動機は先述のように様々であり、AV女優が動機を語る動機もまた、時に応じて様々となる。しかし、それが結果として、意志と動機をもったAV女優をつくる、中核的な要素となっているのは、どうやら確かと言えそうだ。

第七章

おわりに

生きた経験としての性の商品化

1　AV女優と「自由意志」

ここまでの議論とその困難

そもそもすべての議論を始めるにいたった私の動機は、私たちが生きる社会で女の子たちにとって性の商品化がどんな経験になりうるのか考えておきたかったことにある。性の商品化について語る多くの議論が、議論としての価値は別としても、私たちが実際に過ごしている街の雰囲気に寄り添っていないような気分にさせられることが多かった。どこかオヤジ臭かったり、一番不幸な者にしか寄り添っていなかったり、妙に理性的だったりして、その中心に逞しく立っている私たちが置き去りにされているような気がしていた。

性の商品化を議題とする多くの立場の議論が、「自由意志」といった言葉を軸に進められている事態に対しての懐疑もあった。世代的なものもあるのか、いわゆるフェミニズム的なものへの距離感と、そういった性の商品化にまつわる議論への違和感と、何か遠いところの話をしているように感じるセックスワーク論への微妙な不満を持ちながら、それをどんな別の軸で語ることができるのか。いろいろな想いはあるものの何ら確信はないままに私はＡＶの世界に入っていった。

その経験は私にいくつかの問いを提示してくれた。性を商品化する現場では何がおこなわれているのか。自らの性を商品化する過程は具体的にはどういった経験なのか。ＡＶ女優たちはなぜ饒舌に自分について語ることができるのか。そして彼女たちはそもそも何故自分たちについて、仕事の動機について語っているのか。

本書の前半では、「メディアの中で見ることができるＡＶ女優はどうつくられているのか」について答えることにページを割いてきた。性の商品化のあらゆる議論の中で半ば自明のものとされていた「自らの性を商品化する女」たちに、できる限り近づいて、細部に目を向ければ、彼女たちの中にある文法や規範や価値観の特殊な部分や普遍性について考えることができると思ったからだ。目立って動機が商品化されているＡＶ女優という存在に着目したのも、彼女たちが言われるがままに動機を語る背景を探ってみたのも、私たちの日常と地続きのところにいるように見える彼女たちが「どうしてＡＶ女優になったのか」と語るその光景がどこか滑稽で、反面、その姿に代表されるような女性のイメージが、社会に根深くあるような気がしたからだ。

私がここまで指摘してきたことはまず二点ある。

第一に、そのように赤裸々に動機を語り、「自由意志で働くＡＶ女優」となること自体が、「ＡＶ女優になる」、「ＡＶ女優の業務を全うする」といった作業の中に、すでに組み込まれていること。そして面接という経験を焦点化することで、「自由意志で働く女性として動機を語る」こと自体、AV女優の主要な業務の一環であること、そのための語りの獲得の場、熟練の場がシステムの中に用意されていることを説明してきた。

第二に性の商品化の現場において、労働に対して支払われる対価と、身体の商品的価値について支払われる対価は、区別可能なものではないという問題だ。数々の構成要素となるアジェンダの総体として、「AV女優になる」ことに対する対価を、彼女たちは受け取っているのである。それがAV女優にとって、性の商品化意識、性産業に携わっているという意識を希薄なものとすることも、すでに指摘した。

自由意志が担保される仕掛けとして、便宜的に注目したAV女優の動機語りを、執拗に紐解く作業のなかで、新しく見えてきた点もある。確かに業務として獲得され、語られる動機や自分のストーリーが、いつしか業務上の戦略を超え、AV女優たち自身にとって重要なものとなっていることだ。彼女たちはAV女優であることに含まれる業務の一環として、メディア上で自分について語り続ける。しかし、その語るという行為が、求められる業務といった位置づけ以上に、それ自体目的化され、彼女たちの仕事の支えになっていることがあるのだ。

これまで例えば多くの男性の論者たちの議論が、性の商品化に具体的に携わる女性を間近で見つめてこなかったのは、それら女性の複雑な立場を、本能的に避けてきたからなのかもしれない。彼女たちに目を向けることは、「性の商品化」や「自由意志」を体現しながら無効化してしまう現場に目を向けることであり、それは積み上がっている売春や性の商品化の是非についての議論が解体してしまうものだからだ。

業務に組み込まれ、演出される自由意志や、忘却される性の商品化意識は確かに性的な被害者としてイメージされる女性とはかけ離れた部分がある。けれどもその所在が明らかになるだけであれば、彼女たちを、無自覚な性的労働者であり、淡々と業務をこなすことで、意識しないまま自由意志の性の商品化を体現してしまっている存在である、と位置づけてしまうことが可能であろう。

しかし、その自由意志の姿、動機を語る行為というもの自体を彼女たち自身が希求し始めた時点で、存在としてのAV女優のまた新しい側面が生まれてしまう。それは、彼女たちが業務の一環で自由意志になっていくと同時に、本来的な意味で、「明確な動機を持った自由意志で働く女性」になっていく様にほかならないからだ。さらに、そうなっていく彼女たちは、その事実を鼓舞し、饒舌に語ることに喜びや動機を見出すこともある。それは彼女たちがAV女優になる動機がどうあれ、AV女優であり続ける動機を獲得していく過程でもある。

それを発見した時点で、われわれには実は二重の意味での困難が降りかかっていた。第一に、私が当初懐疑的な視線を送った「自由意志と言ってもそれは社会的に構築された自由意志である」と断じるある種の論考群に、本議論自体が吸収されてしまう危険性である。そして、第二に、第一の点から発展して、自由意志とはそもそも何なのか、といった終わりのない抽象的な議論に足を踏み入れてしまう可能性である。

AV女優をかたちづくるもの

それでも私は、救済を求める性労働者に向けたセックスワーク論や、自由意志にまつわる終わりのない空中論戦では語りきれない、性の商品化の実態があると強く思っていた。それは世界のいろいろな場所にいろいろなかたちで存在するのだろうが、私は東京に集まってくる女性たちの身体と労働と性の商品化にとても惹かれる。

私はここまで、自由意志に見えるAV女優の姿を焦点化しながら、彼女たちの意志の真偽を疑う作業や、社会的な立場における動機それ自体の検証には興味を寄せてこなかった。それは性の商品化を生きられるレベルで眼差していくにはまず、本書の冒頭でも指摘したように、「道徳的であろうとなかろうと」性を商品化し続ける彼女たちが「(実は) 何かしらの強制の結果だったとしても」自由意志を語るそのメカニズムに目を向ける必要があると感じているからだ。彼女たちの動機語りを解体することは、彼女たちの自由意志を疑うためではなく、そもそも自由意志の枠組みで語ること自体を解体する作業として進めてきたつもりだ。

しかし、積み重ねられる性の商品化やセックスワークの議論と、私が見たAV女優たちの気分をより強く差別化するために、残りのページを使って、ここまでの議論からこぼれ落ちてしまったAV女優という経験が持つ意味を書いておこうと思う。私がここまでAV女優のプロ意識や語り口調などについて詳しく論じてきたつもりだが、もちろんAV女優をかたちづくるすべての要素を網羅してきたわけではない。この本のすべての幕を閉じる前に、彼女たちの別の側面についてふれておくことで、AV女優の生きる状況をより多元的に紹介したい。

AV女優のような存在を語る際に、これまで学術的な分野で積み重ねられた議論に私が物足りなさを感じたのも、そもそもは生々しい現場の空気との違和感を感じたからにほかならない。結局は渋谷の生脱ぎブルセラショップの中であれ、キャバクラのメイク室であれ、AV女優の撮影場所であれ、「性の商品化」や「セックスワーク」として語られてきたものと街の現場を隔てるのは、そこにいる女性たちの逞しさや気分によるところが大きいのだ。私がここで補足的に何か書き示そうとするのも、その気分の記録をより充実させたいことにつきる。

AV女優のすべてを語りきることはできないが、この章では二つの点に絞って彼女たちの置かれる状況の特異さを紹介していこうと思う。一点目は、先にもふれたが、橋爪が指摘する「モラルに反して性を商品化している」という「〝転落〟実感」(橋爪［1997］)と深く関係する。私は本書の冒頭でAV女優を「名誉回復が不可能なほど(緩慢なところに線引をする存在)」とあえて述べたが、少なくとも現状では彼女たちは構造的に劣位な立場に置かれていると考えるのは難しくない。ここでは彼女たちが置かれる立場の社会的な意味について簡単にふれておこうと思う。

二点目として私が挙げたいのは彼女たちの仕事が、性的な行為を含むことで、他の仕事と違った側面を持つことについてである。彼女たちが業務上経験する行為は、時に仕事の域を超えた体験として記憶されることがある。そういった体験もまた、面接のシステムや単体AV女優から企画AV女優への移行とはまた別の次元で、彼女たちの仕事における大きな要素として存在する。性的な行為それ自体について詳しく書ききることはできないが、書ききれないそういった経験が少なからず彼女たちの存在を構成する一端を担っていることだけでもふれておこうと思う。

AV女優の間に流れる空気をかたちづくるのは、性的な行為だけでも、語りの存在だけでもない。ここから説明する、前章までの議論からこぼれてしまったようなあらゆる側面が、私が書いてきた彼女たちの自由意志の獲得と複雑にからまりあいながら、AV女優という女の子たちの輪郭をかたちづくるのだ。

2　構造的劣位

彼女たちの激務

一般的な「性の商品化」に対する感覚を共有するがゆえに、勤労の倫理を獲得し辛い。そういった立場を引き受けているAV女優たちに、実際に降りかかる困難は何であるのか。はたして、AV女優は「被害者」であるのか。

まず彼女たちの仕事の現場には、構造としてのホリックの問題、激務の問題がある。一定期間AV女優を続けていくことで、彼女たちはデビュー当初では耐えようとしなかった多忙さや過激な仕事にも自ら挑戦するようになるという事は指摘した。「頑張れば頑張っただけ」生活が改善され、今後のAV女優としての評価につながる、といった構造的な事情が存在するだけでなく、AV女優としての意志やプライドを獲得していく彼女たちは、自らその「頑張り」をやや過剰なものにするのである。

一般企業に勤める会社員のような、厳しい労働関連法に守られていないが故の過剰労働だという指摘があるかもしれない。しかし、来月以降の仕事のためにすすんで過密に面接スケジュールを組むのも、仕事の幅を広げようとハードな内容の作品に積極的に出演しようとするのも、AV女優自身のキャリア・プランによるものであることがほとんどだ。ギャランティが下がっても、人が嫌がる内容の作品でも、やる気を持って挑戦するAV女優を、制作スタッフや業界は喜んで受け入れる。ある意味で利害の一致した関係性を解体し、リモデルするのは難しい。

いずれにせよ、若い女性のセックス・シーンがコンテンツとして求められ、高額な報酬や華やかなAV女優の世界にあこがれる女性が後を絶たない以上、社会はこういった搾取を止めないだろう。しかし、内臓に支障をきたすまで身体を酷使して働く者は、社会に無数に存在する。それは投資銀行家やSE、介護士など、激務がクローズ・アップされている者だけ挙げていってもきりがないほどだ。彼らもまた、ある部分では自主的なハード・ワーカーであり、ある部分では構造的な搾取の対象である。AV女優の激務は、彼女たちにとって、主に肉体的な問題の要因とはなり得るが、彼女たちを被害者と捉える理由としては、特有性のないものだ。

食糞、極寒の中での露出など、身体的な影響を及ぼしかねない作品への出演にも、基本的には同じことが言える。確かに、そういった作品は出演を希望する者が少なく、時にはそれなりに熱心な「口説き」によって出演を了承するＡＶ女優も存在するだろう。しかし、最終的にはメーカー面接や監督面接、プロダクションのマネージャーとの打ち合わせの中で、自らのＡＶ女優としての現状、未来、可能性を考慮し、出演を決定するのはＡＶ女優自身である。選択肢の少ない中での選択は、確かに不本意を含むことがあるが、やはり社会的に特異なことではないだろう。問題点、肉体的な苦痛・負担は存在する。しかし、それらはＡＶ女優たち自身が被害であると考えない限り、被害と断定するにはあまりにありふれたものである。ほとんどの場合、ＡＶ女優自身が苦痛と感じた時、それを中断・棄権できる選択肢が存在している。ＡＶ女優自身の訴えがあった際に、即座に救い出す手が必要なのであり、その議論こそ、私が一朝一夕につくり上げることのできない、厚みのあるセックスワーク論が重ねてきたものである。その議論の厚みがあってこそ、私の議論は、セックスワーク論に助けを求めることのない彼女たちについて書くことができた。

つきまとう二つの不安

ただ、ＡＶ女優が「ＡＶ女優であること」に伴う大きな困難・苦痛として口にするものとして、「親（友人・学校・職場）バレ」の恐怖と「引退後」の不安、の大きく二つを挙げることができる。

「親バレ」とは文字通り、AV女優として活動していることが、親、友人、学校などに知れてしまうことである。AV女優たちは、AV女優の仕事に対する一般的な感覚を理解し、ある部分では共有していることが多いため、それが周囲に知れた際のリアクションには非常に多くの不安を抱いている場合が多い。

私は仕事好きだし、このままもっといろいろ経験して上にいきたい。最初に思ってたよりずっと楽しいし、私にとってはやりがいを感じる仕事。だけど、かたいうちの親は、絶対理解しない。もしばれたらどうなるかわかんないくらいこわい。（Z）

ブログで、コメント欄に誰かが本名とか出身高校とか書いたの。たぶん私のことを嫌いな友達。夜中に見つけてマネージャーさんに電話して速効削除してもらったけど、あの二時間くらい、死にそうに怖かった。（X）

親はわかんないじゃん、私がやりたくてやってるとかそういうのは。（U）

両親若しくは片親公認で仕事を続けているAV女優は私の接した者の中で二人しかいなかった。他の者は、別の仕事やアルバイトをしている、といった方便をしてAV女優であることを親に隠して、仕事を続けている。これが友人になると、その数は若干増えるが、それでも知人や所属している学校など本名の彼女たちを知る者に、AV女優であることを明らかにしている者は少数である。そして多くが、隠している自分の職業が永久的に周囲に知れないことを望んでいる。

その事実を振りかざして、彼女たちを脅かす者が存在する。プロダクションやメーカーの人間の間では、どんなにAV女優の素行・勤務態度に問題が発覚しても、そういった脅迫は聞いたことがない。AV業界のタブーとなっている感覚すらある。しかし、そのルールを共有しない者、つまりファンや別れた恋人、心ない友人などは、彼女たちを脅かす存在になりうる。AV女優を続けていくにあたって、そのストレスを最大の苦痛と考える者は少なくない。

引退後の不安もまた、彼女たちの大きなストレスの一つであるようだ。

△△ちゃんなんかは、AVやめて、今ケーキ屋さんで働いてるみたいだけど、収入とかめちゃめちゃ減って、そりゃ昔からやりたいことだったんだから、よかったのかもしれないけど、私にはそういうのはなくて、やめたとしてもその後は不安。生活の水準て下げるのは難しいと思う。(V)

辞めちゃう子って急に辞めちゃったり、○○ちゃんとか□□ちゃんなんかは子供できちゃって結婚、みたいな感じだからその後も連絡とってるけど、そういうのじゃなくて辞める人っていつのまにかいなくなっちゃう感じじゃん。その後どうしてるのか、仕事とか、教えてほしい。私なんて学生だし、劇場（ストリップの仕事のこと）やる気はなくて、でも就職とかできるのかは不安ですよね。（X）

AV女優は、他のAV女優の引退後について、おぼろげな知識しか持たないことが多い。AV女優をしていたという事実によって社会的生命を奪われた、という具体的な話は聞かないが、引退後に別の仕事で大成した、という話もあまり聞こえてこない、といった状況だ。絶望しないまでも、AV女優の仕事以外の仕事を真っ当に始められるのか、漠然とした不安を抱く者は多い。そしてそれが、AV女優の仕事を続けていこうという決意に、後押し的な意味で影響していることも少なくない。第六章でも引いた先のVの発言は以下のように続く。「だったら（AV女優としての仕事を）やってく中でも、ただ何も考えないで続けていくんじゃなくて、しっかりしてたい、みたいなのはある。なんでやってるの、って言われて、うーんなんとなく、じゃちょっと。最初に興味もったのは、ほんとに、スカウトされてなんとなく、なんだけどね」。

「親バレ」の恐怖にしても、「引退後」の不安にしても、実際のAV女優としての業務から直接的に受けるものではないが、「AV女優である」という総体的な仕事に多かれ少なかれ必ず付随するものであると言ってよいだろう。そしてそれは、「AV女優であること／AVに出たことがあること」が、社会的に好印象を持たれない、社会的に劣位な立場に置かれる一因である、といった一般的なイメージを、ＡＶ女優自身が知り、理解しているが故に感じる恐怖や不安である。「仕事自体は好き、しかし親にバレるのは怖い、引退後も不安だ」というのは、実際に好きな仕事をしながら、その社会的イメージによって両義的な立場に置かれているＡＶ女優の状況を表わしている心情だ。

それでは、はじめの問いに戻ろう。ＡＶ女優は被害者であるのだろうか。業務に関して、他の職種に比べて顕著な苦痛、悪意に満ちた搾取を感じているＡＶ女優は稀である。しかし、その業務をこなすことに付随する恐怖や不安は、時に彼女たちを脅かし、多くのストレスの要因となることがある。それは、社会的イメージが必ずしも良くないとされることを知った上でＡＶ女優になろうとする者の、背負わなければならないものでもある。

性の商品化に携わること自体が、彼女たちを社会的な被害者と位置づける事由にはなっていない。「性の商品化に携わっていたことが、社会的に劣位な立場になる理由となりうる」、といった社会的な構造によって、彼女たちは被害者と位置づけられる可能性は持っている。

彼女たちを構造的に劣位な立場とする総合的な文化構造に対しての提唱は、本書の射程を超えているが、「動機」の獲得、ＡＶ女優たち自身の自由意志に対する執着自体が、彼女たちの責任意識、社会的な差別の正当化につながっている可能性についてはふれておきたい。自己責任によるストレス／苦痛だと断じてしまう言い訳が、ＡＶ女優たち自身によって社会に与えられる。「好きでやっているんでしょ?」。世間からは大した重みもなく頻繁に発せられる。しかし、ＡＶ

女優自身が自らにかけるその言葉は時に、重い。

3　初体験、快楽、達成感

性的な行為それ自体をこのような本の中で言語化できるとは思わない。私はＶＴＲ撮影の内容について、細かく書き込んではこなかったし、ここに書けるとも思わない。ただ、私が書ききることができない領域が、ＡＶ女優という経験において小さな意味しかもたないわけではない。ＡＶ女優という仕事に確かに含まれるその行為は、極めて個人的な経験として、業務の域を超えることがある。

ＡＶコンテンツのサイトを見れば明らかだが、ＡＶに含まれる内容は実に多彩だ。人前での自慰行為でも、複数の男性を相手にする行為でも、天井から吊るされてムチを打たれる行為でも、彼女たちはプロとして毅然とこなす。毅然とこなしながらも、何かしらの収穫を持ち帰ることも当然ある。

「あの監督の作品にもう一度出たい」と希望するＡＶ女優がいる。ある作品への出演をきっかけに自分から大きな方向転換を望むＡＶ女優がいる。個々の経験の詳細はすでに多くのインタビュアーが鋭い眼差しを向けているが、私には総じてそのような変化が、ＡＶ女優がＡＶ女優としてのみ経験する行為に関係しているように見えた。

性的な経験に個人差はあれ、多くのAV女優には撮影現場で初めて経験した行為が存在する。あるAV女優はデビュー作の撮影で、初めて女性と性的な行為をした。別のAV女優は、出演作三〇本近くを撮影した後、初めて麻縄で身体を縛られる経験をした。

実際に同性愛者でレズ作品に出演したり、実際にSM嗜好や露出嗜好があったりするAV女優もいるが、多くはごく普通の性的経験しかもたない状態でデビューする。すでにふれたが、新人AV女優の多くはスカトロ、SM、アナルセックスをNG項目にしており、単体AV女優の場合は、ソフトSMやカメラの前での排尿行為もNGとする者も多い。しかし、撮影の仕事に徐々に慣れてくるにしたがって、低温ろうそくの使用や排尿、手足の拘束やレズプレイなど、一般的な性的経験にあまり含まれない行為にも挑戦するようになる。

AV女優は女優として演技する立場にあるが、撮影中のあらゆる行為は合意の上で実際におこなわれるものがほとんどだ。熱い、痛い、冷たい、苦しい、恥ずかしいという直接的な気分も実際に経験される。実際におこなわれているという特徴に加えて、合意の上でプロの監修のもとにある安心感がAV撮影ならではの環境である。そのような経験を、「安全な性的冒険」として楽しむ風潮が現場のAV女優には確かに存在する。

私はこの本で、面接や現場での立ち位置の変化を経験することで徐々に過激な内容に挑戦するAV女優の変容をたどってきたが、そういった変容のシステムとはまた別の次元で、撮影内容それ自体でフェティシズムにふれる性的な冒険は、よくも悪くもAV女優の心身に刻まれる。当然、快楽や達成感として刻まれることもある。

私が撮影現場にいて素直に感じたのは、コンテンツとしての性質とは別次元で、現場には現場の感動があることだ。ＡＶ撮影の内容すべてを肯定的に見るわけではないが、ハードなＳＭプレイなど、過激な撮影の終了後はスタッフに言わせると「いい顔をしている」ＡＶ女優が多く見られる。

それは身体的にきつい仕事への達成感であったり、初めて経験する性的行為の興味や快楽であったり様々であろう。過激な作品になればなるほど、「その道のプロ」と呼ばれるような専門の監督や男優が携わっている場合が多いので、そうした独特の現場への畏敬の念が生まれるのかもしれない。それはある種のインタビューの中で語られてきたものもあれば、語られてこなかったものもあるだろうが、どちらにせよＡＶ女優たちの個人的な経験と感動として、語られる必要なく存在しているものであると思う。

私は、そういった現場の感動がＡＶ女優の仕事の継続やプロ意識の形成に持っている影響は、決して無視できるレベルになく、個々人の女優たちにとってはあるいは最重要な時もあると感じていた。その極めて個人的な経験と感動が、この本で説明してきたようないくつかの契機と重なって、ＡＶ女優が成立していくであろうことは、最後に記しておきたい。

4　誰がAV女優の動機を生むのか

語りの向かう先

性の商品化の現場に関する問いに答えていくために、当初便宜的に焦点化したAV女優の動機語りは、私を、AV女優の意識の変遷や立場の複雑性に目を向けるところへと導いてくれた。そしてAV女優たちが「AV女優であり続ける動機」を確保するにあたって、動機を問われ、答え続けていかなくてはならない彼女たちの立場が大きく関係していることを現場を通して知った。そして、当然その語りは単純に存在するだけではなく、この章でみてきたような多くの業務上の特異な体験を経て、複雑な環境に身をおきながら経験されるもので、そこに彼女たちの性の商品化の生々しさもある。

最後にもう一度、私がこだわってきた動機語りに注目してから本書の幕を閉じたい。AV女優の動機は、結局のところ、いったい誰の為に存在し、誰に向けて語られるものなのか。

まず、視聴者の欲求とそれに応えようとするAV監督をはじめとした関係者（インタビュー本であればジャーナリストや出版社）の思惑が存在するだろう。「AV女優になった理由」や「AV女優になるまでの人生」が商品化されるという事態は、それらの存在なくしては成立しないからだ。AV女優に人となりや背景をたずねるインタビューなどがコンテンツとして少なからず存在することを考えると、「動機語り」を求めているのは必ずしもAVの視聴者だけとは限らない。媒体がよりジャーナリスティックなものであればあるほど、その消費者も、ＡＶへの嗜好を超えて幅広いものとなるだろう。

ＡＶ女優のファン、つまりＡＶの視聴者の、インタビュー等に関する中心的な欲求として、ＡＶ女優ら自身は「ＡＶ女優の素顔を見る」ことであると考えていた。そしてそれに答えようと、時にキャラクターに即して、時にキャラクターを裏切って、彼女たちはブログやインタビューでの自己演出をおこなっていた。

同時に、そういったキャラクター性を超えて、ＡＶ女優のインタビューは総じてスキャンダラスで興味深いものである。家庭環境や昔の男性関係など波瀾万丈な人生を話す者も、偏った性癖について語るものも、確かにそれが商品化できるほど面白い。このような饒舌な語り口を彼女たちは面接という業務上の経験を通じて自ずと獲得し、ＡＶ女優の素顔が見たいというＡＶファンの欲求に応えてインタビューやブログを紡ぎだした。それはジャーナリストが注目し、一般視聴者にも受け入れられるほどにコンテンツとしての面白みを持っており、そこから「ＡＶ女優の動機」市場が生まれた、と単純に推測できる。

しかし果たしてその内容が興味深い、面白いから一般視聴者に受け入れられるのであろうか。コンテンツとして面白い、という以前に、やはり一般視聴者にも「ＡＶ女優の動機」をたずねたいといった強い関心・欲求は少なからず存在するはずだ。雑誌記事だけでなく、一般書籍としてもインタビュー商品は存在感を放っている。

その「AV女優の動機」をたずねたいという欲求の背景に想像できてしまうのは、自らの性を商品化することを、通常の感覚であれば避けたい職業、性の社会的被害者として位置づける一般的な感覚だ。余程の切実な（一般的には金銭的な）理由がなければ選択されないであろうAV女優という職業が、そうではない何か別の理由で選択されている（もしくは何も理由がなく選択されている）ことに興味深さを見出す。

社会とAV女優が共有するもの

そういった社会的な固定観念は、私の想像の域をでない。そのはっきりとした所在と輪郭を見出すには、また別の検証が必要となるだろう。あえてここで、そういった感覚の存在を推測したのは、その固定観念と呼べるような感覚が、AV女優たち自身にも深く根付いていることを記しておくためだ。先に、一般的な（通常の）感覚と書いた「一般」の中には、当然ながらAV女優自身も含まれている。

AV女優は積極的に動機を獲得していく。そして彼女たちにとって「動機語り」が、コンテンツ制作でもあり、また自分のための行為でもあるという点も記した。AV女優ら自身が切実に自分自身の動機を希求している。それは「モラルに反して性を商品化している」、「勤労の倫理」（橋爪［1992］）を保つのが困難である彼女たちが積極的にそれを獲得し、維持する方法を自ら見つけ出しにいく姿にも見える。

ＡＶ女優の中には、自らの職業を誇らしいと確信する者が存在しないわけではない。しかし、現場に携わるもの全体の感覚としては、ＡＶは社会的に褒められたものではない、そこで働くからには多少は後ろ指を指されることも致し方がない、というのがおおまかにまかりとおっている。常識的な感覚のＡＶ女優であれば、例えばＡＶ女優を引退した後の、自分らの生活への支障、再就職や結婚の際の問題なども十分に承知しており、だからこそ「なんでこんなことしちゃったのかわからなくなる」（Ｖ）といった思いを避けられない部分もあるのだろう。

これもまた私の個人的な感覚ではあるが、ＡＶ女優たちの中に、「いやいや仕事をやっている」といった態度はほとんど感じられない。インタビューで溌剌と話す彼女たちが完全に作られたものではなく、自分らの業務を楽しんでいる雰囲気が現場には存在する。と、同時に、ＡＶ女優、性の商品化の当事者に対する、若干の卑下の感覚も、彼女たちの中には存在する。彼女たちが多様な動機を鼓舞し、過剰に自由意志を演出することの背景には、ＡＶ女優の引き受けなければならない、そういったアンビバレントな立場も関係しているのではないか。

彼女たち自身が動機を希求する様は、動機を大声で語っていなければ勤労の倫理が保てない事情が前提にあることがある。彼女たちを論じ、裁き、擁護する者たちのマジック・タームであった「自由意志」という言葉に最も束縛されているのは、あるいは、ＡＶ女優自身であるのかもしれない。そして彼女たちが求め、獲得していく明確な動機ややる気をもって働く姿は、視聴者の欲求により応えたものとして、再度メディアに映し出され続けていくのだ。

ただし、再生産され続けていくその姿を、社会的に「つくられた」ものだとして冷やかな目で見たところで、彼女たちには何のショックも与えないだろう。業務をこなしていく中で事後的に獲得されたものであれ、もともと彼女たちに備わっていたものであれ、彼女たちがその「自由意志」の気分を持って、逞しく「AV女優」を全うしていることに違いはない。おそらくその気分こそが、私たちの生きる街の性の商品化をきらきらした魅力的なものにしているのだろうし、これまで紙の上で語られてきた「性の商品化」や「セックスワーク」と、彼女たちの日常を隔てる最も重要な仕切りでもあるのだ。そしてそのAV女優たちの気分は、私たちと彼女たちを差別化するものではなく、それらが地続きにあるからこそ獲得されるものなのである。少なくとも私たちの気分と彼女たちの気分が、もともと全く別物であったならば、彼女たちは自由意志を獲得する必要すら感じないはずなのだ。

注

第一章

（1）桃園書房から発行された『AV女優になったわけ——裸の仕事を選択した美女12名の赤裸々ドキュメント』（二〇〇六年）のタイトルより。

（2）中村淳彦『名前のない女たち』（宝島社、二〇〇二年）のまえがき（四～五頁）より抜粋。同続編である『アタシは生きる!!』（二〇〇四年）、『〝恋愛〟できないカラダ』（二〇〇六年）のまえがきにも、「なぜ、彼女らはセックスをするという職業を選んだのか?」、「どうして、セックスを売る職業を選んでしまったのか?」という記述がある。

（3）『週刊ポスト』（小学館、二〇〇六年四月七日号）の記事タイトルより（一七五～一七七頁）。

（4）『文藝春秋』（文藝春秋、一九九一年四月号）記事、山下柚実「なぜAV女優になったか——AVブームを担う美少女たちの〝裸〟の心理」（三七八～三八八頁）より。

（5）『Sapio』（小学館、一九九七年五月一四日号）の記事タイトルより（一八～一九頁）。

第二章

（1）永沢光雄『AV女優』ビレッジセンター出版局、一九九六年

（2）永沢光雄『AV女優』文藝春秋、一九九九年

（3）『「社会科」学研究』第35号、「社会科」学研究会、一九九八年七月号、新刊紹介より。

（4）柳下毅一郎監修『女優　林由美香』洋泉社、二〇〇六年

（5）山下柚実「なぜAV女優になったか」（『文藝春秋』69（4）所収）、文藝春秋、一九九一年

（6）本橋信宏「告白「私がAV女優に転職した理由」」（『Sapio』9（8）所収）、小学館、一九九七年

（7）中村淳彦『名前のない女たち』（二〇〇二年）、『アタシは生きる!!』（二〇〇四年）、『〝恋愛〟できないカラダ』（二〇〇六年）、すべて宝島社
（8）別冊宝島211『1億人のAV』宝島社、一九九四年
（9）松山ももか『主婦AV女優』徳間書店、二〇〇四年
（10）『週刊ポスト』1854号、小学館、二〇〇六年
（11）野田誠史『ナイショナイショ12　AV女優のとっておきの話』サンマーク出版、一九九三年より。
（12）同右。
（13）『いやらしい2号』第2巻「特集　誰も知らないアダルトビデオ」データハウス、二〇〇〇年より。
（14）野田誠史『ナイショナイショ12　AV女優のとっておきの話』サンマーク出版、一九九三年より。

第三章

（1）小規模なメーカーが制作会社もかねる作品や、特殊なシチュエーションでの作品、大人数のAV女優が出演する作品は別日の撮影が困難であるため、VTR撮影の際にパッケージも撮影してしまうことがある。そういった場合であっても、パッケージ撮影の時だけはプロデューサーが立ち会うといったことが多く、制作会社にほぼまかされるVTRとは変わってパッケージはプロデューサーの管轄だという慣習は強い。
（2）照明担当者は多くの場合専門の事務所に所属し、撮影ごとに制作会社がアポイントをとる場合が多い。その場合、照明器具は、担当者持参の場合も多くあるが、簡単な照明器具は基本的に制作会社が用意することがある。
（3）稀に、引退後のAV女優たちの話から、きちんと話をして引退したのになかなかウェブサイトから写真が外されない、といったトラブルを聞かされることがある。ただし、多くの場合、引退後も発売される出演作のオムニバス盤などのプロモーションのために名前を残してある場合が多く、交渉の後、消去されることがほとんどであるようだ。また、有名AV女優が引退した場合、そのプロダクションは、プロダクション自体のプロモーションのため、引退後の有名AV女優の写真や名前を任意で公開し続けることがある。

（4）音楽などに合わせてAV女優がポージングや簡単な仕草・動作をしたり、AV女優の身体を様々な角度から撮影したりするシーンのこと。単体AV女優の作品などにはいくつものイメージ・シーンが挿入される。

（5）通常、撮影当日には現場にスナック類やペットボトルの清涼飲料水など多量の軽食が用意されている。それとは別に、昼食時・夕食時は弁当屋などの出前がとられ、撮影の合間に食事がとられる。

第四章

（1）単体、企画については別の章で詳しく説明するが、プロダクションに所属し、何件かのメーカーをまわって単体契約（三、六、一二ヶ月単位でメーカー専属の女優となり、月に一回そのメーカーの作品に出演する契約。一つの作品について多くの場合一人の女優が出演するため単体と呼ばれる。ギャラは五〇万～一二〇万程度）がとれなければ、ギャラの安い企画女優として売り出されることになる。

（2）メーカーでの人気レーベルや、有名なシリーズに出演すると「お墨つき」となり、また一定の販売数が約束されるため、認知度をあげるために作品を指定して出演交渉するプロダクション、AV女優が多い。

（3）ハードSMやスカトロ等は、積極的にやりたいというAV女優が少ないため、メーカーは往々にしてそれらジャンルへの出演を勧める傾向がある。セル・ビデオが一般的になってから、一時AVの全体的な過激化がすすんだ時期があったため、ハード・ジャンルの需要は増加した。現在では過激なジャンルの作品は一時期ほどの勢いはないとされる。

（4）所属するAV女優全てに対してプロダクションが作成するもので、公開プロフィールや写真、これまでの出演作品やパブリシティの制限等が掲載されたA4一枚のペーパー。面接に同行するマネージャーが大量に携帯し、メーカー側に渡す。メーカーは面接の際AV女優に記入させる面接シートとともに、出演を依頼する際の資料として保管する。

（5）プロダクションを介さず、メーカー自体がスカウトしてメーカーの完全専属女優としてデビューする例がいくつかあるが、その場合でもメーカーのマネージメント担当者が面接をおこなうので、通常通りプロダクションに所属するのとあまり差はないと考えられる。また、キャリアをつんだAV女優がプロダクションを介さず出演交渉をする所謂「フリーのAV女優」となることがあるが、ほとんどの場合が当初はプロダクションに所属してデビューし、その後独立している為、プロダクションの面接は経験している。
（6）プロダクションによっては所属AV女優のイメージを守るため、一部の所属AV女優がハードな内容の作品に出演することを嫌う場合がある。その場合、「スカトロは事務所NG」「うちの事務所はSMはソフトまで」といった言い方で、AV女優に説明がなされ、そのプロダクションに所属している以上、その制限内での仕事のみをこなすこととなる。ハードなSMに挑戦してみたいから、とフリーに転向したり、所属事務所を変更したりする例もある。
（7）通常プロダクションやメーカーでパブと呼ばれる、掲載可能媒体の範囲は、AV専門誌、コンビニ誌、週刊誌、一般情報誌、地上波テレビ、特殊チャンネル、インターネット等細かく分類され、掲載の形態も、顔モザイク有り、顔出し可、カラーグラビア可、表紙可といくつかの段階から選択が可能となっている。テレビや一般誌への掲載を当初断っている場合でも、その宣伝効果と人気への影響力を考え、活動の過程でパブの範囲を広げていく女性が多い。
（8）どういった容姿の女性が有利な条件で契約がとれるか、といったトレンドは大抵半年くらいで変化する。多くの場合はそのときの人気トップAV女優らの傾向と関係している。また、だいたい何ヶ月単位の契約をとるか、というのも業界全体の傾向により毎年変化している。例えば、二〇〇四年頃は単体AV女優のデビューは半年契約、というのが一般的であったが、二〇〇五年、〇六年では三ヶ月、時に一ヶ月だけの契約、というのが主流になりつつある。逆に一年契約と言うのはほとんど聞かなくなった。
（9）保険証と免許証、住基ネットカード等、AV女優はプロダクションだけでなく、あらゆる場面でIDの提示を求められ、その手続きは年々厳格化している。偽造が困難という理由で、高校の卒業アルバムの提示を義務付けているプロダクションも存在する。
（10）私が参与観察を始めた二〇〇四年ごろは単体AV女優としてデビューする者がまだかなり多かった。二〇〇六年ごろから業界の構造が少し変わり、単体AV女優で複数本契約するかたちでデビューすることが難しくなったようだ。

（11）単体／企画では、好ましいとされるモデル名が異なるため（単体は「普通っぽい」名前、企画は覚えやすい印象的な名前がしばしば使用される）、面接でおおまかな方向性が定まってから命名されることが多い。

（12）メーカーによって得意とするジャンルや所属AV女優の路線は様々であり、清純派美少女ならこのメーカー、大人風の色気を出すならこのメーカーといったように、女性の雰囲気や目指す方向性などでメーカーを選ぶ場合が多い。

（13）通常、面接シートには、本番（セックスのこと）、生フェラ（コンドーム等をつけずにフェラチオをすること）、ごっくん（男優の精液を飲み込むこと）、顔射（顔に精液をかけられること）といった基本的なことから、放尿、ソフトSM（縄で身体を縛る・蝋攻め・スパンキング等）、ハードSM（縄による吊るし・鞭攻め・水攻め等）、スカトロといった内容が細かく書かれており、AV女優は自分がVTR内で挑戦できるものに○印をつけるシステムとなっている。

（14）エキストラとして出演するAV女優や、もう何度もその監督やメーカーと仕事をしているベテランAV女優の場合、時に監督面接、すなわち打ち合わせなしで作品に出演することもある。

（15）ほぼすべてのVTR及びパッケージ撮影の現場にはプロのヘアメイク担当が同行するが、大人数の撮影や、単体AV女優主演のVTRの端役のAV女優等、自分でメイクを施すことが求められる場合も存在する。

（16）衣装は製作サイドが用意するのが通例であるが、時に私服や高校時代の制服を持参することが求められることがある。

第六章

（1）シャノン・ベル『売春という思想』青弓社、二〇〇一年、二〇一頁

参考文献（著者名アルファベット順）

赤川学（1995）「売買春をめぐる言説のレトリック分析——公娼・廃娼論争から〈性の商品化〉問題へ」（江原由美子編『性の商品化』勁草書房、一五三‐二〇一頁）

青山薫（2005）「「セックスワーカー」と「性奴隷」のはざまで暮らす、普通の女たち」（『女性学』日本女性学会、Vol.13、七六‐九三頁）

青山薫（2007）『「セックスワーカー」とは誰か——移住・性労働・人身取引の構造と経験』大月書店

浅野千恵（1995）「潜在的商品としての身体と摂食障害」（江原由美子編『性の商品化』勁草書房、七五‐一一〇頁）

浅野千恵（1998）「セックスワークについて考える「女性労働」という視点から」（『女たちの２１世紀』アジア女性資料センター、No.16、七一‐七四頁）

浅野千恵（1998）「混迷するセックスワーク論」（『現代思想』青土社、Vol.26 No.8、一一七‐一二五頁）

浅野千恵（1999）「セックスワーク論と女性の人権」（『季刊戦争責任研究』日本の戦争責任資料センター、Vol.24、三八‐四五頁）

芦屋樹（2005）「鬼畜系ＡＶメーカーバッキーの犯罪」（『創』創出版、35（9）、六二‐六七頁）

Baudrillard, Jean, 1970, *La Societe de Consommation Ses Mythes, Ses Structures* Editions Denoel, France（＝今村仁司・塚原史訳（1995）『消費社会の神話と構造』紀伊國屋書店）

Bullough, Vern and Bonnie Bullough, 1978, *Prostitution: An Illustrated Social History*, Crown Publishers, New York（＝香川檀・岩倉桂子訳（1991）『売春の社会史』筑摩書房）

Bell, Shannon, 1995, *Whore Carnival*, Autonomedia（＝吉池祥子訳（2000）『セックスワーカーのカーニバル』第三書館）

Bell, Shannon, 1994, *Reading Writing, and Rewring The Prostitute*（＝山本民雄・宮下嶺夫・越智道雄訳（2001）『売春という思想』青弓社）

『別冊宝島107　女がわからない!』（1990）ＪＩＣＣ出版局

『別冊宝島158　あぶない少女たち』（1992）ＪＩＣＣ出版局

『別冊宝島211　一億人のＡＶ』（1994）宝島社

『別冊宝島211　売春するニッポン』(1995) 宝島社

別所良美「「性の商品化」論争の一局面——フェミニズムはリベラリズムなのか、それとも道徳派か?」(『ジェンダー研究』東海ジェンダー研究所、Vol.2、一七‐三四頁)

Corbin, Alain 1978, *LES FILLES DE NOCE: Misere sexuelle et prostitution* (*19e et 20e siecles*), AUBIER-MONTAIGNE, Paris (=杉村和子監訳 (1991)『娼婦』藤原書店)

Cossman, Brenda, Shannon Bell and Lise Gotell, 1997, *Bad Attitude/s on Trial: Pornography, Feminism, and the Butler Decision*, University of Toronto Press

Delacoste, Frederique and Priscila Alexander (ed), 1987, *Sex Work: Writing by Women in the Sex Industry*, Cleis Press, San Francisco (=フレデリック・デラコステ編 (1993)『セックス・ワーク』現代書館)

Dworkin, Andrea, 1988, *Pornography and Civil rights; A New Day for Women's Equality* (=中見里博・森田成也訳 (2002)『ポルノグラフィと性差別』青木書店)

江原由美子 (1992)「フェミニズム問題への招待」(江原由美子編『フェミニズムの主張』勁草書房、二六三‐三一〇頁)

江原由美子 (1995)「商品としての性——自由意志・身体・ジェンダー」(江原由美子編『性の商品化』勁草書房、二七九‐三二四頁)

江原由美子 (2003)「性の商品化」(江原由美子・山田昌弘『改訂新版　ジェンダーの社会学』放送大学教育振興会、一四一‐一五一頁)

江原由美子 (2003)「「労働である」ということに何がかけられているのか」(『立命館言語文化研究』立命館大学国際言語文化研究所、Vol.15 (No.1)、四‐一三頁)

福富護 (1991)「雑誌メディアにみられる性の商品化」(『青少年問題』青少年問題研究会、Vol.38 No.2、一二‐二三頁)

深江誠子 (2009)「プレイタウンで焼け死んだホステスたち」(『新編　日本のフェミニズム6　セクシュアリティ』岩波書店)

船橋邦子 (1990)「ポルノ文化と性暴力」(『現代思想』青土社、Vol.18 No.1、一四八‐一五七頁)

船橋邦子 (1988)「ポルノグラフィの政治学——男のための「表現の自由」」(『別冊宝島85　フェミニズム・入門』JICC出版局、二四六‐二五五頁)

Goffman, Erving, 1961, *Asylums*, Doubleday & Company, New York (=石黒毅訳 (1984)『アサイラム』誠信書房)

Goffman, Erving, 1963, *BEHAVIOR IN PUBLIC PLACES*, Doubleday & Company, New York (=丸木恵祐・本名信行訳

（1980）『集まりの構造——新しい日常行動論を求めて』誠信書房）
橋爪大三郎（1981）「売春のどこがわるい」（『女性の社会問題研究報告』4）
橋爪大三郎（1992）「売春のどこがわるい」（江原由美子編『フェミニズムの主張』勁草書房、一－四三頁）
平岡章夫（2004）「「性の商品化」と性差別——「性的自己決定権」」（『社学研論集』早稲田大学大学院社会科学研究科、Vol.3、一九一－二〇六頁）
Hochschild, Arlie, 1983, *The Managed Heart: Commercialization of Human Feeling*, University of California Press, California（＝2000、石川准・室伏亜希訳『管理される心——感情が商品になるとき』世界思想社）
細谷実（2002）「リブの売春論とセックス・ワーク論とをつなぐ」（『女性学』日本女性学会、Vol.10、九四－一一一頁）
井口和子（1996）「性の商品化傾向のある女子少年の特性に関する研究」（『日本教育心理学会総会発表論文集』日本教育心理学会、No.38、一一三頁）
池内靖子（2003）「セックスワークの脱神話化？——リジー・ボーデンの映画『ワーキング・ガールズ』を中心に」（『立命館言語文化研究』立命館大学国際言語文化研究所、Vol.15（No.1）、一三－二〇頁）
井上芳保（1992）「ルサンチマン型フェミニズムと解放のイメージ」（江原由美子編『フェミニズムの主張』勁草書房、一三三－一六五頁）
Jenness, Valerie, 1990, *From Sex as Sin to Sex as Work : COYOTE and the Prostitution as Social Problem*, Social Problems 37-3, PP403-420（＝「罪としてのセックスから労働としてのセックスへ——COYOTEと社会問題としての売春の再構築」、中河伸俊・平英美訳（2000）『構築主義の社会学』世界思想社、所収）
紙谷雅子（1995）「〈性の商品化〉と表現の自由」（江原由美子編『性の商品化』勁草書房、三五－七四頁）
神山進（1999）「性の商品化と商品価値——ジェンダーを焦点にして」（『彦根論叢』滋賀大学、Vol.317、一五三－一七五頁）
神山進（2000）「性の商品化と商品価値——セックスを焦点にして」（『彦根論叢』滋賀大学、Vol.328、四七－六八頁）
神山進（2001）「性の商品化と商品価値——ロマンチック・ラブを焦点にして」（『彦根論叢』滋賀大学、Vol.333、四三－六七頁）
金井淑子（2004）「ためらいのセックスワーク論——理論と感情のせめぎあい」（越智貢他編『応用倫理学講義5　性／愛』岩波書店、一一三－一二四頁）
兼松左知子（2009）「愛から遠い世界で」（『新編　日本のフェミニズム6　セクシュアリティ』岩波書店）
要友紀子・武田明恵（2006）「セックスワークを不安全にする越境組織犯罪防止政策」（『女たちの２１世紀』アジア女性資

料センター、No.48、二八 - 三二頁）
要友紀子（2004）「セックスワーカーの人権にもとづくＨＩＶ感染予防対策」（『女たちの２１世紀』アジア女性資料センター、No.39、二七 - 二九頁）
金塚貞文（1994）「買春する身体の生産――性の商品化再考」（『インパクション』青弓社、84号、四〇 - 五七頁）
菅野聡美（1997）「快楽と生殖のはざまで揺れるセックスワーク――大正期日本を手がかりに」（田崎英明編著『売る身体／買う身体――セックスワーク論の射程』青弓社、一一六 - 一四〇頁）
Kanter, Rosabeth Moss, 1977, *Men and Women of the Corporation*, Basic Books, New York（＝高井葉子訳（1995）『企業の中の男と女』生産性出版）
加藤秀一（1990）「〈性的差異〉の現象学――差異・時間・倫理のプログラム」（『ソシオロゴス』ソシオロゴス編集委員会、No.14、八八 - 一〇六頁）
加藤秀一（1991）「女性の自己決定権の擁護――リプロダクティブ・フリーダムのために」『ソシオロゴス』ソシオロゴス編集委員会、No.15、一四 - 三三頁）
加藤秀一（1995）「〈性の商品化〉をめぐるノート」（江原由美子編『性の商品化』勁草書房、二三二 - 二七八頁）
川畑智子（1995）「性的奴隷制からの解放を求めて」（江原由美子編『性の商品化』勁草書房、一一一 - 一五二頁）
川畑智子（1999）「「売春」の禁止と父権制支配」（『ソシオロゴス』ソシオロゴス編集委員会、No.23、三九 - 五一頁）
香山リカ（2005）「「こころの時代」解体新書――〝負け犬ＡＶ女優が世を去った」（『創』創出版、35（9）、八〇 - 八三頁）
Kenneth, Burke, 1969, *A Grammar of Motives*, University of California Press（＝森常治訳（1982）『動機の文法』晶文社）
小浜逸郎（1989）「ポルノ批判の言説に寄せて」（『現代思想』青土社、Vol.17 No.10、一一八 - 一二八頁）
行動する女たちの会（1990）『ポルノ・ウォッチング――メディアの中の女性』学陽書房
Lave, Jean and Wenger, Etienne, 1991, *Situated Learning*, Cambridge University Press（＝佐伯胖訳（1993）『状況に埋め込まれた学習――正統的周辺参加』産業図書）
松沢呉一・スタジオ・ポット編（2000）『売る売らないはワタシが決める――売春肯定宣言』ポット出版
升田純（2006）「アダルトビデオに出演する等していた元芸能人につき、週刊誌がその引退後5年余を経て、過去の写真を掲載する等して記事を掲載したことが、同意の範囲を超え、人格的利益の侵害として違法であるとされた事例」（『Lexis判例速報』レクシスネクシス・ジャパン、2（10）通号12、六九 - 七〇頁）
宮淑子（2009）「セックスは人格と切りはなせるか――ポルノ論争」（『新編　日本のフェミニズム６　セクシュアリティ』

岩波書店
宮台真司（コーディネーター）（1998）『〈性の自己決定〉原論』紀伊國屋書店
宮台真司（2006）『制服少女たちの選択――After 10 years』朝日文庫
水島希（2009）「セックスワーカーの運動――それでも現場は廻っている」（『新編日本のフェミニズム6 セクシュアリティ』岩波書店）
桃河モモコ（1998）「だれのため買売春論議か」（『女たちの２１世紀』アジア女性資料センター、No.16、六七‐七〇頁）
桃園書房（2006）『ＡＶ女優になったわけ』桃園書房
本橋信宏（1997）「告白「私がＡＶ女優に転職した理由」」（『Sapio』小学館、9（8）、一八‐一九頁）
村田宏雄（1977）「売春問題」（『現代のエスプリ』至文堂、No.114、一四七‐一五五頁）
妙木忍（2003）「比較準拠集団としての女性」（『ソシオロゴス』ソシオロゴス編集委員会、No.27、一五五‐一七〇頁）
妙木忍（2005）「女性をめぐる性役割の葛藤処理法の変換――１９５０年代から１９８０年代の主婦論争に焦点を当てて」（『ソシオロゴス』ソシオロゴス編集委員会、No.29、一一〇‐一二六頁）
永田えり子（1991）「性の商品化――その規範理論的考察」（『Sociology Today』御茶ノ水社会学研究所、Vol.2、三一‐五〇頁）
永田えり子（1995）「〈性の商品化〉は道徳的か」（江原由美子編『性の商品化』勁草書房、一‐二七頁）
中村淳彦（2002）『名前のない女たち』宝島社
中村淳彦（2004）『アタシは生きる!!』宝島社
中村淳彦（2006）『〝恋愛〟できないカラダ』宝島社
中村淳彦（2012）『職業としてのＡＶ女優』幻冬舎
中村三郎（1977）「現在の社会情勢よりみた売春婦」（『現代のエスプリ』至文堂、No.114、二九‐三六頁）
野田誠史（1993）『ナイショナイショ12』サンマーク出版
岡留安則ほか（座談会）（1989）「性の商品化が生み出す末期症状」（『朝日ジャーナル』朝日新聞社、Vol31、一四‐二二頁）
小笠原祐子（1998）『ＯＬたちのレジスタンス』中央公論社
小倉利丸（1997）「売買春と資本主義的一夫多妻制」（田崎英明編著『売る身体／買う身体――セックスワーク論の射程』青弓社、五八‐一一五頁）
小倉利丸（2003）「性の商品化と家族の「聖性」」（『立命館言語文化研究』立命館大学国際言語文化研究所、Vol.15（No.1）、

二一‐二八頁）
大宅壮一（1977）「売春恋愛論」（『現代のエスプリ』至文堂、No.114、八七‐九一頁）
佐藤悟志（1999）「なぜ「セックスワークの非犯罪化」が必要なのか」（『インパクション』インパクト出版会、113号、五〇‐五三頁）
佐藤郁也・山田真茂留（2004）『制度と文化――組織を動かす見えない力』日本経済新聞社
千本秀樹（1997）「労働としての売春と近代家族の行方」（田崎英明編著『売る身体／買う身体――セックスワーク論の射程』青弓社、一四一‐一九四頁）
瀬地山角（1992）「よりよい性の商品化へ向けて」（江原由美子編『フェミニズムの主張』勁草書房、四五‐九一頁）
Strossen, Nadine 2000, *Defending Pornography: Free Speech, Sex, and the Fight for Women's Rights*（＝松沢呉一訳（2007）『ポルノグラフィ防衛論――アメリカのセクハラ攻撃・ポルノ規制の危険性』ポット出版）
週刊ポスト（2006）「女たちはなぜＡＶに走るのか」（『週刊ポスト』小学館、1854号、一七五‐一七七頁）
「下館事件タイ三女性を支える会」有志による座談会（1997）「買売春と労働をめぐって」（田崎英明編著『売る身体／買う身体――セックスワーク論の射程』青弓社、二五〇‐二八四頁）
杉田聡（1999）「売春は合法化されるべきか――『セックス・ワーク』をめぐって」（『帯大人文社会科学論集』帯広畜産大学、10-2、一‐二六頁）
杉田聡（2006）「性交（射精）中心主義と強姦の合理化――アダルトビデオのイデオロギー」（『唯物論研究年誌』唯物論研究協会、No.11、一六九‐一九四頁）
鈴木水南子（1998）「買売春の是非論「拘泥」現象」（『女たちの２１世紀』アジア女性資料センター、No.16、六四‐六六頁）
鈴木水南子（2005）「〝セックスワーク〟と〝資格職業〟のはざまに思う」（『女たちの２１世紀』アジア女性資料センター、No.41、四一‐四四頁）
竹内和郎（1977）「概説・売春の社会学――逸脱行動論によせて」（『現代のエスプリ』至文堂、No.114、五‐二八頁）
竹内和郎（1977）「売春行為について――その実態」（『現代のエスプリ』至文堂、No.114、九二‐一〇三頁）
武邑光裕（1990）「虚像としての性身体」（『現代思想』青土社、Vol.18 No.1、一〇四‐一一三頁）
田崎英明（1997）「プロスティテュート・ムーブメントが問うもの」（田崎英明編著『売る身体／買う身体――セックスワーク論の射程』青弓社、九‐三九頁）

田崎英明ほか（公開シンポジウム）（2003）「労働のジェンダー化パート2　第2部性労働を考える」（『立命館言語文化研究』立命館大学国際言語文化研究所、Vol.15（No.1）、二九‐五六頁）
田邊玲子（1990）「女のあらわな裸体が語らせられるもの」（『現代思想』青土社、Vol.18 No.1、一七二‐一八五頁）
立岩真也（1995）「何が〈性の商品化〉に抵抗するのか」（江原由美子編『性の商品化』勁草書房、二〇三‐二三一頁）
テーミス（2002）「「セックスワーカー」参入の垣根は消えた」（『月刊テーミス』テーミス、Vol.11-No.8、一〇六‐一〇七頁）
壽卓三（1997）「鶴見済『無気力製造工場』永沢光雄『AV女優』」（『「社会科」学研究』「社会科」学研究会、NO.34、六六‐六七頁）
内田樹（2004）「セックスワーク―「セックスという仕事」と自己決定権」（越智貢他編『応用倫理学講義5　性／愛』岩波書店、七九‐九八頁）
内山絢子（1996）「性の商品化についての少女の意識に関する研究」（『科学警察研究所報告防犯少年編』科学警察研究所、Vol.37 No.2、一‐一三頁）
山崎カヲル（1989）「ポルノ幻想」（『現代思想』青土社、Vol.17 No.10、一一〇‐一一七頁）
山下柚実（1991）「なぜAV女優になったか――AVブームを担う美少女たちの〝裸〟の心理」（『文藝春秋』文藝春秋、69（4））
柳下毅一郎監修（2006）『女優　林由美香』洋泉社
吉澤夏子（1990）「ラディカル・フェミニズムのおける性愛の可能性――ドウォーキンの功罪」（『ソシオロゴス』ソシオロゴス編集委員会、No.14、一〇八‐一二九頁）
吉澤夏子（1992）「「美しいもの」における平等――フェミニズムの現代的困難」（江原由美子編『フェミニズムの主張』勁草書房、九三‐一三二頁）
吉澤夏子（1998）「個人的なことは、個人的である――「性の商品化」を解くカギはどこにあるのか」（『論座』朝日新聞社、通号44、七三‐八三頁）
養父知美（2001）「売春は労働か？「セックスワーク」論に対する当惑ないし批判」（『女たちの21世紀』アジア女性資料センター、No.29、一八‐二〇頁）
渡辺里子（1997）「日本の性産業で働くタイ女性たち」（田崎英明編著『売る身体／買う身体――セックスワーク論の射程』青弓社、一九五‐二四九頁）

あとがき（二〇一三年版）

　私は都心の女の子たちが好きだ。もともとそこで育った人もいれば、誰かに連れられて来た人も自分でやって来た人たちもいるだろうが、可愛くて、時に可愛げのない女の子たちの、気力にも無気力にも熱気にもしらけにもとても惹きつけられる。AV女優の性と仕事について書いてきたこの本は、そういう東京に集まってくる女の子たちが形作る空気について、私も都心にいる女の当事者として中をうろつきながら描き上げた本でもある。

　東京の中でAV女優たちの生きる空間について長いこと考えてきた。それは誰かの人生のある特定の時期かもしれないし、生き方そのものかもしれない。それに救われる女性もいれば潰される女性もいるんだろうと思う。そうやって彼女たちを庇ったり傷つけたりする空間には、この街のいろいろなところにあるほかの空間と同様に、その空間なりの特殊な空気がある。

　派手な潰され方をしたり声をあげたりすれば時には彼女たちの日常が注目されたり世間的に明らかにされたりすることはあるかもしれない。ただ、やっぱり多くの女性はそのように空間からはみ出すことがなく、自然とその中に溶け込んでいるのである。届かぬ声をあげている女性たちに寄り添ってその代弁者となる活動はとても貴重だとは思うが、私は特に声もあげる気も暇もなく、その空間の中にいることを全うしている女性たちについて知りたかった。

先日アダルト動画の通販サイトを見ている時に、特に意味もなく二〇〇五年頃よく喋る間柄だったあるAV女優の作品を検索してみた。もう随分前に引退していたが、オムニバス版も入れれば一〇〇本以上の作品がヒットし、数年前の引退作もあった。私は彼女が事務所のオーディション面接にやってきたときに、たまたま居合わせたAV女優の指輪を見て、「仕事始めたら私も買いたいと思ってる」とおどおどと話していたのを覚えていて、半年以上たってから会った時に、指輪を買ったのかどうか聞いた。彼女は買っていないと言い、「モデルやり始めて、前ほど高いものが欲しくなくなった」と話した。それなりに人気の企画AV女優として月に一〇本近く出演していたが、「現場に好きな人もいて楽しいけど、一〇〇本とったらやめようと思っている」とも話してくれた。

計画通り一〇〇本近くの作品に出演して辞めていった彼女のようなAV女優もいれば、数本だけ、と思って始めてみたものの、もう何年も業界に残っている女性もいる。沢山の作品に出演しようと思って始めたものの、一作品だけに出演して辞めていくAV女優も多い。それでも中にいる間は、彼女たちなりの方法で業界の空気に則り、正当な方法でAV女優業を全うしている場合がほとんどなのだ。

私は売春肯定宣言をする気も売春廃絶論を掲げるつもりもはなからない。ただ、売春の黒い部分ばかりをクローズアップしたり想定したりするだけでは、私たち都心の女子たちについてはわからないんじゃないかと感じていた。私たちの生きる街の売春がややこしいのはそれが黒い部分ばかりであるからではなく、どうしようもなくピンク色だったりきらきらしていたりするからなのである。売春にまつわる悲惨はそのきらきらであるが故の悲惨について描かれるべきだと思うし、売春を肯定する内部からの声もそのピンク色に自覚的であるべきだと思う。

私が女子高生の頃、もう援助交際もブルセラも大分下火になっていたし、批評や批判もされつくしていたが、その分それらを題材にした問題提起的なドラマや漫画は巷にあふれていた。立ち位置は作品によって違うし、現状認識は正しいことも間違っていることもあったが、最終的に女性たちが暗い世界から明るい世界に戻ってくる物語が多かった。私たちはもっとアンビバレントなのだ。夜の世界は難しくて昼間の世界のほうが生きやすいこともあれば、昼の世界は殺伐としていて夜の世界のほうが楽しいこともある。性と無関係なところで受ける評価も、性と関連づけられた評価も両方欲しい。記号的な制服を脱いだあともその悩みはずっと続いている。

＊

私がここまで論じてきたのは一言で言ってしまえば、身体や性を売ることとの中毒性についてである。

私には中毒の所在を探して解体して見せたいという欲望があった。その一側面は、誰かの悪気であるかどうかにかかわらず、労働現場のシステム自体が実に巧妙に女たちの自尊心に働きかけ、鉄より硬いプライドをつくりあげていく様をみることができた。ただそれだけですべて説明しきった気分になるわけにはいかない。

私は社会がかわれば売春婦が救われるとも、まわりの意識が変われば「売春にまつわる悲惨」がなくなるとも思わない。「服屋で店員やってるの」と「AV女優やってるの」が同列に囁かれる時代は来ない。売春というのはそういうものだ。どんなに、「相手が複数いるだけで専業主婦とおなじでしょ」、とか、「企業で働くOLだって女をつかってる」とか言っても、あからさまな売春婦が名誉回復することはない。

私の議論も同じように、このように何かを暴いたところで身体と心をぎりぎりのところでコントロールしている彼女たちを救えるわけではない。でもこのような構造を記録したいと思った。面接で面白おかしく自分について語り、そんな自分を演じているうちに、貪るように自尊心を満たしていくようなそんな飢餓感を残しておきたいと思った。

不安や経済的苦境やつまらなさや、そんなものがあっても決して親の悲しむようなことをしないで良いオトナになる女たちもいる。そんな女たちのことも私は高潔だと思う。けれど、そうなれない女たちがぶりぶりの服をきて上目遣いできらきらの画面で動機を語る姿もまた、同じように私を惹きつける。魂が汚れようが汚れまいが、後ろ指を差されようがちやほやされようが、きらきらした性の商品化の現場に居続ける彼女たちもアンビバレントな東京の女の子たちの姿だ。

女が身体を売る現場で働く男たちを人は時に売春婦以上に蔑視する。女衒を責めるほど私たちは初じゃない。子供ながらにバブルもそのはじけた虚しさも冷めた目で見ることを強要されてきたのだ。私たちは資本主義の申し子だ。ピンサロ嬢が以前私に言った。「私たちは商品だから、大事にしてもらえるよ、そこにつけこんでうまくやればいいんだよ」。値段のつくものに人がむらがる、そんなことを別になんとも思わない。彼らもまた必死に生きているのだ。個人的ないざこざは別として、私はAV女優たちをひとまとめにしてAV業界に搾取される被害者のようにはついぞ見られなかった。私が描きたかったのは無知な女の子をちやほやして搾取する業界ではない。そんなものがあることはみんなわかっている。悪徳業者だって当たり前にいるし、弱みがあればあるほど彼らのつけ込むすきは多い。被害にあっている女性も引き続きいるからそれはセックスワークやそれに変わる運動で全力で救うべきだ。

ただ、そのようなわかりやすい不幸や東電OLのような存在だけでない、もっと平坦な売春の世界もまた、私たちの生きる現実であると、私は今も思っている。

＊

この本は、私が慶應義塾大学の四年生の時に書いたレポートと、それを発展させるつもりで東京大学で書いた修士学位論文がもとになっている。当然書いている私も身体がまだまだ商品的に高い価値のある女子大生であったことは何を書くにしても少なからず意味をもってしまうことで、私はそれを楽しんで書き進めてきたつもりである。

最初にレポートを書いた慶應大学を卒業してから、もう六年たった。その間、私にもいろいろな変化があった。渋谷や新宿を歩いてもキャバクラやＡＶ女優にスカウトされることもほとんどなくなった。あんなにつまらなそうと思っていた昼間の会社員の生活がそれほど苦にならないこともわかった。友達の結婚や出産祝いも飽きるほど出席したし、たまには実家に帰るようになった。いろいろな新しい発見もあって、逆にいろいろなことを諦めた。ＡＶ女優の世界も随分変わったようだ。出演希望者が増えてギャランティは減り、作品の内容ではハードなものは少なくなった。

男と同じことを求められても困るし、特定の女性観を押し付けられたらいらっとする。自分の身体や性について考えることはつきないが、それよりも東京のいたるところにあるいろいろな女の子たちの空間にはいまだに夢中にさせられる。１０９に集まってくる女の子たちも、歌舞伎町を歩く女の子たちも、六本木のクラブの女の子たちも、それぞれ独特の空気をつくりだして、その文法を踏襲したり改善したりしながら逞しく全うしている。中に入らないと見えないものも、外から見て気づくものもあるだろうが、その空気は普遍的なものではなく、偶発的ですぐ消えてしまうものも多い。ただ、そういう空間が沢山ある街は楽しい。

＊

参与観察から修士論文、そしてこの本を書き上げるにあたって、多くの人にお世話になったり迷惑をかけたりした。当然大学院で研究指導をしてくださった北田暁大先生が、勉強嫌いで夜の世界ばかりにいる私の研究を応援して下さり、街に放ったり机に縛り付けたりしてくださらなかったら、こういった文章自体を生み出すことはできなかった。北田先生は私の主張や生活がどうであれ、見てきたことを研究として昇華することを後押ししてくださった。理論を勉強することと、実際に生きた現実を無視しないことが両立することを教えてくださった。素晴らしい先生に巡りあえてしあわせだったと思う。

そして、この本を書く機会を私に与えてくれて、辛抱強く指導してくださった青土社・菱沼達也さんには、まず最初にお礼が言いたい。私の研究をひと目で理解してくださって、いろいろな局面で守ってくださった。

大学二年生の途中でほとんど学校にいかなくなっていた私が、四年の時に大学に戻ったのは、福田和也先生の講義やゼミで本を読んだり文章を書いたりする事の楽しさを知ることができたからだ。最初にAV女優について書いた論文では、小熊英二先生が細部にこそ神は宿る研究姿勢を教えてくださった。その間各研究室の先輩や仲間、大学や大学院の友人がまわりにいたことが私を豊かにしてくれたのは勿論である。

そして関わってくれたAV女優やAV監督たちにも当然のことながら感謝がつきない。すべてのAV女優さんたちと監督、プロダクションやメーカーの関係者の方のより一層のご発展と幸福をこころから願っている。

私の母は学校の勉強以上の世界があることや、それについて学ぶことを教えてくれた。古いものを読んだり見たりすることの面白さを教えてくれた。いいものを沢山読んでくれて、世界のいろいろな街を見せてくれた。父は研究者としての基礎体力をつけることを教えてくれた。両親とも私が生まれる前から今現在までずっと仕事を持っていて、それでも私が考える普通以上に私のことを愛してくれた。また、私の友人は賢く理知的でありながら、それぞれこの街の独特の楽しみ方を知っている人たちばかりで、私は嫉妬したり共感したりしながら、彼／彼女たちに囲まれて、とても楽しい生活をおくることができている。ここに名前を挙げられなかったひとも含めて、この場を借りて、みんなにありがとうを言いたい。

二〇一三年五月

鈴木涼美

その後の「AV女優」とその周縁——増補新版へのあとがきにかえて

二〇二二年六月に施行されたいわゆるAV出演被害防止・救済法（以下、AV新法）に関する議論は、直接的には成人年齢を二〇歳から一八歳に引き下げる同年四月の民法改正に際して始まったものである。それまで親の同意なく結んだAV出演契約を取り消すことができるとされていた一八歳以上二〇歳未満の若い女性が、不本意なAV出演を強要されるようなことがないよう、「高校生AV出演解禁を止めてください」と掲げた弁護士らの運動が訴え、立憲民主党の女性議員が国会の場で取り上げた。

あらゆるものが遅々として進まないことが特色とすら言われるこの国で、この法案に関しての議論はとてもスピーディにまとまり、かくしてAV出演被害に特化した初めての法律が成立したことになる。その迅速さはマリア・ルス号事件の国際裁判の直後、国際世論を受けて芸娼妓解放令が速やかに発されたスピードを彷彿とさせる。議論や準備の期間がなかったことで現場の女性たちの反発や困難を招いたという点でも、芸娼妓解放令や売春防止法施行と重なる点は大いにあった。現在でも、現場に混乱を招き、ＡＶ女優の判断能力を信用しておらず、ＡＶ出演自体が〝被害〟と受け取られかねない内容に、強い反発や抗議を続けている現役女優たちもいる。現場の窮状を訴える彼女たちの一部には、仕事の機会の減少による収入減を補うために、リスクの高い個人撮影や裏ＡＶへの誘いが増えていると訴える者もあり、規制と業界の対応によって必ずしも救われない女優たちの現状が伺える。

とはいえ大きな常識をひっくり返すにはある程度の現場の犠牲や食いっぱぐれる者の存在を承知の上での力業が必要という考え方もあるだろう。規制強化によって裏と呼ばれる自主規制の対象ではないＡＶに人が流れるといった現象は今後の課題と言える。ＡＶにおける性行為を明記したという点で、規制推進派の活動家らにも遺恨があるようだが、そうは言っても特例的な規制を課すことができたのは彼らにとっては大きな成果だろう。

何より、そもそもの議論の発端であったはずの年齢的な制約がいつのまにか影を潜め、年齢・性別を問わず、ＡＶ公表後一年間は無条件で契約を解除できる、契約がないのに公表されている場合に配信や販売の停止を請求できる、といった救済策が適用されることとなったのは業界縮小や廃絶に向けた「大きな一歩」と考える向きが大きいようだ。これまで業界内の自主規制を別として特別な規制の対象ではなかった業者の側には、性行為を強要してはならない、契約成立から撮影まで一か月以上、撮影から公表までも四か月以上の期間を開けることなど厳格なルールが課せられた。

この動きは何も唐突なものとは言えず、この議論が注目される土壌は何年も前からできつつあったように思う。人権団体によるAV出演強要問題の提起がインターネットや各メディアで取り上げられたのが二〇一五年、翌年には業界で名の知れたプロダクションの社長ら三人が出演を強要したなどとして逮捕され、一般メディアでも大きく報道された。その後も、逮捕者が出たり、女性らが〝強要被害〟を訴え出たり、人権的な見地から或いはジェンダー平等的な見地からあまりに目に余る内容のコンテンツが反対派の活動家によって話題にあげられたりするたびに、ネットを中心とした言語空間では日本の〝恥ずべき悪しき文化〟を糾弾する姿勢が多く見受けられるようになった。業界内で逮捕者が出ること自体は以前からそう珍しいものではないものの、メディアでの取り上げられ方やSNSでの問題視のされ方は一〇年前では想像が到底及ばないほどインパクトを持っている。

私自身も時にその大きなうねりに半ば巻き込まれる形で、無視されていた声なき者の声が発見されるようになった事態、声なき者の声が大きな声の者に勝手に代弁されるような事態、声なき者の声がその他の声なき者すべてを代表するかのように響いていく事態を見ていた。業界の自浄努力によって大きく前進してきたとはいえ、かつてのAV業界には女性の浅はかさやその後悔に寄り添うようなシステムは皆無であったし、振り落とされる者、運の悪い者、心の弱い者の人権が無視される現場があった。そこで声を握りつぶされて心身ともに大きな傷を負い、このような時代の動きによって多少なりとも救われたという者がいる限り、無意味なブームではないのだろう。

　ただ、それとは別次元で、なぜＡＶがこれほどまでに広く一般の興味関心を集めるのか、どうして人はＡＶについて語りたがるのかという疑問は私の中にあり続けた。アダルト・コンテンツ自体についてではない。アダルト・コンテンツの内容を直接的に語る行為は皆無ではないものの、広く一般に例えば少年漫画やアニメ映画の内容について語るようには存在しない。むしろ制作物には一切関心を寄せずにＡＶ制作やＡＶ出演についてのみ語るというのがＳＮＳ等でみられる一般的な関心の寄せ方のように見える。それは本の冒頭で触れたように、アダルト・コンテンツの視聴者以外に広く目につくようになった、関係のないものとして視界に入らないよう過ごすことが難しくなったという側面が少なからず関係しているだろうし、コンテンツ自体がかつてほど独自色の強い（語るに足るような）内容ではなくなっているという事情も関係しているかもしれない。いずれにせよ、ＡＶ産業自体のブームが落ち着きつつある昨今、ＡＶ業界語り、ＡＶ女優語りは確実なブームとして巻き起こった。

　一つには、第四派フェミニズムの盛り上がりとＡＶ攻撃の相性の良さが大きかったように思う。ハッシュタグ・デモやＳＮＳでのいいねの押し合い、差別的表現への問題提起と失言ウォッチなどが特徴的な第四派フェミニズムと呼ばれる動きは、ハリウッドで巻き起こった #MeToo 運動が日本で紹介されたことを契機として、指先一つで参加できる気軽さや、あらゆるコンテンツを内輪で共有して問題点を指摘できる便利さから、年齢や背景を問わずに広がっていった。その際に、AV出演強要問題の報告書やニュース、被害者を名乗る女性たちの告発、AV業界の実態や過激な作品のコンセプトなどがシェア／拡散されることは多くあった。二〇一七年に、有名弁護士が「あれに性的に興奮するのは猟奇的」とツイートして「真空パック」を題材としたマニア向け作品の知名度が突如爆発的に上がったこともあった。弁護士のツイートでは「検索をして吐き気」とあることから、これもまた作品を見たうえでの内容批判と言うよりも、こうした労働現場への批判、アダルト・コンテンツの過激化傾向への警笛といった趣きが強いように見受けられる。

もちろん、AVがここ一〇年、批判や廃絶の方向の議論だけを向けられていたわけではない。もうひとつ、AVを性的に消費しない層にもAV女優やAV業界が目につくことになった結果、より幅広いファンを獲得したという側面も無視できない。Netflixネットフリックスのオリジナル・コンテンツとして制作されたドラマシリーズ『全裸監督』は、かつてAV草創期に活躍した監督と伝説的な女優をモデルとした作品で、公開当初から話題となり第二シリーズも制作されるなど広く認知された。また、人気AV女優が男性よりも女性ファンを多く獲得する現象もすでに一〇年近く続いており、現役のAV女優がCDデビューをしたり、人気ファッションブランドのモデルを務めたりしながら、SNSではそのファッションや整形・メイクなどをマネする女性たちの支持を集めている。AV女優時代に小説や漫画の執筆を始め、AVの仕事を続けながら、あるいは引退後も多くの読者の人気を得ている者も少なくない。

そのようにAV女優の一部はかつてのギャル雑誌の読者モデルや『小悪魔ageha』創刊時の人

気キャバクラ嬢が担っていたような、ファッションモデルや映画女優よりは少し身近なファッション・リーダー的役割を担うほど人気を得た。そして批判的な発言を繰り返す者だけでなく、ファンとなるこちらもまた、アダルト・コンテンツそのものには特に興味がない層、作品を見たうえでファンになったわけではないと思われる層に支えられているのが特徴的である。

AVブームとは言い難くむしろ無料動画サイトなどの台頭で現場の予算などが縮小傾向にあるとされる中、AV業界・AV女優は語られる対象として大きな存在感を発揮していたのがここ一〇年の特徴だと言える。それはアダルト・コンテンツとは切り離されたところで巻き起こり、コンテンツの内容とあまり呼応することなく育ったブームであった。多くの人がAV業界を認知し、認知しただけでなくそれについて自分なりに考え、それについて語り、批判したり真似したり愛したり憎んだりしていた。個人的に、認知が広がったことだけが要因とは思えない。肯定的にせよ批判的にせよ、語りたいと思わせるものがAV業界にはある。

私が大学院でこの本の基礎となる論文を執筆していたころ、女性学生と男性学生の間には全体としてみたときにAVについての詳しさ、たとえばAV女優の名前や見たことのあるAVの種類や数には顕著な差があった。ただし、ポルノグラフィの是非論や労働現場としてのAV業界への興味にそのような偏差があるようには見えず、論文の出来や問題点とは別に、扱っているトピック自体に興味関心や個人の熱い思想が生まれていることは実感させられた。それまでAVにそれほど強い関心を持って生きてこなかった学生にも興味を持ってもらいやすく、それまで語ることのなかったそのテーマについて、それなりに熱い意見を持って議論に参加してもらえる。それは良くも悪くもこの業界を研究テーマとしていた学生として長く持っていた感覚だった。そしてその感覚は、この〝特殊な〟仕事について扱うことが、社会全体から見ればごく一部の当事者だけでなく広く社会について考えるきっかけになると感じる由来でもあった。誰もがＡＶについて、無意見ではいられないようなところがあり、しかもそれは個人的な感情と熱を帯びた意見なのである。

先に触れた『全裸監督』にしても、公開当初にネットでは話題作として鑑賞した好意的な感想や内容について触れる書き込みのほかに、すでに引退し長く業界とはかかわりを持っていない伝説的ＡＶ女優を当時の女優名のまま登場させ、プライベートな内実まで描いた同作品が人権的配慮に欠けるとして「視聴しない」ということを宣言するハッシュタグ・デモや描かれた女優に同情を寄せる書き込みなどが目立った。その多くが女優の気持ちを我がことのように想像し、代弁し、語るものであった。

ＡＶ女優の姿を他人事と思えない者が多いと仮説すれば、それは誰しもが多かれ少なかれＡＶ女優のような気分を経験したと感じていることになる。それは時にはポルノグラフィそのものが構造として持つ女性のモノ化や性の搾取的な側面に対する怒りでもあり、時にはどのような仕事にもある勤労倫理や誇りでもあり、時には女性の側からの性の解放への喜びであり、時に資本主義やルッキズムへの違和感でもあり、時に女性性を謳歌することへの称賛であり、時にエンタテインメントや表現全般の自由を願う声でもある。多様な角度で自分事として語れる土壌を提供するこの業界は、今日も批判され、擁護され、救済され、弾圧され、愛されている。

『「AV女優」の社会学』の著者として私自身も、AV業界に関する議論に何か発言を求められた場合には真摯に対応する責任は感じている。というのも、私がこの本を書いた最も大きな動機は、誰もが自分事として何かを代弁するかのように語ってしまう、そして往々にしてそれが是非や善悪、正誤の判断を含むような主張になりうる、という点で常に過剰に語られる存在であるAV女優を、「議論の種」としてある意味で無機質なものとして扱ってしまう傾向に不気味さを感じたからだった。

AV女優について語ることの誘惑は、しばしば現実のAV女優を無視して概念としてのAV女優だけを肥大させてしまう性質がある。しかし当然のことながら、撮影現場に現れるAV女優たちは生身の存在であり、善かろうが悪かろうが生きて働いている。それがどれだけ特殊で、人の心をざわつかせるような仕事であっても、生身の彼女たちの生活以上に、彼女たちの存在の社会的な意味づけが重要ということはない。新法をめぐって、あるいはまったく別の側面から、どのような議論が今後巻き起ころうともそのことを私は強調し続けたい。

そして生身の彼女たちに注目したときもまた、この一〇年であらゆることが変わった。SNSをやらずに名前のあるAV女優として仕事することが難しいこの時代、身バレ親バレのリスクは

ＶＨＳレンタルやセルＤＶＤを主たる戦場としていた時代と比べて跳ね上がった。さらにアダルト・コンテンツそのものが今でも主に男性視聴者に向けて販売・拡散されるのに対して、ＳＮＳやインターネット広告はその視聴者層をはるかに超える幅広い性別・年齢の者の目にさらされ続けている。

そもそもＶＨＳレンタルやセルＤＶＤなどが主要な媒体となっていた時代には、在庫処分や店頭商品の入れ替えで、次々に新作が登場する中、かつての自分がほほ笑むパッケージはすぐに大量の在庫の中に紛れ、倉庫の中に放置され、やがて廃棄されるという感覚が強かったのに対し、現在では特別な措置をしない限り、自分の出演作が半永久的に最高の画質で販売され、いともたやすく検索で見つけられ、個人の端末の中に保存され、視聴され続ける。それは映画やテレビドラマなどエンタテインメントを制作する者にとっては便利でありがたい時代と言うべきだろうし、俳優によっては細かい気恥ずかしさがあろうとも悪くない環境だろう。この技術革新によって人生が大きく暗転し得ると落胆し、絶望し、深刻に悩むことがある職種はそう多くはない。

かつてプロダクションの社長が口にした、「うちで人気出てよいギャラで二〇本取って、親にも彼にも一切バレずに去年就職も結婚もした娘もいたけど」などという言葉は、現役で活動中に学校や親にその事実がバレなければ、引退後に（特に誰かに噂されたり、逆上した恋人にバラされたりしなければ）急に身バレをするということがあまり考えられないという時代があったことを物語る。今現在ＡＶ女優として活躍する者、あるいは過去に活躍した者で、誰かしらにその事実を隠して生活しようと思う場合には、バレてしまうリスク、誰かにバラすと脅されるリスクと向き合い続ける時間は現役として活動した期間の何倍も長くなる。

ＡＶ新法などによる規制強化や、ＡＶ出演強要の社会問題化の幾分かは、この環境の変化によって引き起こされるべくして引き起こされたとも考えられる。一年ほど後悔して気を病んでも、その後にある程度忘却して生活することが可能だった時代があるのに対して、業界人の巧みな口説によって契約してしまった後に、ある日、一生消えないかもしれないというＡＶの残酷な事実に思い当たる、そしてそれが幸福を侵食する恐怖に一生涯耐えることを想像する、そんな時代に、一八であろうが二〇歳であろうが二五歳であろうが、それなりに浅はかでそれなりに大胆な女性たちのしてしまう選択はとても重い。

しかも、そのコンテンツを目にする層の幅、人数、期間が飛躍的に大きくなったからと言って、彼女たちの手にする金額が倍増するなどということは一切ない。むしろＡＶ女優が広く認知され、業界の安全性がある程度宣伝され、ＡＶ女優に志願するなり手が少なくない現在、一般的な女優のギャランティや収入は黄金期と呼ばれる二〇年前後前に比べて減少傾向にあるし、契約を希望してもなかなか出演が決まらず、じりじりと条件が下がるような例も少なくない。いわゆる風俗業との兼業でなければ、あるいはアジア諸国など外国に出稼ぎに行かなければ希望の収入が得られないという女性たちは数多く見てきた。

業界の自浄努力や業界団体、支援団体のサポート、法律による規制によって支えられる箇所が増えたとしても、AV女優たちが向き合うべき困難もまた増加し続けている。それは〝AV女優である〟時期にとどまらず、活動期間が終わり〝AV女優だった〟者として生活するようになっても呪縛のように身体や心に絡まり続ける。それが彼女たちの生身の現実なのだ。

空中戦的な議論の中に登場する「主体的な」あるいは「被害者である」あるいは「罪深い」AV女優とはだれなのか、どのような現実を生きているのか、意識し続けることをあきらめてはいけないと強く思う。

増補新版の出版にあたって、一〇年前に初めてこの本を書いた時と同じように、青土社の菱沼達也氏の大変な尽力があったことを感謝とともに記しておきます。

二〇二三年三月

鈴木涼美

は

ま・や・ら

さ

た

な

索引

著者紹介
鈴木涼美（すずき・すずみ）
1983年東京都生まれ。慶應義塾大学環境情報学部卒。東京大学大学院学際情報学府修士課程修了。日本経済新聞社を退社後、執筆業を中心に活動。著書に『身体を売ったらサヨウナラ〜夜のオネエサンの愛と幸福論〜』、『愛と子宮に花束を』（幻冬舎）、『おじさんメモリアル』（扶桑社）、『すべてを手に入れたってしあわせなわけじゃない』（マガジンハウス）、『可愛くってずるくっていじわるな妹になりたい』（講談社）、『JJとその時代』（光文社新書）、『ニッポンのおじさん』（KADOKAWA）、『娼婦の本棚』（中公新書ラクレ）など。また発表した小説『ギフテッド』、『グレイスレス』（文藝春秋）がいずれも芥川龍之介賞候補となる。

「AV女優」の社会学　増補新版
なぜ彼女たちは饒舌に自らを語るのか

2023年 4 月25日　第 1 刷印刷
2023年 5 月15日　第 1 刷発行

著者――鈴木涼美

発行人――清水一人
発行所――青土社
〒101-0051　東京都千代田区神田神保町1－29　市瀬ビル
［電話］ 03-3291-9831（編集） 03-3294-7829（営業）
［振替］ 00190-7-192955

印刷・製本――ディグ

装丁――水戸部功

ISBN978-4-7917-7552-1